U0367839

社会化媒体
情感挖掘与信息传播

李慧 著

化学工业出版社

·北京·

内 容 简 介

社会化媒体情感挖掘与信息传播是人工智能、数据挖掘、自然语言处理、传播学、情报学等多学科交叉研究领域之一，对网络舆情的预警、分析、监测和管理等具有重要意义。本书系统地介绍了社会化媒体情感挖掘与信息传播的主要思想、理论及方法，特别是社会化媒体语料的获取及预处理、中文新词发现、情感倾向性分析、多级情感分类、社会化媒体信息网络等。除绪论外，每章介绍一个主题，从实际需求或问题出发，由浅入深，阐明思想，理论结合实践，便于读者掌握社会化媒体情感挖掘与信息传播理论与方法的实质，学以致用。

本书可作为社会化媒体处理、情感分析、信息传播等专业的科研人员、管理人员的参考书，也可作为高等院校相关课程的教学用书。

图书在版编目（CIP）数据

社会化媒体情感挖掘与信息传播/李慧著．—北京：
化学工业出版社，2021.11（2024.2重印）
ISBN 978-7-122-39986-1

Ⅰ.①社…　Ⅱ.①李…　Ⅲ.①新闻学-传播学-研究
Ⅳ.①G210

中国版本图书馆 CIP 数据核字（2021）第 200538 号

责任编辑：潘新文　　　　　　　　责任校对：刘曦阳
装帧设计：韩　飞

出版发行：化学工业出版社（北京市东城区青年湖南街 13 号　邮政编码 100011）
印　　装：北京科印技术咨询服务有限公司数码印刷分部
787mm×1092mm　1/16　印张 13¼　字数 240 千字　2024 年 2 月北京第 1 版第 3 次印刷

购书咨询：010-64518888　　　　　售后服务：010-64518899
网　　址：http://www.cip.com.cn
凡购买本书，如有缺损质量问题，本社销售中心负责调换。

定　　价：89.00 元
版权所有　违者必究

前　言

　　社会化媒体已经融入人们的日常学习、工作和生活，成为信息产生、获取、传播的重要载体。基于海量的社会化媒体数据，挖掘客观信息和主观信息，揭示人类社会行为模式的实质，进而全面剖析并理解人类个体及群体，是典型的多学科交叉研究课题，极具挑战性。社会化媒体在突发事件、危机事件等舆论传播中的作用日益凸显，其中情感挖掘和信息传播是社会化媒体处理的重要任务，对网络舆情的预警、分析、监测和管理等具有重要意义。

　　本人一直从事机器学习、深度学习、复杂网络及利用其对文本数据进行智能处理的研究，在总结多年科研工作成果的基础上编写了本书。本书详细介绍了社会化媒体情感挖掘和信息传播，力求系统、详细地阐述社会化媒体情感挖掘和信息传播的基本理论及方法。在内容选取上，侧重介绍最重要、最常用的方法；在叙述方式上，除了第一章外，每一章讲述一个主题，包括社会化媒体语料的获取及预处理、中文新词发现、情感倾向性分析、多级情感分类、社会化媒体信息网络等，各章内容相对独立、完整；并试图采用统一框架表述相关理论及方法，使全书整体不失系统性。读者既可以通读全书，也可以选择某一章节细读。对每一种方法的讲述力求深入浅出，介绍基本概念及必要的数学公式，给出相应的实例，使初学者易于掌握方法的基本思想，能有效、准确地使用方法。对相关的深层理论，则仅予以简述，避免深奥的数学理论及公式推导，降低读者的阅读难度。

　　在本书编写过程中，王慧慧、杨青泉、张琪、周雨萌、李缜、高一轩给予了许多帮助，在此向他们致以真诚的谢意。本书初稿完成后，王宗锋、李雪霏分别审阅了全部或部分章节，提出了许多宝贵意见，对本书质量的提升有很大帮助，向他们表示衷心感谢。本书的编写也得到了我的家人的大力支持，在此特向我的家人表示衷心感谢！

本书可作为社会化媒体处理、情感分析、信息传播等专业的科研人员、管理人员的参考用书，也可作为高等院校相关专业教学用书。

由于编写时间仓促，加之本人水平有限，书中难免有不妥之处，敬请专家和读者予以批评指正。

李慧

2021 年 6 月 30 日

目 录

第1章 绪论   1

1.1 社会化媒体的客观信息挖掘 ……………………………… 1

  1.1.1 社会网络分析 ……………………………… 1

  1.1.2 社会化媒体信息传播 ……………………………… 2

1.2 社会化媒体的主观信息挖掘 ……………………………… 3

  1.2.1 社会化媒体情感挖掘 ……………………………… 4

  1.2.2 情感分析评测会议 ……………………………… 7

  1.2.3 语料库资源 ……………………………… 8

1.3 社会化媒体的应用研究 ……………………………… 9

第2章 社会化媒体语料的获取及预处理   12

2.1 语料的自动获取 ……………………………… 13

  2.1.1 基于网络爬虫的半结构化语料自动获取 ……………… 13

  2.1.2 基于 Web API 的半结构化语料自动获取方法 …… 20

  2.1.3 基于模拟浏览器的语料自动获取方法 ……………… 22

2.2 语料预处理 ……………………………… 24

2.3 情感词典 ……………………………… 25

  2.3.1 基础词典 ……………………………… 26

  2.3.2 修饰词典 ……………………………… 28

  2.3.3 情感词典的自动构建 ……………………………… 29

2.4 中文分词 ……………………………… 34

  2.4.1 中文分词方法 ……………………………… 35

  2.4.2 中文分词工具 ……………………………… 39

  2.4.3 中文分词研究的基本问题 ……………… 40

2.5 句法分析 ··· 42

   2.5.1 句法分析语法体系 ·· 43

   2.5.2 句法分析方法 ·· 46

   2.5.3 中文句法分析工具 ·· 48

第3章 中文新词发现   50

3.1 中文新词 ··· 51

   3.1.1 新词的定义与特点 ·· 51

   3.1.2 新词的构词特性 ··· 51

3.2 中文新词发现技术 ·· 52

   3.2.1 新词发现的难点 ··· 53

   3.2.2 候选新词提取 ·· 53

   3.2.3 垃圾字串过滤 ·· 58

   3.2.4 评价指标 ·· 60

3.3 基于迭代的新词发现算法 ······································ 61

   3.3.1 重复模式抽取 ·· 61

   3.3.2 重复模式统计特征计算 ····································· 62

   3.3.3 基于迭代的新词发现的实例 ······························ 64

3.4 基于N-Gram的新词发现算法 ································· 68

   3.4.1 候选词抽取 ··· 68

   3.4.2 算法思路 ·· 69

   3.4.3 基于N-Gram的新词发现的实例 ······················· 70

第4章 词语级情感倾向性分析   78

4.1 候选情感词提取 ·· 78

   4.1.1 基准种子词的选取 ·· 78

   4.1.2 词语相似度计算 ··· 79

   4.1.3 候选词的抽取及过滤 ······································· 81

4.2 词语情感强度计算 ·· 82

   4.2.1 基于词典的词语情感强度计算 ·························· 82

   4.2.2 基于统计的词语情感强度计算 ·························· 82

4.3　评价指标 ……………………………………………… 85

4.4　融合 HowNet 和 PMI 的情感倾向性计算 ………………… 87

　4.4.1　算法思想 ……………………………………………… 87

　4.4.2　融合 HowNet 和 PMI 的词语情感倾向性分析的

　　　　　实例 …………………………………………………… 88

第5章　句子/篇章级情感倾向性分析　　92

5.1　情感倾向性分析算法 …………………………………… 92

　5.1.1　基于情感词典和规则的情感倾向性分析 …………… 92

　5.1.2　基于机器学习的情感倾向性分析 …………………… 93

5.2　基于词典和规则的情感倾向性分析 ……………………… 100

　5.2.1　基于基础情感词典的情感倾向性分析 ……………… 100

　5.2.2　基于规则和多部情感词典的情感倾向性分析 ……… 101

5.3　基于句法和规则集的情感倾向性分析 ………………… 104

　5.3.1　句型和句间关系规则 ………………………………… 105

　5.3.2　程度修饰和否定修饰规则 …………………………… 111

　5.3.3　文本情感值计算 ……………………………………… 117

5.4　句子级/篇章级情感倾向性分析的实例 ………………… 118

　5.4.1　实验设置 ……………………………………………… 118

　5.4.2　实验结果分析 ………………………………………… 118

第6章　社会化媒体文本的多级情感分析　　126

6.1　基于情感词典和规则的多级情感分析 ………………… 126

6.2　基于机器学习的多级情感分析 ………………………… 128

　6.2.1　特征选择 ……………………………………………… 128

　6.2.2　情感分类模型 ………………………………………… 129

6.3　融合类序列规则和机器学习的多级情感分析 ………… 131

　6.3.1　关联规则 ……………………………………………… 132

　6.3.2　社会化媒体语料中挖掘类序列规则 ………………… 144

　6.3.3　社会化媒体语料的情感分类 ………………………… 145

6.4　社会化媒体文本多级情感分析的实例 ………………… 147

6.4.1　实验设置 ·· 147

6.4.2　实验结果分析 ·································· 148

第7章　社会化媒体信息网络　　160

7.1　复杂网络 ··· 160

7.1.1　复杂网络的拓扑参数 ················· 161

7.1.2　复杂网络的拓扑特性 ················· 165

7.2　情感词共现网络 ······························ 168

7.2.1　情感词共现网络的构建 ············· 168

7.2.2　情感词共现网络的拓扑结构 ······ 170

7.3　媒体信息传播网络 ··························· 177

7.3.1　媒体信息传播网络的构建 ·········· 177

7.3.2　媒体信息传播网络的拓扑结构 ··· 178

7.3.3　媒体信息传播网络的用户互动行为 181

7.4　基于拓扑势的关键用户识别 ·········· 188

7.4.1　节点重要度评估 ························· 189

7.4.2　关键用户识别 ····························· 194

7.4.3　用户角色划分 ····························· 201

第 1 章
绪　　论

社会化媒体（social media）是人们彼此之间分享意见、见解、经验和观点的工具和平台，主要包括社交网站、微博、微信、博客、论坛、播客等，其主要呈现形式是用户创造和传播的信息流。从海量的社会化媒体数据中分析挖掘人类的行为模式，能够实现对社会个体或群体的深入剖析和理解。社会化媒体处理（social media processing，SMP）主要是挖掘和应用社会化媒体产生的大量信息，包括客观信息挖掘、主观信息挖掘以及社会化媒体的应用研究等，通过挖掘社会化媒体中用户生成的内容和社会关系网络，发现其中蕴含的行为模式，进而更好地理解人类的行为特点。社会化媒体处理涉及计算机科学、社会学、传播学、情报学、管理学、经济学、语言学、心理学等学科，属于典型的多学科交叉领域，对揭示人类行为模式的本质具有非常重要的理论意义和实践价值。

1.1　社会化媒体的客观信息挖掘

1.1.1　社会网络分析

社会网络是成员（个体或社会组织）以及他们之间的各种连接或相互关系（如朋友关系、合作关系、商业或政治关系等）所组成的集合，如朋友关系网络、科研合作网络、在线社交关系网络等，可以抽象为一个由节点（代表社会成员）和连边（代表节点间关系）构成的网络图。在社会网络中，每位成员扮演着不同的社会角色，与网络中其他成员之间产生各种不同的行为关系。近年来，随着社会化媒体影响力不断提高以及微博、微信等媒体工具深入渗透，社会网络呈现出动态性、快速性、开放性、交互性和数据海量化等特点。社会网络是典型的具有复杂拓扑结构和动力学特性的复杂网络，主要具有以下特征：

① 网络拓扑结构的复杂性，社会网络中的节点特征和节点间的连接方式多样，具有明显的小世界特性、无标度特性和社区特性；

② 网络的动态演化性，社会网络的连接结构呈现立体动态性，涌现出网络结构的演化和更替；

③ 社会网络成员之间以复杂的耦合方式进行交互，并影响各自的行为模式。

随着复杂网络的结构、功能和动力学行为研究的不断深入，研究者开始采用图论等数学模型对社会网络进行建模，分析社会网络的拓扑结构特性、演化动力学特征等，形成社会网络分析方法（social network analysis，SNA），这已成为当前人工智能和数据挖掘领域的研究热点，在社会网络信息传播模型分析、社区发现、链接分析、情感挖掘、影响力分析、个性化推荐和隐私安全等方面取得众多研究成果。社会网络分析涉及社会科学、管理科学和信息科学等众多学科，其研究和应用涉及人类生活的方方面面。获取全面、完善的社会网络用户行为海量数据，揭示社会网络信息传播机制等动态规律，挖掘更有价值的用户行为规律，体现社会网络节点的影响力，是建立社会网络模型的关键，在舆情传播、商品营销、商务智能等领域具有重要作用，有利于人类充分利用社会网络完善自身行为和管理。

1.1.2 社会化媒体信息传播

社会化媒体的日益普及不仅导致信息呈爆炸式增长，而且带来信息传播方式的巨大变革。社会化媒体信息在人们建立的"关注-被关注""转发-被转发""评论-被评论"等网络关系中不断传播，所有人既是信息的生产者，也是信息的传播者，人与信息高度互联融合，一条信息能够在非常短的时间内传播到数以百万计的用户，其传播范围呈"核裂变"式的几何级数增长。因此，研究社会化媒体中信息的传播模式和扩散机制，有助于社会化媒体舆情的科学控制与引导，也有利于企业品牌和产品推广。

在社会化媒体中，信息通过用户之间的传播，沿着由用户之间的关联关系（如关注、转发、评论、回复等）构成的社会网络进行传播。通常用 G（V，E）表示社会网络，其中 V 是节点集，即网络中的用户集合；E 为图 G 中的边集，表示用户之间的关联关系。社会化媒体信息传播的主要途径是用户的转发、评论、回复等行为，其中转发行为使得信息从发布者开始，按照用户之间的关联关系组成的路径进行层级式传播。

社会化媒体信息传播研究的最终目的是对信息传播进行预测,根据社会化媒体信息的特性、用户关系,以及社会化媒体网络外部因素等对信息传播进程建模,预测信息传播动态以及用户个体的传播行为。根据预测任务的侧重点不同,预测方法可概括为以信息为中心、以用户为中心、以信息和用户为中心三个方面。

以信息为中心的预测研究方法忽略个体的传播行为,只关注信息的整体传播趋势(如传播范围、传播周期等特性),其主要任务是进行信息流行度预测。信息流行度是指信息在社会化媒体网络中最终的传播过程和结果,例如视频网站中的视频信息流行度由浏览数、分享数来衡量,新闻平台中的信息流行度由新闻评论数来表示,微博信息流行度由传播范围和传播周期来呈现。从模型角度看,信息流行度预测以基于传染病模型、分类模型、回归模型的预测方法为主。

以用户为中心的预测研究方法,以对用户的兴趣和行为建模为基础,从微观角度分析用户是否会参与某信息的传播,其主要任务是进行用户传播行为预测。用户传播行为预测是指通过一定的手段学习已知用户的兴趣和行为规律,从而对未知的用户传播行为进行预测。按照预测基本假设的不同,用户传播行为预测方法可分为基于用户过往行为的预测、基于用户文本兴趣的预测、基于用户所受群体影响的预测以及基于混合特征学习的预测,主要使用的模型包括协同过滤模型、主题模型、因子图模型以及分类模型等。

以信息和用户为中心的预测研究方法,既关注信息的整体传播,又关注网络中所有个体对信息的传播行为,其主要任务是通过分析个体的传播行为或传播概率,预测信息的传播路径,核心思想是基于用户之间的网络结构,根据节点之间的关系推测信息传播的可能性。以信息和用户为中心的预测方法主要分为基于独立级联模型的预测方法、基于线性阈值模型的预测方法、基于分类模型的预测方法以及基于博弈论模型的预测方法。基于独立级联模型的预测方法假设信息传播的过程是依靠相邻节点之间的相互影响,个体的传播行为取决于某个相邻节点对它的激活概率。基于线性阈值模型的预测方法假设个体的传播行为取决于所有相邻节点对它的影响是否超过激活阈值。基于分类模型的预测方法将信息传播路径预测问题转化成用户传播行为的预测问题。基于博弈论模型的预测方法将每个用户视为一个智能体,假设每个用户在接收到某信息时会进行利益博弈,采取使自己获益最多的策略。

1.2 社会化媒体的主观信息挖掘

社会化媒体的主观信息主要包括媒体数据中隐含的观点、情感、态度、情绪、意图、建议等。社会化媒体情感挖掘是主观信息挖掘的重要研究热点。狭义的情感挖掘是指利用计算机实现对文本中观点、情感、态度、情绪等的分析挖掘。广义的情感挖掘是指对文本、图像、视频、音频、生理特征等多模态信息的情感计算。情感挖掘的基本目标是建立一套有效的分析方法、模型和系统，识别不同模态数据中的情感信息，如观点、态度、情感倾向（积极、消极等）或情绪（喜、怒、哀、乐等）。为了使内容更加聚焦，本书所讨论的情感分析特指狭义的情感分析，即文本情感分析。

1.2.1　社会化媒体情感挖掘

社会化媒体作为信息传播的重要载体，在突发事件、危机事件等的舆论传播中的作用日益凸显。社会化媒体情感挖掘已经成为人工智能、数据挖掘、自然语言处理、传播学、情报学等多学科交叉研究领域之一，目前已掀起研究热潮，它对网络舆情的预警、分析、监测和管理等具有重要意义。

情感挖掘的实质是对带有情感色彩的主观性文本进行分析、处理、归纳和推理，当前涌现出的算法可归纳为三类：基于情感词典的情感挖掘方法、基于传统机器学习的情感挖掘方法、基于深度学习的情感挖掘方法。

（1）基于情感词典的情感挖掘方法

指根据情感词典中情感词的类别，实现不同粒度下（如词语级、句子级、篇章级、属性级）的文本情感分类。现有的情感词典大部分是人工构建的，对情感词的情感类别和强度进行人工标注，需要花费大量的人力物力。采用情感词典自动构建方法，可提高构建效率。情感词典自动构建方法主要有三类：基于知识库的方法、基于语料库的方法、融合知识库和语料库的方法。基于知识库的方法通常以手动方式收集和标注初始情感词，通过搜索知识库的同义词和反义词来扩展情感词典，其主要缺点是无法结合领域特点考虑上下文情境。基于语料库的方法首先收集一组种子情感词，然后利用潜在语义分析等统计方法，通过搜索与种子词相关的词语扩充情感词典，提供与特定领域相关的情感词。

基于情感词典的情感挖掘方法能够准确反映文本的非结构化特征，易于分析和理解；当情感词覆盖率和准确率高时，情感分类效果较好，但也存在以下缺点：

➢ 该方法主要依赖于情感词典的构建，对新词或未登录词的识别效果差；

➢ 同一情感词在不同语境、不同语言或不同领域中所表达的含义不同，因此在跨领域和跨语言中的情感分类效果不理想；

➢ 在使用情感词典进行情感分类时，往往忽视上下文之间的语义关系；

➢ 随着新词或未登录词的大量涌现，已有的情感词典难以解决词形、词性的变化问题，导致情感分类的灵活度不高；

➢ 情感词典中的情感词数量有限，需要花费大量的时间和资源来不断扩充、完善。

总的来讲，基于情感词典的方法依赖于情感词典的质量，受制于词典覆盖率的问题，极大地限制了其应用性。

（2）基于传统机器学习的情感挖掘方法

指通过大量有标注的或无标注的语料，使用机器学习算法抽取文本特征，进而实现情感分类，主要分为有监督情感挖掘方法、半监督情感挖掘方法和无监督情感挖掘方法。

有监督情感挖掘方法利用训练语料生成文本情感分类器，主要包括训练集获取、文本向量化、分类器训练与分类器检测等步骤。有监督情感挖掘的典型特征包括 N-Gram、词性特征、情感词特征、句法模式、位置特征、概念特征和修辞特征等。常用的有监督情感挖掘方法有：K 近邻法（KNN）、朴素贝叶斯（NB）、支持向量机（SVM）、最大熵（ME）等。具有里程碑意义的工作是 Pang 等人[1]采用 SVM、NB、ME 三种机器学习方法实现了电影评论数据集的情感分类，国内外学者也开展了相关文本情感表示模型的研究。

虽然有监督情感挖掘方法具有较高的分类准确率，但对数据样本的依赖程度较高，获取训练样本和人工标记的高昂代价与机器标记的低劣质量使其实际应用大打折扣，在这种情况下，仅需少量标注样本的半监督情感挖掘方法应运而生。半监督情感挖掘方法通过对未标记的文本进行特征提取，改善文本情感分类结果，解决了人工标记的数据集稀缺的问题。Liu 等[2]提出主题自适应的半监督情感分析模型 TASC，在小规模标注样本的基础上借助非标注样本提高情感分类性能。

无监督情感挖掘方法近年来备受青睐，无监督情感挖掘方法避免了基于词典的方法对情感词典的依赖性，一定程度上克服了有监督情感挖掘方法中训练数据难以获取的问题，但由于对表情符号与用户情感特征的忽视，其情感分析效果不甚理想。当前基于 LDA 主题模型的情感分类方法使用最为广泛，Lin 等[3]提出基于 LDA 模型的 JST 模型，将文本情感标签加入 LDA，形成包含词、主题、情感和文档的四层贝叶斯

---

❶ Pang B，Lee L，Vaithyanathan S. Thumbs up? Sentiment Classification Using Machine Learning Techniques [J]. Proceedings of the Conference on Empirical Methods in Natural Language Processing，2002：79-86.

❷ Liu S，et al. TASC：Topic-Adaptive Sentiment Classification on Dynamic Tweets [J]. IEEE Transactions on Knowledge and Data Engineering，2015，27（6）：1696-1709.

❸ Lin C，et al. Weakly supervised joint sentiment-topic detection from text [J]. IEEE Transactions on Knowledge and Data Engineering，2012，24（6）：1134-1145.

概率模型，黄发良等[1]提出基于 LDA 和互联网短评行为理论的主题情感混合模型 TSCM。

基于传统机器学习的情感挖掘方法的关键是情感特征提取和分类器的组合选择，它们对情感分析结果具有明显影响。该方法通常不能充分利用文本的上下文语境信息，在一定程度上影响了分类结果的准确性。

（3）基于深度学习的情感挖掘方法

为解决情感挖掘中忽略上下文语义的问题，研究者将深度学习方法应用于情感挖掘中，取得了许多成果。与基于情感词典的情感挖掘方法和基于传统机器学习的情感挖掘方法相比，基于深度学习的情感挖掘方法不依赖于特征提取器，能主动学习特征并保留文本中词语的信息，从而更好地提取语义信息，有效实现文本的情感分类。基于深度学习的情感挖掘方法可以细分为单一神经网络的情感挖掘方法、混合神经网络的情感挖掘方法、基于注意力机制的情感挖掘方法和基于预训练模型的情感挖掘方法。

2003 年 Bengio 等人[2]提出神经网络语言模型，使用一个由输入层、隐藏层、输出层构成的三层前馈神经网络来建模，该语言模型的本质是根据上下文信息预测下一个词的内容，能从大规模语料中学习丰富的知识，有效解决传统情感分析方法中忽略上下文语义的问题。典型的神经网络语言模型有卷积神经网络（convolutional neural network，CNN）、递归神经网络（recurrent neural network，RNN）、长短时记忆（long short-term memory，LSTM）网络等，在情感分析任务中取得了不错的结果，其中长短时记忆网络是一种特殊类型的递归神经网络，在处理长序列数据和学习长期依赖性方面效果不错。在神经网络的基础上，2006 年 Hinton 等人率先提出了深度学习的概念，通过深层网络模型学习数据中的关键信息，反映数据特征，从而提升学习性能。基于深度学习的情感挖掘方法采用连续、低维度的向量表示文档和词语，有效解决了数据稀疏问题，该方法属于端到端的方法，能自动提取文本特征，降低文本构建特征的复杂性，在机器翻译、文本分类、实体识别等自然语言处理任务中取得了重大进展，其中文本情感挖掘方法的研究属于文本分类的一个分支。2014 年，Bahdanau 等人[3]将注意力机制（attention mechanism）应用于机器翻译任务，意味着注意力机制开始应用到自然语言处理领域中。2017 年，Google 机器翻

[1] 黄发良，等 . 基于 TSCM 模型的网络短文本情感挖掘［J］. 电子学报，2016，44（8）：1887-1891.

[2] Bengio Y，Ducharme R，Vincent P，et al. A Neural Probabilistic Language Model［J］. Journal of Machine Learning Research，2003，3：1137-1155.

[3] Bahdanau D，Cho K，Bengio Y. Neural Machine Translation by Jointly Learning to Align and Translate［J］. Computer Science，2014：173.

译团队[1]提出用 Attention 机制代替传统 RNN 方法，搭建整个模型框架，并提出多头注意力 (multi-head attention) 机制，实验证明该方法的训练速度优于主流模型，注意力机制能够扩展神经网络的能力，在神经网络中使用注意力机制能有效提升自然语言处理任务的性能，在深度学习的方法中加入注意力机制并应用于情感分析任务，能够更好地捕获上下文语义信息，防止重要信息的丢失，有效提高文本情感分类的准确率。

预训练模型包括 ELMo、BERT、XL-NET、ALBERT 等。2018 年 10 月，Google 公司提出一种基于 BERT[2] 的新方法，将双向 transformer 机制应用于语言模型，充分考虑单词的上下文语义信息，使用 WordPiece embedding 作为词向量，并加入位置向量和句子切分向量。许多研究者通过对 BERT 模型微调训练，在情感分类中取得了不错效果。最新的情感挖掘方法大多是基于预训练模型，与传统方法相比，基于预训练模型的方法充分利用了大规模的单语语料，可以对一词多义情形进行建模，有效缓解了对模型结构的依赖。

综上所述，基于深度学习的情感挖掘突破了"特征工程"的束缚，只需将文本数据输入网络中训练并优化参数，即可获得优良结果，在自然语言处理性能上远超基于传统机器学习的情感挖掘。虽然深度学习在小数据集上容易出现过拟合情况，调参烦琐复杂，训练时间长，计算复杂度高，计算过程无法有效理解，但基于深度学习的情感挖掘仍是目前最重要的研究方向。

1.2.2 情感分析评测会议

自 2006 年起，国内外相关组织陆续发起了一系列情感分析评测会议，如 TREC (Text Retrieval Conference)、SemEval (Semantic Evaluation)、NTCIR (NACSIS Test Collection for IR System)、中文倾向性分析评测 (Chinese Opinion Analysis E-valuation，COAE)、自然语言处理与中文计算国际会议 (Natural Language Processing & Chinese Computing，NLP&CC) 等。TREC 是文本检索领域最权威的评测会议之一，由美国国防部高等研究计划署 (Defense Advanced Research Projects Agen-cy，DARPA) 与美国国家标准和技术局 (National Institute of Standards and Tech-

---

❶ Vaswani A，Shazeer N，Parmar N，et al. Attention is all you need [C] //Advances in Neural Information Processing Systems. 2017：5998-6008.

❷ Devlin J，Chang M W，Lee K，et al. BERT：Pre-training of Deep Bidirectional Transformers for Language Understanding [C] //Proceedings of the 2019 Annual Conference of the North American Chapter of the Association for Computational Linguistics，2019：4171-4186.

nology，NIST）联合主办。2006 年，TREC 以搜索博客的方式在约 30GB、320 万篇的博客数据集上搜索含有观点句的主观性文档，首次实施了情感分析评测。SemEval 由早先成立的词义消歧评测会议发展而来，目前已经涉及文本语义相似度计算、语义分析、空间角色标注等多方面的任务。NTCIR 是日本国家科学咨询系统中心主办的多语言处理国际评测会议，其目标是进行多语种、多粒度、多信息源、深层次的主观性信息提取，主要任务是从新闻报道中抽取主观性信息，使评测系统判断句子是否和篇章主题相关，并从句子中提取评价词极性、观点持有者等信息，主要关注中、日、韩等亚洲语种的信息处理。COAE 是由中国中文信息学会信息检索专委会组织的中文情感分析评测会议，涉及不同环境、不同粒度的情感分析任务，主要目的是推动中文倾向性分析词典的建立，促进中文主客观分析技术、倾向性判别技术、评价对象抽取技术以及观点检索技术的发展；COAE 主要在词语级、句子级和篇章级层面上进行分析评测，评测任务包括情感词识别、情感词极性判别、评价对象抽取、观点句抽取等，推动和加速了中文情感倾向性分析研究的发展。NLP&CC 是由中国计算机学会（CCF）、中文信息技术专业委员会（TCCI）主办的旗舰性会议，专注于自然语言处理及中文计算领域的研究和应用创新，旨在为学术界、工业界和政界的学者和研究者提供一个交流平台，促进学者和研究者分享研究和应用成果及创新思维。

1.2.3　语料库资源

随着因特网的不断发展以及社交平台的增多，情感分析越来越得到重视，国内外许多高校以及研究机构等提供了研究平台，发展情感分析技术研究，推出各相关领域的高质量语料库，提高文本情感分析模型的准确率，增强容错能力。国际文本检索会议（TREC）引入博客检索任务，进行情感分析的评测并提供相应情感分析任务的实验语料库，通过提供大型语料库、统一的测试程序，系统整理评价结果，达到改善文本检索评价的目的。NTCIR 自 2006 年起每年举办一次情感分析评测（multilingual opinion analysis task，MOAT），并提供中、英、日 3 种语言的标准语料库。COAE 对情感关键句、跨语言情感词、微博情感新词、微博倾向性、微博观点要素等进行重点评测，并提供产品类的评价语料库，为推动发展中文文本情感分析以及扩展中文语料库提供了平台。NLP&CC 自 2012 年起每年都会进行情感分析的评测，每届会议都发布不同的主题和评测任务，并提供相应情感分析任务的评价语料库。另外，一些研究单位和个人也提供了一些规模可观的语料库，例如：

- 康奈尔大学影评数据集（Cornell movie-review datasets），由电影评论组成，分为篇章级和句子级两种，其中篇章级的褒义评论和贬义评论各 1000 篇，句子级的正面句子和负面句子各 5331 句。

● MPQA 语料库（multiple-perspective question answering，MPQA），共包括 535 篇来自不同视角的新闻评论，每条评论都标注了观点持有者、情感极性、情感强度和评价对象等，适用于针对新闻领域情感分析任务的研究。

● 中文酒店评论语料库，由中国科学院计算技术研究所的谭松波博士提供。

● Mishne 构建了一个包含 815494 篇博客的英文情绪标注语料库，标注了 132 种情感类别。

● 徐琳宏等选取人教版小学教材、电影剧本、童话故事、文学期刊等语料素材构建语料库，采用 7 大类（乐、好、怒、哀、惧、恶、惊）、22 小类的情绪分类体系进行句子级别的情感标注。

1.3 社会化媒体的应用研究

社会化媒体的应用研究涉及自然语言处理、数据挖掘、机器学习、模式识别等多个领域，其中，社会热点事件的检测、跟踪、演化是社会化媒体的典型应用之一。社会热点事件的检测与跟踪研究起源于 1998 年美国国家标准技术研究所（National Institute of Standards and Technology，NIST）的话题检测与跟踪（topic detection and tracking，TDT）国际会议，它基于社会化媒体数据进行分析，发现新热点事件，检测不同种类的事件，跟踪各个子事件。社会热点事件的演化分析是对多媒体数据进行分析，进而推演出热点事件的演化趋势。

热点事件检测方法主要分为基于分类的方法和基于聚类的方法两种。

基于分类的检测方法的主要原理是采用分类器将输入的社会热点事件数据分类为预定义的事件类，通常以线性方式处理社交数据，因此不适用于非线性事件检测场景。

基于聚类的检测方法将所有输入数据分组为多个聚类，最终将聚类视为事件或非事件。聚类算法主要分为层次聚类算法、划分式聚类算法、基于密度聚类算法和基于网格的聚类算法。

① 层次聚类算法（如 CURE、CHAMELEON、BIRCH），基于相似性或距离将数据自底向上或自顶向下进行分层划分，其划分结果表示为一种层次分类树。其主要缺点是一旦完成了某个划分阶段就无法撤销。

② 划分式聚类算法（如 K-means、K-methods、CLARANS、FCM），首先规定

聚类数目并创建一个初始划分，然后采用迭代重定位技术，通过样本在类别间移动来改进聚类簇，经过反复迭代，逐步降低目标函数的误差值，在目标函数达到收敛目标时完成聚类。其缺点是需要预定义聚类数目，具有不确定性。

③ 基于密度的聚类算法（如 DBSCA、OPTICS、DENCLUE），能够以任意一种方式发现由低密度区域分开的密集区域，但该类算法不适用于大型的数据集。

④ 基于网格的聚类算法（如 GRIDCLUS、STING、WaveCluster），首先将空间进行划分，以获取具有相同大小方格的网格，然后删除低密度的方格，最后将相邻高密度方格进行结合，以构成簇。该类算法最明显的优点在于其复杂度显著减小。

随着深度学习的广泛应用，目前研究者已利用深度学习模型强大的非线性学习能力进行热点事件检测。基于深度学习的方法通常使用端到端模型来解决检测任务，将原始消息作为输入，并直接输出事件检测结果。热点事件跟踪面临两个挑战性问题：多模态融合和模型漂移。社会化媒体包含大量非结构化的多模态媒体数据（如文本、图片、视频），其中音频、视频等多媒体信息往往包含更丰富的事件信息，而传统的热点事件跟踪集中研究某种单一模态（如文本、图片），因此融合多模态媒体数据的热点事件跟踪研究将具有更好的应用前景。在特定社会热点事件的追踪过程中，不同社会化媒体网站可能有相似的事件报道或主题，媒体数据往往存在噪声，如评论信息及相应的图片可能与事件主题无关，从而导致在线社会事件跟踪产生模型漂移，因此，建立多模态融合机制，避免模型漂移，是社会热点事件跟踪的研究难点和重点。此外，随着时间的推移，文本流数据中不同事件或者话题之间存在一定的相关性，如何发现这种关联也是一项非常困难的任务。

热点事件演化主要针对海量的社会事件多媒体数据，采用人工智能、机器学习等数据分析方法，挖掘当前社会热点事件背后的关联，并预测可能产生的事件走向或趋势。社会化媒体热点事件演化分析方法主要包括基于主题模型的方法、基于矩阵分解的方法以及基于神经网络的方法。

① 基于主题模型的方法，主要利用文本特征和时间信息对每一个文档在所有主题上的概率分布进行表示，进而对话题结构进行聚类并推演热点事件的演化趋势。LDA、PLSA 等主题模型及其变体已用于社会热点事件的分析预测，并取得了较好的效果。其缺点是计算量大，当大量文档同时到达系统时，需要系统有极高的计算能力，因而不适用于文本流数据的事件实时检测。

② 基于矩阵分解的方法主要针对文本流数据中的当前话题和历史话题，以线性

子空间和矩阵分析为基础，获得话题的演化趋势。文本流中数据的时序模式既反映现实世界中事件的变化，也反映用户公布和阅读信息的方式，因此文本流中时序模式的变化决定了话题演化的动态过程，适用于文本流数据的事件实时检测。

③ 基于神经网络的方法利用神经网络来自动提取社会化媒体数据中的深层特征，进行热点事件的自动分类和演化分析。

第2章
社会化媒体语料的获取及预处理

语料是指基于文献调研、文献计量、网络爬虫等技术手段采集的，经过人工或计算机处理、分析而形成的大规模数字化文本。语料库是大量语料的集合，具有既定的格式与标记，已经成为语言学研究、自然语言处理、语言教学等领域中的基础资源。根据研究目的和应用场景的不同，语料通常可分为以下 4 种类型。

（1）通用语料

也称异质语料，是指无特定收集原则、无领域和主题限制而收集存储的多领域公共基础知识语料，如 WordNet、HowNet、Wikipedia、百度百科语料、人民日报标注语料库语料 PFR 等，可应用于通用领域的词法、句法、语义分析及信息抽取、文本分类、聚类等自然语言处理任务。

（2）领域语料

也称同质语料，是指具有领域主题或内容结构限制，只收集存储相同领域主题或内容结构类型的语料，如专业词典、领域主题词表、领域叙词表等语料，可应用于专业领域的文本采集、抽取、分类、聚类、语义标注等。

（3）系统语料

指根据预先确立的原则和比例进行语料收集，使其具有系统性和平衡性，并能够代表某一范围内语言事实特征的语料。系统语料既可以通过数据爬取技术直接采集，也可以通过对通用语料或领域语料进行分层抽样、主题抽取等获得。采用深度学习和机器学习进行文本情感倾向性分析时，需要预先准备褒义语料与贬义语料、测试语料与训练语料等，这些均属于典型的系统语料。

（4）专用语料

指为了某一特定用途而专门收集的语料或数据集等。例如哈尔滨工业大学信息检索实验室完成的由 5 层编码结构表示的同义词词林扩展版语料，专用于通用领域中基础知识词汇的同义语义扩展。

按照结构化程度的不同，语料还可划分为结构化语料、半结构化语料、非结构化语料三种。结构化语料是指存储在关系数据库中的经过语义标注处理的模板化、规则化语料，如词典、叙词/主题词表等。半结构化语料是指具有一定的结构但语义不十分确定的语料，如 RDF、XML、DTD、嵌入 RDFa 标记的 HTML 网页等。非结构化语料是指用户感兴趣且必须通过阅读才能理解其信息的语料，如大规模文本等，非结构化语料难以用统一的结构进行表示，也难以按照统一的模式进行信息抽取。

语料获取及预处理是中文自然语言处理任务的第一步。社会化媒体情感分析的对象是各种社交媒体语料，与传统的规范化文本不同，由用户自主生成的社会化媒体语料属于典型的高密度噪音文本，不正确的语法、表达情感的特定符号、缩写和非文本元素（图片和 URL 元素）等给文本预处理过程提出了挑战。已有研究表明：文本预处理方法与自然语言处理任务的结果密切相关，数据预处理和规范化对文本情感分析的效率和性能存在影响。文本预处理通常包括识别和纠正拼写错误、消除单词之间的空白序列、检测句子边界、消除任意使用的标点符号和识别缩写等，其目的是产生清洁文本，以便进一步分析。本章重点阐述社会化媒体语料自动获取与预处理的核心方法和技术。

2.1　语料的自动获取

2.1.1　基于网络爬虫的半结构化语料自动获取

半结构化语料通常是指以 HTML 格式公开发布在各类网站中的新闻、资讯、政策、观点等信息，一般具有词汇丰富、新颖、时效性强、覆盖范围广、更新速度快等特点，是领域热词、新词的主要来源。采用网络爬虫能够实现半结构化语料的自动获取。

作为从互联网中获取信息资源的有效工具，网络爬虫是一种自动抓取网页并提取网页内容的程序，其主要作用是在海量的互联网信息中抓取有效信息并存储。按照实现技术的不同，网络爬虫可以分为通用网络爬虫（general purpose web crawler）、主题网络爬虫（topical web crawler）、增量式网络爬虫（incremental web crawler）和深层网络爬虫（deep web crawler）。通用网络爬虫实现原理如图 2-1 所示，给定一个或多个统一资源定位符（uniform resource locator，URL）种子集，从初始 URL 开始，在访问网页时自动识别网页中所有 URL 并将其添加到待爬取 URL 队列，按照一定的搜索策略访问待爬取 URL，采集对应 URL 的网页后，将网页存储到数据库中，根据新的 URL 爬取网页，并从新网页中获取 URL，不断重复此过程，直至满足停止条件（如待爬行队列为空，达到指定爬行数量等）。

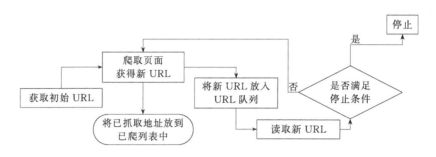

图 2-1　通用网络爬虫实现原理图

通用网络爬虫的系统结构主要包括 URL 队列、网页获取模块、网页解析模块、网页过滤模块、网页存储模块、搜索调度模块等，主要的网页搜索策略包括深度优先策略、广度优先策略和最佳优先策略三种。深度优先策略与广度优先策略隶属于盲目搜索。深度优先策略是指通过某一链接逐步向下挖掘 URL，到达终点后回到上一层继续深入挖掘该链式下的 URL。

深度优先策略如图 2-2 所示。

① 访问 1 号节点，即根节点；

② 访问 1 号节点下的 2 号节点以及 2 号节点下的 3 号节点；

③ 3 号节点为叶子节点，因此返回至 2 号节点，访问另一分支 4 号节点；

④ 4 号节点为叶子节点，因此返回至 1 号节点，访问另一分支 5 号节点；

⑤ 依次访问 5 号节点下的 6～7 号节点；

⑥ 7 号节点为叶子节点，返回至 5 号节点，访问 8 号节点。

深度优先策略的算法思路简单，但较易出现死循环，可与下文提到的基于链接分析的搜索策略结合使用。

广度优先策略如图 2-3 所示，它按照层次依次访问 URL，首先抓取该层次下所有网页内容，接着再访问下一层次的所有 URL，具体步骤如下：

① 访问 1 号节点，即根节点；

② 访问 1 号节点下层的所有节点，即 2 号、3 号节点；

③ 访问 2 号、3 号节点下层的所有节点，即 4～7 号叶子节点。

广度优先策略可以最大限度地寻找所有相关网页，算法涵盖内容范围广，常与网页过滤技术结合使用。

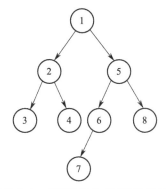

图 2-2　深度优先策略示意图

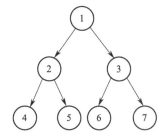

图 2-3　广度优先策略示意图

最佳优先策略隶属于启发式搜索，其步骤如下：

① 选择适合的估价函数；

② 对图遍历，计算估价函数的值；

③ 依据估价函数的值对节点排序，最佳优先策略最有希望的节点作为待扩展的节点。

与深度优先策略和广度优先策略相比，最佳优先策略时间复杂度和空间复杂度较低，能有效减少被扩展的节点数，大大提高搜索效率，但估价函数的选择对搜索结果具有决定性作用。在网络爬虫中，估价函数有利于寻找与所搜索的主题相关度高、页面评价较好的页面。

2.1.1.1　主题网络爬虫

主题网络爬虫也称聚焦网络爬虫，按照预先设定的主题有目的地爬取网页。在给定初始 URL 种子集后，根据一定的分析算法，对爬取的网页进行主题相关分析，判断网页与主题的相关度，根据网页搜索策略预测链接的主题相关度并确定 URL 优先级，过滤与主题不相关的网页；在不断抓取相关网页的过程中，将与主题相关的链接放进待爬取队列中，重复上述过程，直至达到停止条件为止。与通用网络爬虫不同，主题网络爬虫的初始 URL 种子集必须与预先设定的主题高度相关，仅爬取与主题相关的页面，关注与主题相关的网页链接，从已下载的页面中提取 URL，并预测该 URL 是否与预设的主题相关，按优先级顺序访问 URL，放弃无关的 URL；在爬取过程中，尽可能多地发现并下载与主题相关的页面，减少无关页面的下载。主要的搜索策略包括基于文本内容的搜索策略、基于链接分析的搜索策略、基于增强学习的搜索策略、基于语境图的搜索策略等。

（1）基于文本内容的搜索策略

基于文本内容的搜索策略通过计算文本内容与领域主题的相似度寻找最优值，搜索关键在于文本表示、相似度计算与领域主题划分，最常用的算法有 Fish-Search 算法与 Shark-Search 算法。

Fish-Search 算法把网络爬虫爬取网页的行为模拟为鱼群在大海中觅食，算法中的每条鱼代表一个 URL，基于页面内容与主题的相关性以及链接选取的速度来确定 URL 的优先级。当鱼找到食物（发现相关网页）时，繁殖能力增强（搜索宽度增加），后代的寿命与它自身相同（搜索深度不变）；当鱼没有找到食物（发现相关网页）时，繁殖能力保持不变（搜索宽度不变），其后代的寿命缩短（搜索深度-1）；当进入污染区（网页不存在或者读取时间太长）时，鱼死去（放弃对该链接的爬行）。对于语料获取而言，鱼群相当于 URL，食物相当于与所需 URL 相关的文本，觅食过程相当于语料爬取，文本相似性越高，获得高质量语料的可能性越大。鱼群获取食物失败，即整条 URL 链中不存在相关的领域主题信息，则认为与领域主题不相关，摒弃该链接。Fish-Search 算法可以实现基于文本内容的 URL 获取，但存在如下问题：

① 对相关性的判断是离散的二值判断，忽视了存在中间值的可能；

② 摒弃不相关的主题网页可能丢失部分有潜在意义的网页资源，造成隧道现象。

为解决 Fish-Search 算法中的问题，Shark-Search 算法给出了两点主要的改进，针对问题①，Shark-Search 算法用一个连续的函数来表示相关性，取值在 0～1 之间；针对问题②，Shark-Search 算法对于不相关的主题网页暂存保留，既不加入优先队列判断，也不直接摒弃，较好地避免了隧道现象。

（2）基于链接分析的搜索策略

基于链接分析的搜索策略的代表算法有 PageRank 算法与 HITS 算法。PageRank 算法由 Stanford 大学的研究人员 Brin 和 Page❶ 提出，其基本思想为：从网页 A 指向网页 B 的链接被看作是页面 A 对页面 B 的支持投票，并基于"有较多重要网页链接

---

❶ Page L，Brin S，Motwani R，et al. The PageRank Citation Ranking：Bringing Order to the Web ［D］. Stanford University，1998.

的网页必定是重要的网页"的想法来判断网页的重要性。在 PageRank 算法中，网页的重要性是通过该网页被访问到的概率来量度的。PageRank 算法属于随机漫游模型算法，早期应用于网页重要度计算、搜索引擎的页面质量评价，后来逐步应用于网页抓取、文档聚类、词义消歧、图像检索等领域，随着 PageRank 算法不断改进，近年来该算法也用于计算网站、页面块等的重要度。

HITS 算法最初由美国学者 Jon Kleinberg 提出[1]，该算法认为某一页面涵盖两种属性：hub 属性与 authority 属性，依据属性将页面划分为 hub 页面与 authority 页面。该算法基于两种假设：①高质量的 hub 页面将指向所有高质量的 authority 页面；②高质量的 authority 页面被所有高质量的 hub 页面指向。判断是否为高质量的依据有两点：①hub 页面值等于所有指向该页面的 authority 页面值之和；②authority 页面值等于所有指向该页面的 hub 页面值之和。最终，页面依据 authority 值排序，返回高质量 authority 页面。

（3）基于强化学习的搜索策略

强化学习（reinforcement learning，RL）又称增强学习或巩固学习，指代理体（agent）在任务中不断接受环境的奖励或惩罚，改善学习效果的方式，这一过程也称为试错过程，主要应用于机器学习、深度学习等领域。强化学习思想最初起源于行为心理学，认为强化动物在积极情景中的行为，可以促使动物再次出现类似行为。基于强化学习的搜索策略可以分为三类：基于值（value-based）的强化学习、基于策略（policy-based）的强化学习以及二者混合的强化学习。

基于值的强化学习主要通过寻找值函数的最优解完成搜索，值函数用来表示代理体在当前环境中可搜索的最优策略。时序差分算法、Q-Learning 算法、SARSA 算法、Dyna 算法等都属于基于值的强化学习。基于值的强化学习算法收敛速度较快，适用于低维离散空间，随着维度增多，可能出现"维数灾难"。

基于策略的强化学习通过优化策略寻找最优策略，实现方法有策略梯度法、模仿学习等，基于策略的强化学习算法收敛效果更好，适用于高维连续空间，但时间复杂度较高。

基于值的强化学习与基于策略的强化学习二者混合的强化学习常见的策略方法是 Actor-Critic 算法，其效率优于基于策略的强化学习，但可能产生局部最优解。

（4）基于语境图的搜索策略

基于语境图的搜索策略通过对典型页面构建网页"语境图"，得出目标网页与典

---

[1]　Kleinberg J M. Authoritative Sources in a Hyperlinked Environment ［C］//Proceedings of ACN-SIAM Symposium on Discrete Algorithms，1998.

型页面的距离，最终优先访问距离近的目标网页。基于语境图的搜索策略分为训练与搜索两方面。在训练阶段：

① 选取典型的主题相关页面作为训练种子集，从种子页面出发，应用通用搜索引擎检索出所有指向的页面；

② 将获取的新页面作为语境图第一层，用第一层中的页面文本训练分类器 C_1；

③ 将第一层页面作为新的训练种子集，重复步骤①与②得到语境图第二层和分类器 C_2。

如此重复，直至到达某个预先指定的层次，最终得到一个表示种子页面与周围页面之间层次关系的"语境图"。在搜索阶段，下载完一个新的页面，利用训练阶段得到的分类器判断该页面属于哪个层次，进而估计出该页面距离目标页面的远近，并优先访问距离目标较近的页面中的链接。

主题网络爬虫依赖网站资源建设，主题搜索引擎（也称垂直搜索引擎）为用户提供个性化需求的爬虫服务。LIB Client-IRIS Web 系统、Scirus 系统、CBP 系统、IT 罗盘、和讯搜索等是国内外最具代表性的主题搜索引擎，具体介绍见表 2-1。虽然国内主题搜索引擎已得到一定的发展，但在发展速度、领域范围等方面与国外主题搜索引擎相比仍有进步的空间。

表 2-1　主题搜索引擎介绍

名称	主题领域	介绍
LIB Client-IRIS Web 系统	法律领域	由 North Carolina 大学计算机科学系与法学院共同开发。该引擎可抓取并检索网络中的法律信息
Scirus 系统	科学领域	该系统面向科学文献网站进行爬取，是最全面、最具综合性的科技文献类搜索引擎
CBP（Collection Building Program）系统	理工科教育领域	为美国各领域创建最丰富的数字图书馆，方便各领域自行爬取主题资源
IT 罗盘	中文 IT 领域	国内第一个中文 IT 领域搜索引擎，由赛迪网开发。为用户提供信息检索、目录分类、全文检索等多种爬虫功能，是较为完善的主题领域搜索引擎
和讯搜索	金融证券领域	国内较成熟的金融证券领域搜索引擎，包含 19 个一级类目，13 个二级类目，为用户提供关键词检索、分类检索、全文检索等多种检索功能

主题网络爬虫的关键是确定主题并对主题进行详细描述，在系统抓取页面之前确定网页文本与主题的相关性，使爬虫系统尽可能多地筛选出与主题相关的页面，减少无关页面，从而使主题网络爬虫返回的结果具有较高的准确率。相比通用网络爬虫，

主题网络爬虫的优势如下：

① 通用网络爬虫只能提供粗略的信息，主题网络爬虫主题明确，且系统能够精准地获取有效信息；

② 主题网络爬虫在存储网页 URL 时需要判断该 URL 与主题的相关性，尽可能筛选出与主题相关的页面。为获得最终信息，用户需对 URL 进一步解析。

2.1.1.2　增量式网络爬虫

增量式网络爬虫主要对已下载网页进行增量式更新，只爬取新产生的或者已经发生变化的网页，能够在一定程度上保证所爬取的页面是最新的页面。增量式网络爬虫只在需要的时候爬取新产生或发生更新的页面，不重新下载没有发生变化的页面，可有效减少数据下载量，及时更新已爬取的网页，减小时间和空间的消耗，但是增加了爬行算法的复杂度和实现难度。增量式网络爬虫的系统结构主要包括 URL 队列、网页获取模块、排序模块、更新模块、网页存储模块等。增量式爬虫的工作流程图见图2-4，它主要针对批量 URL 进行增量式更新，首次遍历后获得批量 URL 列表，接着判断 URL 是否存在于列表中，若存在则进一步判断该记录是否已过期，若时间未过期，表示列表中存在正常状态的 URL，因此不获取内容；若过期或该链接尚未存在于列表中，表示该 URL 需加入列表，完成更新，获取内容，直至完成遍历，结束获取程序。增量式爬虫的优势在于完成大量爬虫数据的更迭，在更迭过程中，可更新的内容随遍历次数逐渐减少。

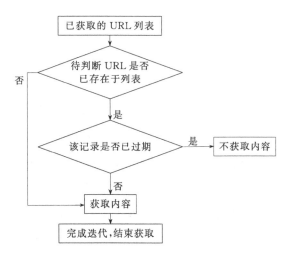

图 2-4　增量式爬虫工作流程图

2.1.1.3　深层网络爬虫

深层网络爬虫是为应对深层网页（deep web）而使用的一种爬虫。深层网页是指不能通过静态链接获取的页面，通常隐藏在搜索表单之后，只有用户提交一些关键词或者填写相应表单后才能获得。深层网络爬虫的系统结构主要包含六个基本功能模块（爬行控制器、解析器、表单分析器、表单处理器、响应分析器、LVS 控制器）和两个爬虫内部数据结构（URL 列表、LVS 表）。深层网络爬虫技术的关键步骤是表单填写，根据表单填写方法分为两种类型：①基于领域知识的爬虫技术，基于领域知识进行表单填写，然后进行语义分析，获取合适的关键词，填写表单，获取 Web 页面；②基于网页结构分析的爬虫技术，当无领域知识或仅有有限的领域知识时，基于网络结构分析填写表单，将网页表单表示成 DOM 树，从中提取表单各字段值。

在通用网络爬虫、主题网络爬虫、增量式网络爬虫以及深层网络爬虫当中，选取适合的网络爬虫技术，将其应用于数据采集、处理相关工作中，能够显著提升数据采集的效率，增加数据的应用价值。

2.1.2 基于 Web API 的半结构化语料自动获取方法

国内提供 Web API 接口的网站有百度地图、新浪微博、豆瓣电影、哔哩哔哩、网易云音乐等；国外提供 Web API 接口的网站有 Facebook、Twitter 等。百度地图为开发者提供地点检索服务接口（Place API），用户可调用接口对目标地点实现城市检索、圆形区域检索、矩形区域检索等。新浪微博为开发者提供有关微博内容、评论的爬虫接口（微博 API），用户根据不同需求可以申请高级接口或 SCOPE 授权请求接口。豆瓣为开发者提供热门电影、书籍、音乐等多领域的语料获取服务，用户可调用不同接口爬取热门榜单与评价；豆瓣电影接口（Movie API）将用户服务分为三类：①公开接口：为个人用户开放基本数据接口；②高级接口：为非营利机构（如图书馆、学校、公益组织等）开放所有数据接口，开发者原则上不违反豆瓣产品规则，不与豆瓣产生竞争关系；③商务接口：适用于商务合作，为开发者开放有限接口，爬取次数不限。哔哩哔哩（bilibili_api）为开发者提供视频基本信息、弹幕信息、评论信息、直播等的自动获取功能，接口以 Python 语言类库的方式封装，下载后可直接调用实现。网易云音乐为开发者提供歌单信息、歌曲评论、歌曲榜单、话题详情等语料获取服务，接口基于 Node JS 语言实现，可在 GitHub 网站中下载接口资源。

选择 Web API 接口作为爬虫工具的流程图如图 2-5 所示。步骤如下：

① 根据特定目标选择对应的 Web API，在相应网站中填写个人信息，完成注册；

② 根据用户需求申请对应的服务接口，服务接口的申请时间因受众不同有所区别；

③ 申请成功后，获得唯一的密钥与接口使用权；

④ 调用接口前指定 URL，为接口函数提供相应参数，实现调用；

⑤ 得到语料后判断是否满足停止条件（如爬取至指定位置），直至完成任务。最终数据存入数据库待用。

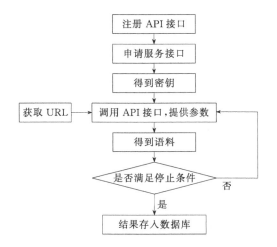

图 2-5　选择 Web API 接口作为爬虫工具的流程图

以哔哩哔哩 API 接口为例，哔哩哔哩 API 接口（bilibli_api）通过下载类库实现安装功能，在网站中获得目标视频的 AV 号或 BV 号后，将 AV 号与 BV 号作为参数传入弹幕信息函数 video.get_danmaku()、评论信息函数 video.get_comments()，当获取到全部信息时，返回列表类型的爬取结果。开发者通过筛选，输出弹幕内容与评论内容至 csv 文件，如图 2-6 所示。

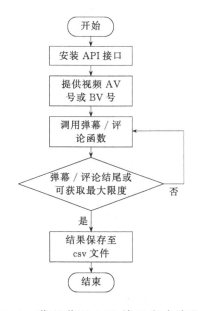

图 2-6　哔哩哔哩 API 接口爬虫流程图

2.1.3 基于模拟浏览器的语料自动获取方法

目前，部分网站为保护数据不被滥用，已设置反爬虫机制，因此在获取网站 URL 的过程中可能遇到如下困难：登录账户后才能进入网站，登录界面需输入图形或文字验证码，可爬取资源有限等。解决网站登录问题最有效的办法是选取模拟器完成浏览器的模拟登录，模拟器模仿开发者行为实现自动打开网址、注册登录账号、单击控件、输入验证码等功能，这类方法称为基于模拟浏览器的语料自动获取方法，优点在于自动化程度较高。

例如 Selenium 模拟器搭配火狐浏览器执行特定的人为操作：下拉进度条，填充表单，单击控件，实现自动化测试。具体步骤如下：

① 模拟器环境配置；

② 录制脚本，自动生成模拟程序；

③ 将模拟程序加入爬虫程序，获得网页 URL；

④ 解析 URL 链接，实现爬取。

模拟器环境配置是完成网络爬虫的第一步，首先在火狐浏览器中配置 Katalon Recorder 插件，该插件支持多种编程语言，录制脚本后可以自动生成脚本程序，接着在 Python 中安装 Selenium 库以待后续使用。Katalon Recorder 插件成功安装后可以在火狐浏览器右上角找到，单击图标 ⓡ 即可进入插件。插件主界面如图 2-7 所示，最上方的 8 个按钮为功能按钮，其中"New"按钮表示新建项目，"Rec."按钮表示录制脚本，"Play""P. Suite""P. All"按钮表示回看已录制脚本，"Pause"按钮表示暂停脚本，"Report"按钮表示上传脚本至 Katalon 官网，"Export"按钮表示生成脚本程序。左侧区域显示现有全部项目文件，中间空白区域将在录制脚本后显示系列操作。

插件功能包含两个步骤，即录制脚本和自动生成脚本代码。录制过程如下：

① 新建项目：单击"new"按钮输入项目名称，进入项目。

② 开始录制：单击"Rec."按钮录制脚本。此时浏览器打开新标签页，用户执行人工操作，如输入目标网址、登录网站等。

③ 结束录制：单击录制按钮（此时的"Rec."按钮已变为"Stop"按钮），结束脚本录制，脚本已存储在插件中。

④ 生成脚本程序：单击"Export"按钮输出，输出界面如图 2-8 所示，单击"Format"旁的下拉菜单，选择需生成的脚本语言 Python。程序中包含多个函数，用户只需选择"test_app_dynamics_job(self)："函数，该函数已囊括所有人工操作。

图 2-7　插件主界面

图 2-8　脚本程序输出界面

获得脚本程序后返回 Python 编程环境，新建项目并引入 Selenium 库，将脚本程序放入项目程序中完善程序，获取所需 URL，完成爬虫。值得注意的是，该模拟器不能自动模拟新建标签页的操作，用户需自行在程序中编写程序交换页面句柄，完成多个标签页间的句柄切换。

2.2　语料预处理

语料获取后，需要对其进行语料清洗、停用词过滤等预处理操作，去除可能形成噪声的无关信息，仅保留有效数据，实现文本格式的标准化，以达到提高识别准确度、减少数据存储空间的效果。

互联网上存在多种类型的社会化媒体语料，如微博用户的博文、BBS 论坛的发帖、购物网站的产品评论等，各种语料清洗操作流程大致相同。以典型的微博语料为例，微博语料中含有大量冗余信息，如网址链接、话题、标题、用户名、无意义符号、来源标签等，其在文本情感分析中可能起干扰作用或不起作用，频繁出现还会影响分词准确度和识别效率，例如用户名"富察容音毒唯粉"，如果不进行删除操作，参与后期情感分析，在分词提取情感词环节，会将其分词为"富察容音/毒/唯/粉"，进而提取情感词"毒"，误将其纳入正文文本的情感计算，导致计算结果出现偏差。表 2-2 列出了部分冗余信息示例。另外，冗余信息会消耗计算内存，增加计算时长，因此可通过使用正则表达式，按照语料清洗规则批量删除冗余信息，语料清洗规则示例见表 2-3。

表 2-2　冗余信息示例

类型	示例
网址链接	http：//t.cn/zT61wTa
话题	♯＊♯
标题	【【＊】】、【＊】、「＊」、「＊」、〖＊〗
来源	（＊来自＊），（来自＊），（来自＠＊），（来自＠＊），（＊数据来自＊），（图片来自＊），（文字来自＊），（＊分享自＊），（＊分享来自＊），（＊新闻分享自＊），（＊来源＊），（＊免费下载＊），（＊通过＊），（＊＠＊），［转载］
用户名	＠＊：
转发分隔符	//
特殊字符	＝、＋、－、－、·、_、●、★、☆、◆、◎、♯、￥、％、→、＞、＜、≥、≤、∈、≈、⌒、▲、◇、◆、∑、□、°、⊥、一、×、※、♂、⊙、↑、↓、、｜、（?）、、╱、ε
其他	转发微博，分享图片，话题详情，我在这里，我在，原文地址，(转)，(图)，我参与了＊这个选项，我参与了＊你也快来表态吧，(分享＊单曲＊)，试听地址＞＞＞

表 2-3　语料清洗规则示例

清洗规则	微博或评论文本	清洗后文本
删除网址链接	公安机关已抓获 4 名疑犯,案件正在审理 http://t.cn/agzTuE	公安机关已抓获 4 名疑犯,案件正在审理
删除话题	♯抗疫行动♯ ♯手写加油接力♯我们一定会挺过去!!	我们一定会挺过去!!
删除标题	【欲降药价先破垄断】扭曲的定价机制源于特殊国情	扭曲的定价机制源于特殊国情
删除来源	儿时总有各种梦想,或是在天空翱翔,或去海底寻找遗失宝藏,或是随着气球一起飞翔……Jan von Holleben 的摄影作品实现了我们儿时的各种梦想有木有? ps:图片来自网络	儿时总有各种梦想,或是在天空翱翔,或去海底寻找遗失宝藏,或是随着气球一起飞翔……Jan von Holleben 的摄影作品实现了我们儿时的各种梦想有木有?
删除微博用户名	这次小狗和她的宝宝再被抓到肯定会没命的,不知道有没有办法救救它们? @厦门阿福流浪动物之家	这次小狗和她的宝宝再被抓到肯定会没命的,不知道有没有办法救救它们?
删除转发分隔符	//@小张:今天早上看到马路上好多碎玻璃渣,看到几个人拿着棍子,都是他们干的好事……	今天早上看到马路上好多碎玻璃渣,看到几个人拿着棍子,都是他们干的好事……

语料清洗后的数据往往包含很多停用词或生僻字。停用词也称静止词,通常指没有实际含义的词,如"的""在""是""你""我""他""却""但""而""条""位""个"等。在特征提取时,由于停用词或生僻字等词汇量过大,容易影响性能并浪费存储空间,因此需要进行停用词过滤。常用的停用词表有哈尔滨工业大学停用词表、百度停用词表、谷歌停用词表等,基本覆盖了日常使用的所有停用词。本书作者整合了哈尔滨工业大学停用词表和百度停用词表,整理去重后获得 1823 个停用词组成的停用词表,用于停用词过滤。

2.3　情感词典

按照文本粒度,情感分析任务可以分为词语、句子、篇章、属性等多个级别,情感词典在不同粒度的情感分析任务中扮演着不同的角色:

① 词语级情感分析任务中,对词汇或短语进行情感倾向性判断的过程等价于情感词典的构建,利用情感词典的词语分析能力,能够快速实现对小粒度文本的情感分析。

② 句子/篇章级情感分析任务中,通过对褒义情感词和贬义情感词的得分累加或

数量比较，判断句子/篇章的情感极性；也可以采用机器学习方法，基于情感词典提取分类器特征，进而实现文本分类。

③ 属性级情感分析任务中，首先找出属性词对应的情感词，然后使用词语级情感分析方法判断其情感，最后获得该属性对应的情感倾向。

情感词典是文本情感分析、情感计算的基础。作为文本情感分析的重要工具，词典的质量直接影响文本情感挖掘的结果。基于一部全面而精确的情感词典进行情感分析，通常能获得较高的准确率，因此构造高准确率和覆盖率的情感词典具有至关重要的意义。目前公认的中文情感词典相对较少，而且词典规模较小，难以满足情感挖掘和信息传播的需求。本书作者构建了一个较完善的中文情感词典，如图 2-9 所示。其中基础词典包括一部基础褒贬义情感词典和一部 7 级情感词典，新词词典由社会化媒体语料中的新兴词汇和短语组成。

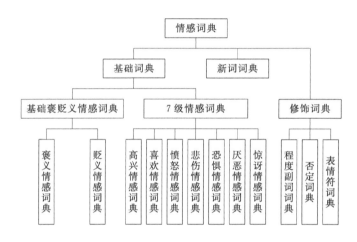

图 2-9　中文情感词典构成图

2.3.1　基础词典

2.3.1.1　基础褒贬义情感词典

目前主要通过人工构建获得通用情感词典，即在大量相关语料以及现有词典的基础上，人工总结出具有情感倾向的词汇，标注其情感极性及其强度，构成词典，但人工构建方法费时费力，代价很大，规范的情感词典相对缺乏。构建最早、应用最普遍的中文情感词典是知网（HowNet）提供的情感分析用词语集，包含中文褒贬评价词、情感词，其中有 4569 个中文褒义词和 4370 个中文贬义词，程度副词分为 6 个等级，分别为超、最、很、较、稍、欠；除了情感词外，HowNet 还有类似 WordNet 的特点，构建了一个词与词之间的大型关系网络，包括概念与概念之间、概念与属性之间的关系。大连理工大学中文情感词汇本体库 DUTIR 从不同角度描述一个中文词汇或者短语，包括词性类别、情感类别、情感强度及极性等信息，在 Ekman 的 6 大类情感分类体系基础上，加入情感类别"喜欢"，对正面情感进行更细致的划分，最终将情感分为 7 大类 21 小类，情感强度分为 1、3、5、7、9 五级，9 表示强度最大，1 表示强度最小，共包含 11229 个褒义词和 10783 个贬义词。台湾大学构建的情感词典 NTUSD 是另一个比较常用的情感词典，包含 2810 个褒义词和 8276 个贬义词，与 HowNet、DUTIR 一起构成了目前中文处理中最常用的 3 个开放型情感词典。

表 2-4 列出了部分中文情感词典说明。

表 2-4　部分中文情感词典说明

词典名称	说明
HowNet	褒义词 4569 个，贬义词 4370 个
DUTIR	褒义词 11229 个，贬义词 10783 个
NTUSD	包含中文简体和繁体两个版本，褒义词 2810 个，贬义词 8276 个
清华大学褒贬义词典	褒义词 5567 个，贬义词 4468 个

本书整合优化了 HowNet、DUTIR、NTUSD 和清华大学褒贬义词典，经过去重、去掉生僻字等预处理，获得基础褒贬义情感词典，词语个数见表 2-5。

表 2-5　基础褒贬义情感词典

词语集名称	词语个数
褒义情感词语	15020
贬义情感词语	17944

2.3.1.2　7 级情感词典

7 级情感词典以大连理工大学情感词汇本体库为基础，由知网情感词典 HowNet、清华大学褒贬义词典和 BosonNLP 情感词典融合而成。国内外最具影响力的情感分类体系是 Ekman 的六种基本情感分类体系，其根据人类的面部表情和行为反应，将基本情感分为高兴、愤怒、悲伤、恐惧、厌恶、惊讶。大连理工大学情感词汇本体库在 Ekman 六种基本情感理论的基础上对正面情感进行了更细致的划分，因此我们以大连理工大学情感词汇本体库为标准，对 HowNet、NTUSD 和清华大学褒贬义词典进行人工标注，将所有情感词标注为"高兴""喜欢""愤怒""悲伤""恐惧""厌恶"和"惊讶"七类，并给出相应的情感强度，表 2-6 显示了所构建的情感词典中每种情感类别的词数。

表 2-6   情感词典中每种情感类别的词数

情感类别	词数	情感类别	词数
高兴	2113	恐惧	1245
喜欢	15108	厌恶	14379
愤怒	619	惊讶	274
悲伤	2788		

2.3.2   修饰词典

2.3.2.1   程度副词词典

程度副词词典根据 HowNet 中的程度副词词典构建。程度副词对情感词的修饰有时呈放大作用，有时呈减小作用。根据程度副词的语义强度，参考其他文献对程度副词的分类，我们对其进行权重标注，见表 2-7。

表 2-7   程度副词词典示例

等级	程度副词示例	权重倍数	个数
超	过度,过分,过火,过劲,过了头,过猛,何止,何啻	2	30
最	极,极度,极端,极其,极为,截然,超级,极力	1.75	69
很	颇,颇为,甚,实在,太,太甚,特,特别,尤,尤其	1.5	42
较	较,更,更加,更进一步,更为,还要,较比,较为	1.25	37
稍	或多或少,略,略加,略略,略微,略为,稍稍,稍微,稍为	1	29
欠	半点,不大,不丁点儿,不甚,不怎么,没怎么,轻度	0.5	12

2.3.2.2   否定词典

通过参考已有文献资料，并对测试语料进行反复测试，总结出常用的否定词和双重否定词，其中有部分否定词来源于程度修饰词典，例如程度副词词典中的"不丁点儿""不怎么""没怎么"等。示例见表 2-8。

表 2-8   否定词典示例

类型	词语示例	个数
否定词	不用,不曾,不该,不必,不会,不能,很少,极少,没有,不是,难以,不,甭,勿,别,未,没,否,木有,非,无须,并非,毫无,决不,休想,永不,不要,尚未,并未,尚无,从没,绝非,远非,切莫,绝不	70
双重否定词	不是不,不会不,不可不,并非不,绝非不,不要不,不得不,没有不,无不,无无,不能不	20

2.3.2.3　表情符词典

社会化媒体语料中的表情符通常带有明显的情感色彩，是文本情感表达的重要组成部分，通过表情符分析，可在很大程度上判断用户的情感。使用正则表达式可以实现表情符和文本数据的分隔，表 2-9 给出了带表情符的微博语料示例。由于表情符号数目有限，可采取人工标注的方式，统计语料库中表情符出现的频率并排序，筛选出带有情感色彩的高频表情符，构建表情符词典。表情符词典示例见表 2-10。

表 2-9　带表情符的微博语料示例

序号	微博内容	包含的表情符
1	这次终于通过了注册会计师考试啦！[太开心]刚刚改好了需求，又接到经理的修改需求方案[泪流满面]	[太开心]、[泪流满面]
2	请该群的博友们付出点怜悯之心吧，尽您的微薄之心帮帮这么可怜的孩子吧，我会尽力去帮他们减轻一点负担是一点，孩子太可怜了，[泪][泪][泪]	[泪]
3	我愿在我的世界里，无论何时何地，你们都在一起！i＝爱＝[红桃]在一起，一起迎着风，欢笑，成长！[good]当然还有荫姐一直等你回来	[红桃]、[good]

表 2-10　表情符词典示例

类别	表情符示例	个数
高兴	[耶]，[鼓掌]，[哈哈]，[开心]，[微笑]，[笑哈哈]……	44
喜欢	[good]，[心]，[花束]，[赞]，[星光]，[花痴]，[握手]……	138
愤怒	[抓狂]，[怒]，[咆哮]，[怒骂]，[怒吼]，[愤怒]……	7
悲伤	[大哭]，[心碎]，[蜡烛]，[生病]，[可怜]，[伤心]……	23
恐惧	[怕怕]，[害怕]，[恐惧]	3
厌恶	[吐]，[鄙视]，[黑线]，[晕死了]，[右哼哼]，[挤眼]……	50
惊讶	[吃惊]，[惊恐]，[感叹号]，[大惊]，[惊哭]，[叹号]……	10

2.3.3　情感词典的自动构建

2.3.3.1　情感词典的自动构建方法

人工构建情感词典需要耗费大量的人力物力，代价很大，因此情感词典的自动构建工作越来越受到学术界的关注。目前自动构建情感词典的方法主要有三类：基于知识库的方法、基于语料库的方法以及基于知识库和语料库的融合方法。

（1）基于知识库的方法

基于知识库构建情感词典的主要步骤为：首先按照语义关系组成"词语网络"，描述词语之间的关系（如一词多义、一义多词、类别归属、近义、反义、上位、下位等），然后人工构建少量的褒义词集和贬义词集，并通过词语之间的关系来扩展褒义词集和贬义词集，进而人工筛选，得到情感词典。这类方法又分为三种：词关系扩展法、迭代路径法和释义扩展法。

① 词关系扩展法。基于语义知识库（如 WordNet、HowNet）的词关系扩展法的基本流程为：首先人工构建基础褒义词集和基础贬义词集，然后在语义知识库中查找基础词集中各词汇的同义词与反义词，分别添加到褒义词集和贬义词集中，循环迭代后获得一定规模的词库，最后人工筛除错分的词，形成情感词典。在大型语义知识库中，词语之间的关系错综复杂，经过若干次迭代后一些词汇可能会迭代为它的反义词。例如：经过若干次同义词迭代后，"good"有可能会迭代到极性完全相反的词"bad"，给词典构建工作带来很大困难。为了解决上述问题，Kim 等[1]在词典构建过程中使用贝叶斯分类器，分别计算某词汇属于褒义和贬义的概率，进而确定其归属。Blair-Goldensohn 等[2]增加了中性词集，根据同义、反义关系，结合图方法扩展词典，对扩展词进行过滤，当扩展得到的词为中性词时就不扩展，从而提高候选词集的准确率。

② 迭代路径法。在语义知识库中，使用迭代次数衡量两词语之间的相似性，相似性越高，则词语越趋于相同的特质，更可能属于同一类别。Kamps 等[3]认为，意思越相似的两个词，同义词迭代所需的次数越少，他们使用两个词相互迭代所需的次数衡量两者的相似性，并用于计算候选词的情感倾向。与逐点互信息（pointwise mutual information，PMI）类似，计算迭代次数可以衡量两个词之间的相似性，不同的是逐点互信息是基于语料统计来计算两个词之间的共现信息，进行相似性度量。

③ 释义扩展法。一些知识库还给出了词的释义。若将知识库中的褒义词和贬义词视为两个类别，那么这些词的释义便可以看成是一个二分类的已标注语料库。Andreevskaia 等[4]先标注一部分种子词，对其利用词关系进行扩展，再遍历 WordNet 中

---

❶　Kim S M，Hovy E. Determing the Sentiment of Opinions［C］// Proceedings of 20th International Conference on Computational Linguistics，2004.

❷　Blair-Goldensohn S，Hannan K，Mcdonald R，et al. Building a Sentiment Summarizer for Local Service Reviews［C］// WWW Workshop on NLP in the Information Explosion Era，2008.

❸　Kamps J，Marx M，Mokken R J，et al. Using WordNet to Measure Semantic Orientations of Adjectives ［C］// Proceedings of the 4th International Conference on Language Resources and Evaluation，2004：1115-1118.

❹　Andreevskaia A，Bergler S. Mining WordNet for Fuzzy Sentiment：Sentiment Tag Extraction from WordNet Glosses［C］// Proceedings the 11st Conference of the European Chapter of the Association for Computational Linguistics，2006.

的所有释义，对释义中含有种子词的单词进行过滤消歧，构成情感词典。Esuli[1]认为同义词的释义通常会包含同样极性的其他词，如果一个同义词集的释义包含另一个同义词集的词，则认为这两个集合有联系。

基于知识库的方法不依赖语料库，仅依靠一个完备的语义知识库获得情感词典，该情感词典能覆盖大部分语料中的情感词，通用性较强，可应用于对精度要求不高的场合。但基于知识库的方法具有明显的局限性：①对于大部分语言，类似 WordNet、HowNet 的语义知识库相对缺乏，无法使用基于知识库的方法；②语义知识库内部词语之间具有复杂关系，随着迭代次数增多，迭代准确率下降，需要辅以其他方法来确定词的极性。③基于知识库的方法通常只能获得一个通用的情感词典，而情感知识库存在领域适应问题，在不同领域或不同主题下，同一词语具有不同的情感表达，此时基于知识库的方法不再适用。

（2）基于语料库的方法

在某些特定领域的情感分析任务中，为了提高情感分析的精度，通常需要使用领域情感词典。领域情感词典基于特定领域中的大量语料构建而成，利用它能有效判断该领域特有而其他领域不常使用的词语的情感倾向，与语义知识库相比，其语料容易获取且数量充裕。除了各种领域语料，很多学者将 Internet 作为语料来源，并利用搜索引擎来计算词语的共现信息，直接利用搜索引擎返回的页面数或页面摘要来计算词语相似度。基于语料库的方法能够从不同领域的语料中自动学习，获得领域特定的情感词典，节省大量的人力、物力，具有实用意义。基于语料库的情感词典构建方法主要包括连词关系法和词语共现法。

① 连词关系法。连词在文本中起到连接词与词、短语与短语、分句与分句以及句子与句子的作用，主要分为并列连词、转折连词、选择连词和因果连词等。根据连词的类别可以推断与其连接的两个语法成分之间的关系，如并列连词连接的两个词的情感极性相同，而转折连词连接的两个词的情感极性相反。连词关系法根据连词判断前后文本的情感极性变化，进而判断情感词的极性变化，在领域语料上表现出比通用词典更好的性能，适用于主观性较强、语句有情感变化的语料，如含有褒贬义评价的商品评论语料等。在用连词关系法构建领域情感词典时，需要事先获得候选情感词集，然后对候选情感词进行分类，确定候选情感词的情感极性。

② 词语共现法。若两个词语经常在小范围内一起出现，则它们具有更多相同的特质，更可能有相同的情感倾向。通常使用逐点互信息 PMI 来衡量两个词之间的相

---

[1]　Esuli A，Sebastiani F. PageRanking WordNet Synsets：An Application to Opinion Mining ［C］// Meeting of the 45th Annual Meeting of the Association for Computational Linguistics，2007.

似性，PMI 值越大，两词的共现越频繁，二者关系越紧密，但 PMI 仅能判断两个词的共现程度，不能判断词语的情感极性。在构建领域情感词典时，通常需要计算词语与褒义、贬义种子词的紧密程度，进而判断该词的情感倾向。词语共现法通用性较强，适用于大部分语料。与连词关系法相比，词语共现法通常不需要指定候选情感集，但过分依赖统计信息，仅考虑词语的共现程度，没有考虑极性转移等复杂语言现象，使结果存在一定偏差，例如判断"不是失败，是成功的开始"时，不考虑否定关系，认为"失败"和"成功"的极性一致，又如判断"手机不错，但很贵"时，没有考虑转折关系，错误判断"不错"和"贵"的情感极性一致。

综上所述，基于语料库的方法主要利用大规模语料，无监督地获得特定领域的情感知识库。与基于知识库的方法相比，基于语料库的方法在准确率和通用性上存在明显不足。

（3）基于知识库和语料库的融合方法

知识库和语料库均能提供词语之间的关系，其中知识库提供词语间的标准语义关系（如同义、反义、上位、下位等），语料库则提供两个词在语料中的位置信息、共现信息、情感反转等关系。基于知识库和语料库的融合方法将现有知识库作为先验知识，提供精确的种子词集，并结合语料库中的约束信息，获得未知情感词的极性，构建领域情感知识库。典型的融合方法有关系图法、深度表示法。

① 关系图法。基于词与词之间的相似关系构成的图称为词间关系图，用公式表示为 $G(V, E)$，其中 V 为图中的节点集，即词语集，E 为图中的边集。当词与词之间存在相似关系时，在词对应的节点间用线相连，词语之间的相似度为边权。在词间关系图上，综合运用语法分析、句法上下文和语言学知识等计算边的权值，根据已知极性的词，采用图传播算法（如随机游走、PageRank、标签传播算法等）迭代计算节点的情感值，推导未知情感词的情感倾向。

关系图法综合利用知识库和语料库中的词关系来构造关系矩阵，综合考虑词共现、转向等对词间关系的影响，将词间关系以特征的形式融入情感图中，并考虑知识库资源的约束，使结果更严谨，并且图传播算法通常能抽取到大量情感词。但图传播算法容易引入噪音，过多的约束会使算法的迭代速度变慢，其运行结果依赖于初始种子词的质量，因此如何优化图传播算法、选择合适的种子词是关系图法面临的挑战性问题。

② 深度表示法。随着神经网络和深度学习的快速发展，词嵌入（Word embedding）作为一种表现优异的文本特征，已被成功应用于自然语言处理领域的多项任务，以获取大量的语法和语义关系。情感词典构建可被视为对词或词组的情感分类任

务，根据上下文训练词向量，使得语义相近的词在向量空间上相互接近，进而判断词的情感极性，基于不同策略将词向量、情感特征和词性特征等融合，来表示文本特征，经过深度学习模型训练，能有效提高情感分类任务的效果。

深度表示法基于词向量建立文本表示矩阵，在中文文本的上下文语义表示方面具有明显优势。如何将基于深度学习的隐式文本表示与基于规则的显式文本表示相结合，提取更全面的文本特征，并优化神经网络模型，是深度学习和情感词典构建等自然语言处理任务中值得研究的方向。

2.3.3.2　中文情感词典构建存在的问题

与英文情感词典的自动构建相比，中文情感词典构建目前具有明显差距，其原因在于中文词典资源不够完善，中文语言分析工具不够成熟，中文语法、句法等相较于英文更复杂。

首先，知识库与语料库资源的数量和质量直接影响情感词典的构建。英文情感分析的研究起步早，具有完善的知识库资源（如 WordNet）和大量公开的业内普遍认可的标注、无标注语料库资源，这都为英文情感词典构建工作带来巨大便利。而中文知识库和语料库资源相对缺乏，既缺少类似 WordNet 的大型语义知识库，也缺少大量业内公认的已标注语料库，这极大地限制了中文情感词典构建的发展。

其次，中文语言分析工具不够成熟。中文情感词典构建需要进行中文分词、新词识别、词性标注、句法分析等，而现有的中文分词系统等自然语言分析工具在开放语料上的性能仍不够成熟，很多新词、未登录词难以正确识别；与英文相比，中文的识别准确率相对较低。

再次，汉语博大精深，对于同一句话可能会有不同的理解。例如，"一个谁也打不过"这个句子在不同的上下文对象中所表达的情感可能会完全相反；"你没有生气"这句话既可以表示"你没有不高兴"，也可以表示"你死气沉沉，没有活力"，在不同语境下表达不同的情绪状态；"我想起来了"表达的意思是"想起床"还是"想起一件事儿"，需根据上下文语境进行判断。由此可见，汉语语言的复杂性是影响中文情感词典构建性能的重要原因之一。

作为情感分析的基础任务，情感词典的自动构建已经得到国内外学者的广泛关注和深入研究，但仍然存在很多难点问题，如情感词典领域适应问题、情感词消歧问题、含蓄情感词问题、新情感词问题、情感词情感强度问题等，亟需进一步解决和突破。要有效提高中文情感词典自动构建的性能，需着力建立完善的中文词典资源并进一步提高中文自然语言分析工具的性能。另外，随着深度学习在自然语言处理领域的研究和应用，基于深度学习的文本表示技术获得长足进展，如何进一步利用深度学习技术深入挖掘中文词汇的情感信息，更准确地度量情感词的相似性，是中文情感词典自动构建中值得关注的方向之一。

2.4　中文分词

直接采集获取到的纯文本语料，经过语料清洗后，通常还必须经过一系列分词处理，而且分词的准确性将直接影响下一步自然语言处理任务的精度。分词是指基于一定的方法、规则，将原本连续的字序列拆分、组合成词序列的过程。英文单词之间已有空格作为天然分隔符，英文文本即使不分词也能够直接作为输入语料使用；但中文文本的词组之间没有显式分隔符，在不同的专业领域或上下文语境中，同一词组存在不同的划分方法，因此中文分词一直是自然语言处理领域研究的重点和难点。任何中文自然语言处理任务都必须首先解决中文序列切分问题，即中文分词，通过分词算法将输入的中文文本按照特定规范切分为"词"。作为中文自然语言处理中的关键任务和基础工作，中文分词日益成为学术界和产业界关注的核心热点。

在社会化媒体情感计算中，首先需要对社会化媒体语料进行分词，获取具有独立意义的词语，然后进行情感倾向性分析或多级情感分类，其中中文分词的质量将直接影响情感计算的结果。在基于词典的情感倾向性分析中，通过中文分词获取具有独立意义的词语，然后比对词语是否存在于情感词典中，得到词语的情感倾向。中文分词的准确性至关重要，例如中文语料"六岁时，唐优优开始口吃，这令他自卑又孤单。"分词后为"六/m 岁/qt 时/ng ，/wd 唐/tg 优/ag 优/ag 开始/v 口/n 吃/v ，/wd 这/rzv 令/v 他/rr 自卑/a 又/d 孤单/a 。/wj"，分词结果将"唐优优"分为"唐 优 优"，出现散串，"唐优优"是人名，没有情感倾向，不存在于情感词典中，但是错分后的"唐 优 优"中两个"优"存在于正向情感词典中，从而对句子的情感倾向造成干扰；又如"金石之交""口角生风"，分词后的结果分别为"金石/n 之/uzhi 交/ng "和"口角/n 生/v 风/n"，虽然情感词典中有这些词语，但是分词时将其破坏，依据分词结果抽取不到"金石之交""口角生风"等情感词，也会对句子的情感倾向性分析产生不利影响；再如否定词典中的词语"木有"，程度副词典中的词语"莫大""之极"，分词的结果分别为"木/ng 有/vyou""莫/d 大/a""之/uzhi 极/ng"，同样提取不到这些否定词和程度副词，不能对句子进行否定判断和程度判断，从而造成情感倾向性分析出错。综上所述，作为情感计算的基础任务，中文分词对情感计算的准确性具有关键影响。

2.4.1　中文分词方法

目前，国内外专家学者提出了许多中文分词方法，主要归纳为四类：基于词典的分词方法、基于统计的分词方法、基于传统机器学习的分词方法和基于深度学习的分词方法。

2.4.1.1　基于词典的分词方法

基于词典的分词方法也称为机械分词方法，是中文分词任务中一种最传统、最常见的处理方法。基于词典的分词方法首先建立一个"足够大"的分词词典，然后按照一定的策略将待分词的中文字符串与分词词典中的词条逐一匹配，若能够在词典中找到某个字符串，则匹配成功，识别出词语，直至将待分词语料全部切分。基于词典的分词方法主要研究问题包括：如何构建一个完备的词典，如何优化词典存储，如何设计匹配算法，如何消解切分歧义等。

基于词典的分词方法有三种分类方式：

① 按照分词过程中对语料扫描方向的不同，分为正向匹配算法、逆向匹配算法和双向匹配算法；

② 按照匹配窗口大小及调整方式的不同，分为最大匹配算法和最小匹配算法；

③ 按照是否与词性标注过程相结合，分为单纯分词方法和分词与标注相结合的一体化方法。

通常情况下，一个词语所包含的信息量与其本身长度成正比，即词语长度越长，其涵盖信息量越多，故而往往采用最大匹配算法。常用的基于词典的分词方法有正向最大匹配算法（FMM）、逆向最大匹配算法（RMM）和双向最大匹配算法。

为了使算法更易实现，在 FMM、RMM 分词过程中一般采用减字的方式进行匹配。FMM 的基本思想为：设待切分语句 S 长度为 $SentenceLen$，而词典中最长词语长度为 $MaxLen$，首先比较 $SentenceLen$ 和 $MaxLen$，取最小值 L，待匹配字符串 W 为从 S 语句的首字符向右截取的 L 个字符，将 W 与词典中的词语进行匹配。若匹配成功，从句子 S 中切分出 W，切分后剩余的字符串作为新的语句 S，重复以上步骤进行切分；若匹配不成功，则将 W 末尾减去一个字符后再与词典中的词语进行匹配，直至匹配成功或减到仅剩一个字符，当 W 减为单字符时，从 S 中切分出该字符并将剩余字符串作为新的语句 S 重新进行切分。重复以上步骤，直至整条语句被完全切分。

RMM 分词与 FMM 分词的主要差别在于扫描顺序不同。RMM 分词是从 S 末尾最后一个字符往前截取长度为 L 的字符串 W，若匹配不成功，则从 W 起始处开始逐一向后减字。由于中文语句通常具有重要信息后置的特点，因此 RMM 分词的正确率往往略高于 FMM 分词，并且会降低出现切分歧义现象的概率。

双向最大匹配算法是指对待切分语句分别使用 FMM 和 RMM 进行分词，对两种算法切分结果存在分歧的句子进行如下处理：比较两种算法得到的词汇数目，根据数目是否相同采取相应措施，以此来提升歧义句的分词准确率。目前，双向最大匹配算法作为歧义检测的辅助算法被广泛应用于其他中文分词算法中。

基于词典的分词方法简单易懂、易于实现、分词速度快，不依赖于训练数据，但是由于对词典的依赖性强，其分词精度与词典的规模、覆盖面呈正相关的关系，它无法识别未登录词，能够发现部分歧义但无法处理，导致算法的准确率往往不理想，仅能处理符合语法特征规则的语句，如果将其应用于复杂的语言环境（如社会化媒体文本）中，其分词效率和分词的准确性将会大打折扣，因此很难适应开放的大规模文本的分词处理。

2.4.1.2 基于统计的分词方法

基于统计的分词方法也称为无词典分词，是中文分词任务中最常用的分词方法之一。该方法主要根据字或词之间的紧密结合程度进行分词，其基本思想为：在中文文本中，词语是稳定的组合，上下文中相邻字或相邻词同时出现的次数越多，越可能构成一个词语。因此，相邻字或相邻词在语料集中同时出现的频率反映了组合成词的可靠度。统计语料中相邻字或相邻词的各个组合的频度，计算它们之间的互信息值，当互信息值高于某一个阈值时，认为此字组或词组构成一个词语。统计语料集中的每个字与其他字相邻共现的频率，计算其互信息 MI：

$$MI(w_1, w_2) = \log_2 \frac{p(w_1, w_2)}{p(w_1)p(w_2)} \tag{2.1}$$

其中，$p(w_1)$、$p(w_2)$ 分别表示字或词 w_1、w_2 单独出现在语料集中的概率，$p(w_1, w_2)$ 表示 w_1 和 w_2 在语料集中相邻共现的概率，$MI(w_1, w_2)$ 反映了 w_1 和 w_2 之间关系的紧密程度。$MI(w_1, w_2) > 0$ 表示 w_1 和 w_2 相互关联，MI 值越大，w_1 和 w_2 组合成词的概率越高，当 MI 值大于某一个阈值时，可以判定 w_1 和 w_2 组合成了一个词；$MI(w_1, w_2) = 0$ 表示 w_1 和 w_2 的相关性不明确；$MI(w_1, w_2) < 0$ 表示 w_1 和 w_2 呈负相关，w_1 和 w_2 基本不会构成一个词。

基于统计的分词模型主要有 N-Gram 模型和 ME 模型（最大熵模型），其中最经典的是 N-Gram 模型。N-Gram 模型认为第 n 个词的出现只与前 $n-1$ 个词相关，整个句子的概率是每个词出现概率的乘积。假设某个自然语句 S 由词语 w_1，w_2，…，w_n

组成，则句子 S 的概率 $p(S) = p(w_1)p(w_2|w_1)\cdots p(w_n|w_1w_2\cdots w_{n-1})$，由此可见，$n$ 越大，参数空间越大，数据稀疏越严重，在词频统计中不具备实用性。

与基于词典的分词方法相比，基于统计的分词方法的实用性较好，如果有足够大的训练语料，更容易获得并描述语言规律，具有更强的鲁棒性，但其存在如下局限性：训练时需要覆盖面广的大容量语料库，计算量大，分词精度难以把握。为了提高分词精度，将基于统计的分词方法与基于词典的分词方法相结合，能较好地处理切分歧义和未登录词识别问题。

2.4.1.3　基于传统机器学习的分词方法

基于传统机器学习的分词方法把中文分词看作一个序列标注任务，首先通过预定义的特征模板进行词位特征学习，获得概率模型，然后根据概率模型进行词位标注，最后根据构词原理得到分词结果。常用的序列标注模型主要有隐马尔可夫模型（hidden Markov model，HMM）、最大熵马尔可夫模型（maximum entropy Markov model，MEMM）、条件随机场（conditional random field，CRF）等。隐马尔可夫模型存在输出独立性假设的问题，无法很好地考虑上下文特征，在特征选择时受到限制，导致其无法选择复杂特征。最大熵马尔可夫模型集成了马尔可夫模型和最大熵模型的优点，将上下文信息引入模型中，可以选择任意特征，模型学习和识别的准确率都有所提升，但是模型对每个节点进行独立归一化，存在标记偏置问题。条件随机场是一种结合了最大熵模型和隐马尔可夫模型特征的无向图模型，能够定义更广泛的特征函数，对所有特征进行全局归一化，避免了标记偏置和长度偏置的问题，成为传统机器学习中应用最多、最具代表性的模型算法之一。条件随机场能够获得更高的分词准确率，但模型复杂，分词效率略低。

与基于词典的分词方法相比，基于传统机器学习的分词方法能够更好地处理未登录词识别问题，但需要依靠特征模板从语料中提取人工设计的特征，特征选择的好坏直接决定了分词的结果；另外，特征提取及特征选择不仅需要大量语言学知识，而且需要通过大量的实验验证，通常会面临巨大的特征工程挑战，针对大规模文本的分词效率较低，容易在训练语料上产生过拟合。

2.4.1.4　基于深度学习的分词方法

深度学习（deep learning）是机器学习的一个分支，其核心思想为：在训练阶段，以最小化损失函数（loss fuction）为引导，通过梯度下降算法（gradient descent）调整模型的权重（weight）和偏置（bias），在推理阶段，使用训练好的模型参数对输入数据进行预测❶。深度学习采用分层的深层神经网络模型，每一层抽象出不同的简单特征，不同层的简单特征叠加组合成更复杂的特征，并基于组合的复杂特征解决问题，已经在图像、语音和自然语言处理等领域展现出强大的特征学习能力。

2011 年，Collobert 等❷首次将深度学习算法引入自然语言处理任务中，通过分词结果标注训练集，随后 CNN、RNN、LSTM、Bi-LSTM 等深度学习模型被逐步引入并改进后应用于中文分词任务。在主流深度学习模型的基础上，有效结合预训练模型和后处理方式，采用更好的预训练结果和更有效的特征表示，已经成为基于深度学习的分词任务的重要研究方向。基于深度学习的中文分词流程如图 2-10 所示。中文分词预训练的基本单位包括语义、偏旁、拼音和输入法等。语义表示的预训练模型主要分为静态词向量训练模型（如 Word2Vec、Glove 等）和动态词向量训练模型（如 ELMo、BERT 和 XLNet 等），除语义特征外，融合偏旁、拼音、输入法、位置等的多特征表示能有效提升分词准确率。

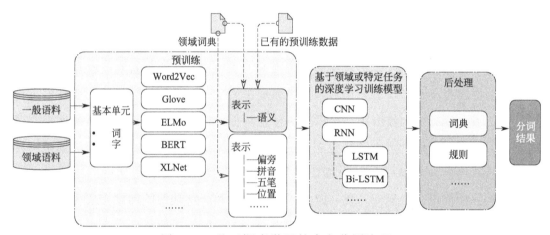

图 2-10　基于深度学习的中文分词流程

与机器学习相比，深度学习无需人工选择特征，采用非监督或半监督的特征学习和分层特征提取算法获取特征，适用于解决自然语言处理领域的问题。

采用机器学习算法首先需要基于复杂的语言学知识人工构造可供分类器使用的特征，而采用深度学习的方法则可以利用训练模型自动学习特征；自然语言处理领域中的海量数据通常为无标签数据，有标签数据比较稀少且昂贵，采用深度学习的方法能够训练大量无标签数据并获取复杂特征。

自然语言处理领域的很多任务具有非常强的关联性，如分词、词性标注和命名实

❶　张政馗，庞为光，谢文静，等．面向实时应用的深度学习研究综述［J］．软件学报，2020，31（09）：2654-2677.

❷　Collobert R，Weston J，Bottou L，et al. Natural Language Processing（Almost）from Scratch［J］．Journal of Machine Learning Research，2011，12：2493-2537.

体识别，传统方法通常将其视为三个独立的任务，忽略它们之间的关联；而采用深度学习的方法，可以构造一个统一的模型同时处理多个任务，并通过多任务学习方法对其关联性进行建模，能够获得更好的性能。

今后，在词粒度和字粒度上，有机融合基于词典的分词方法、基于统计的分词方法、基于传统机器学习的分词方法和基于深度学习的分词方法，更好发挥不同分词算法各自的优势，是中文分词的主要探索方向。

2.4.2　中文分词工具

目前，国内外已经有一些开源分词组件工具，如 NLPIR、LTP、HTTPCWS、Jieba、THULAC、HanLP、Stanford CoreNLP 等，基本都支持中文分词、词性标注、命名实体识别、关键词/摘要提取、依存句法分析、文本聚类、文本分类等功能，支持自定义词典分词，支持直接在线调用相关分词服务或自行训练相关分词模型。表 2-11 列出了常用的中文分词系统及中文分词工具包。

表 2-11　常用的中文分词系统及中文分词工具包

名称	说明
NLPIR	中国科学院计算技术研究所研发的汉语分词系统,2004 年之前的版本名为 IC-TCLAS,主要功能包括中英文分词、词性标注、命名实体识别、新词识别、关键词提取、语义信息抽取、文本分类、情感分析、语义深度扩展、繁简编码转换、自动注音、文本聚类等,支持用户专业词典功能,支持多种编码、多种操作系统、多种开发语言与平台
LTP	哈尔滨工业大学社会计算与信息检索研究中心研发的一整套开放中文自然语言处理系统,提供一整套自底向上的丰富、高效、高精度的中文自然语言处理模块(包括中文分词、词性标注、命名实体识别、依存句法分析、语义角色标注、语义依存分析等中文处理核心技术),以及基于动态链接库的应用程序接口、可视化工具,能够以网络服务的形式进行使用
HTTPCWS	基于 HTTP 协议的开源中文分词系统,目前仅支持 Linux 系统。使用 ICT-CLAS 3.0 2009 共享版中文分词算法的 API 进行分词处理;采用 NewBSD 开源协议,可以自由修改
Jieba	一款中文开源分词工具包,使用基于前缀词典的词图扫描,生成句子中所有的切分所构成的有向无环图(DAG),采用动态规划查找最大概率路径,找出基于词频的最大切分组合,将未登录词的分词视为序列标注的问题,用 HMM 模型进行识别;支持精确、全模式、搜索引擎三种分词模式
THULAC	清华大学自然语言处理与社会人文计算实验室研发的一套中文词法分析工具包,具有中文分词和词性标注功能。使用基于词图的重排序算法,在分词、词性标注和重排序方面效率较高,性能较强;按照统一标注规范整合多个分词、词性标注语料库,集成为大规模人工分词和词性标注中文语料库,用于模型训练,模型标注能力强大

续表

名称	说明
HanLP	一款多语种自然语言处理工具包,支持 104 种语言的 10 种联合任务:分词(粗分、细分 2 个标准,强制、合并、校正 3 种词典模式)、词性标注(PKU、863、CTB、UD 4 套词性规范)、命名实体识别(PKU、MSRA、OntoNotes 3 套规范)、依存句法分析(CTB、UD 规范)、成分句法分析、语义依存分析(SemEval16、DM、PAS、PSD 4 套规范)、语义角色标注、词干提取、词法特征提取、抽象意义表示(AMR)。HanLP 具有功能完善、性能高效、架构清晰、语料时新、可自定义的特点
Stanford CoreNLP	斯坦福大学研发的自然语言处理工具包,支持阿拉伯语、汉语、英语、法语、德语、西班牙语等多语种,主要功能包括分词、词性标注、命名实体识别、句法结构分析和依存句法分析等,功能强大,操作方便
FoolNLTK	一个基于 Bi-LSTM 深度学习模型构建的便捷中文处理工具包,可以实现分词、词性标注和命名实体识别等,还能使用用户自定义字典加强分词效果,支持用户定制模型
fastHan	基于 fastNLP 与 pytorch 实现的中文自然语言处理工具,其内核为基于 BERT 的联合模型,其在 13 个语料库中进行训练,可处理中文分词、词性标注、依存句法分析、命名实体识别 4 项任务
ANSJ	一个开源的 Java 中文分词工具,基于中科院的 ICTCLAS 中文分词算法实现,可用于人名识别、地名识别、组织机构名识别、多级词性标注、关键词提取、指纹提取等,支持行业词典、用户自定义词典
KCWS	一个基于深度学习的分词系统,包含 IDCNN＋CRF 和 Bi-LSTM＋CRF 两种中文分词和词性标注模型,主要功能包括中文分词、词性标注等,支持自定义词典
SnowNLP	一个受 TextBlob 启发而写的 Python 类库,采用 Character-Based Generative Model 实现中文分词。SnowNLP 的最大特点是特别容易上手,用其处理中文文本时能够得到不少有意思的结果,但功能比较简单,有待进一步完善
盘古分词	基于 .NET 平台的开源中文分词组件,采用字典和统计结合的分词算法,支持中文人名识别、简繁混合分词等,优点在于可实现多元分词以及具有 DictManager 管理词典
IKAnalyzer	一个基于 Java 语言开发的轻量级开源中文分词工具包,结合词典分词和文法分析算法,实现正向最大匹配,原则是有效文本长度越长越好,词元个数越少越好,路径跨度越大越好,歧义词词元队列位置越靠后越好,词元位置权重越大越好

一个高效、性能优良的中文分词工具通常有以下优点:分词精度高,分词速度快,系统可维护性好,通用性及适应性强。

不同的分词模型各有优劣,并没有各方面完胜的分词工具存在。

2.4.3　中文分词研究的基本问题

中文分词研究的基本问题包括分词标准、切分歧义和未登录词识别。中文词语具有开放性、复杂性、动态性等特点,研究视角、研究问题及领域不同可导致明显的认同差异，实验表明不同人之间对同样词语的认同率大约 76%[❶]，因此至今仍没有一套通用的中文分词标准。目前主要针对具体领域或具体问题制定特定的分词标准，然后进行分词研究，但仍不同程度地存在矛盾，例如：人名"林丹"在不同中文分词语料库中的标准存在差异，北大人民日报语料库将其拆分为两个词"林""丹"，微软亚洲研究院中文分词语料库则视其为一个词"林丹"。统计表明，北大训练语料（SIGHAN Bakeoff-2005）内部存在约 3% 的切分标准不一致[❷]。通用中文分词标准是中文分词亟待解决的难题。

迄今为止，汉语语言学界仍没有公认的、权威的针对"词"的抽象定义及具体界定。1993 年国家技术监督局发布了作为国家标准的《信息处理用现代汉语分词规范》[❸]，其中对"词"的定义为：最小的能独立运用的语言单位，但《规范》中的大部分规定是通过举例和定性描述体现的，并没有从根本上统一对"词"的认识。在特定分词标准下，实际中文分词主要存在切分歧义和未登录词识别两大问题。

（1）切分歧义

切分歧义是指在切分中文字符序列时出现的歧义问题。歧义字段在中文文本中广泛存在，因此切分歧义是中文分词研究中的重要问题之一。切分歧义主要分为交集型切分歧义、多义组合型切分歧义和混合型切分歧义。

交集型切分歧义也称交叉歧义。例如："南京市长江大桥"可切分为"南京市/长江/大桥""南京市长/江/大桥""南京/市长/江/大桥"，其中"市长"和"长江"均可成词，存在交叉组合情况，"长"为交集串；"中国产品质量"中，"中国""国产""产品""品质""质量"均可成词，交集串的集合为｛"国""产""品""质"｝，属于典型的交集型歧义字段。

多义组合型切分歧义也称覆盖歧义。例如："把手洗干净"可切分为"把/手/洗/干净""把手/洗/干净"，其中"把""手"本身可以单独构词，也可以合并为"把手"构词；"学生会招新"中，"学生""会"本身可以单独构词，也可以合并为"学生会"构词，属于典型的多义组合型歧义字段。

混合型切分歧义集交集型切分歧义与多义组合型切分歧义的特点于一身，通常是交集型歧义字段内包含组合型歧义字段，更为复杂。例如："这篇作文写得太平淡了。"中的"太平淡"是交集型歧义字段，"太平"又是组合型歧义字段，属于典型的混合型歧义字段。在处理混合型歧义字段时，首先要处理交集型歧义字段，如果匹配

❶　Sproat R，Shih C，Gale W，et al. A Stochastic Finite-State Word-Segmentation Algorithm for Chinese［J］. Computational Lingus，1996，22（3）：377-404.

❷　唐琳，郭崇慧，陈静慧. 中文分词技术研究综述［J］. 现代图书情报技术，2020，004（002）：1-17.

❸　GB/T 13715—1992，信息处理用现代汉语分词规范［S］. 北京：中国标准出版社，1993.

不成功再按组合型歧义字段处理。

另外，某些中文文本还存在一种歧义现象，即文本的语法和语义均无问题，但同一文本可以有完全不同的理解，即使人工切分，仍将产生歧义。例如："羽毛球拍卖完了"，可以有"羽毛/球拍/卖完/了"和"羽毛球/拍卖/完/了"两种完全不同的理解，需要结合具体语境及上下文信息进行判断。

综上所述，中文分词中的切分歧义问题非常复杂，在采用基于匹配的词典分词方法研究时，切分歧义是中文分词的重点问题。随着研究方法的改进，机器学习和深度学习算法已经能较好地解决该问题。

（2）未登录词识别

未登录词也称生词或新词，是指已有词表中没有收录的词或已有训练语料中未曾出现过的词，大致可划分为四种类型：

① 新出现的普通词汇，如健康码、复工复产、方舱医院、双循环、无接触配送等，尤其在社会化媒体中此类词汇层出不穷；

② 专有名词，包括人名、地名、组织机构、时间、日期、货币及数字表达等命名实体；

③ 专业名词和研究领域名称，如新冠肺炎、新型冠状病毒、数字人民币等；

④ 其他专用名词，包括新出现的产品名，电影、书籍等文艺作品的名称等。

计算机网络、通信和媒体技术的快速发展使得社会化媒体中涌现出大量的未登录词，针对大规模真实文本（尤其是社会化媒体文本），未登录词对于中文分词精度的影响远远超过切分歧义词，是造成分词错误的主要因素之一。目前，未登录词识别面临以下困难：

① 未登录词通常没有明显的边界标志词，长度不固定；

② 专有名词的首词和尾词可能与其上下文中的其他词语存在交集型切分歧义；

③ 中文文本中往往夹杂其他语言的字符或符号。

因此，在中文分词系统中，对于未登录词，尤其是命名实体的处理，比对切分歧义词的处理更加重要，是中文分词亟待解决的核心问题。

2.5　句法分析

自然语言处理中的句子级分析技术可以大致分为词法分析、句法分析和语义分析。第一层是词法分析（lexical analysis），包括中文分词、词性标注、命名实体识别和词义消歧等。第二层是句法分析（syntactic parsing），根据特定的语法体系，对输入的文本句子进行分析，得到句子的句法结构，所有符合语法规范的句子被表达为一棵句法树，表示句子内部词语或者短语之间的远距离搭配关系。句法分析能为其他自然语言处理系统（如机器翻译、自动问答系统、信息抽取、自动文摘、搜索引擎等）提供支持。作为自然语言处理领域的经典任务之一，句法分析是后续语义分析的基础，句法分析的输出结果一般作为语义分析的输入。第三层是语义分析（semantic parsing），其目标是理解句子表达的真实语义。语义角色标注（semantic role labeling）是目前比较成熟的浅层语义分析技术，基于逻辑表达的语义分析也得到学术界的长期关注。

给定一个语法体系，句法分析能自动推导句子的语法结构，分析句子所包含的语法单元及这些语法单元之间的关系，最终将句子转化为一棵结构化的语法树。根据句法结构的表示形式不同，句法分析任务通常分为以下三种：

① 短语结构句法分析（phrase-structure syntactic parsing），也称为成分句法分析（constituent syntactic parsing），旨在识别句子中的短语结构以及短语之间的层次关系；

② 依存句法分析（dependency syntactic parsing），识别句子中词汇与词汇之间的相互依存关系；

③ 深层文法句法分析，利用深层文法（如词汇化树邻接文法 LTAG，词汇功能文法 LFG，组合范畴文法 CCG 等），对句子进行深层的句法分析和语义分析。

不同类型的句法分析，不仅句法结构的表示形式不同，而且实现过程的复杂程度也有所不同。其中，依存句法分析属于浅层句法分析，其实现过程相对简单，比较适合多语言环境下的应用，但所能提供的信息相对较少；深层文法句法分析可以提供丰富的句法和语义信息，但采用的文法相对复杂，分析器的运行复杂度较高，不适合处理大规模数据；短语结构句法分析介于依存句法分析和深层文法句法分析之间。

2.5.1　句法分析语法体系

2.5.1.1　短语结构语法

基于上下文无关文法的短语结构语法通常表示为一个四元组 $<T, N, S, R>$，其中 T 表示终结符集合（即词的集合），N 表示非终结符集合（即文法标注和词性标记的集合），S 表示句法树里根节点的特殊非终结符（即起始符），R 表示文法规则集合。每条文法规则可以表示为产生式 $N{\to}r$，其中 r 表示由非终结符与终结符共同组成的一个允许为空的序列。短语结构句法分析旨在识别句子中的各种短语以及短语之间的关系，将句子中的成分使用标记集进行标注，标记集通常分为词性标记（如名词 N、动词 V 等）和短语类型标记（如名词短语 NP、动词短语 VP、介词短语 PP 等），其结果一般使用树形结构表示。以句子"从全新的角度向大众诠释梦的积极效用"为例，短语结构句法树如图 2-11 所示，整个句法树由终结符和非终结符等按照特定文法规则构成。

根据文法规则的来源不同，句法分析器的构建方法分为两类：人工书写规则和自动学习规则。人工书写规则受限于规则集合的规模，随着规则数量增多，规则之间的冲突加剧，继续添加规则变得困难。与人工书写规则相比，自动学习规则具有开发周期短、系统健壮性强等特点，受大规模人工标注数据的推动，其已成为句法分析的主流方法。

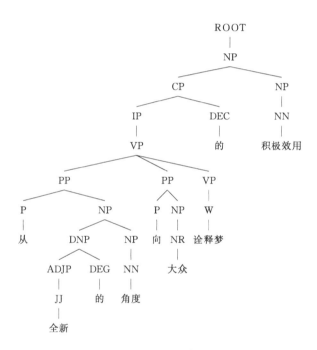

图 2-11　短语结构句法树

为了在句法分析中引入统计信息，可将上下文无关文法扩展为概率上下文无关文法（probabilistic context free grammar，PCFG），为每条文法规则指定概率值。概率上下文无关文法仍然表示为四元组$<T，N，S，R>$，但其文法规则必须带有概率值。获得概率上下文无关文法最简单的方法是直接从树库中读取规则，利用最大似然估计（maximum likelihood estimation，MLE）法得到每条规则的概率值，进而搜索出概率最大的上下文无关文法句法树，使用该方法得到的文法可称为简单概率上下文无关文法。基于简单概率上下文无关文法的句法分析器的实现比较简单，但其性能不理想，其原因在于上下文无关文法的独立性假设过强，一条文法规则的选择仅与该规则左侧的非终结符有关，与上下文信息无关，缺乏其他信息的用于规则选择的消歧，因此研究方向主要围绕如何弱化上下文无关文法中的隐含独立性假设展开。研究人员针对上述问题提出两种截然不同的改进思路：一是词汇化（lexicalization）方法，在上下文无关文法规则中引入词汇的信息；二是符号重标记（symbol refinement）方法，通过对非终结符改写（细化或者泛化）引入更多上下文信息。当前主流的句法分析模型，底层的机器学习、深度学习方法（生成模型，判别模型）所采用的系统框架（单系统、多系统融合，两阶段的重排序），本质上都是基于词汇化方法或符号重标记方法的句法分析器。

2.5.1.2　依存语法

依存语法又称从属关系语法，采用词与词之间的依存关系来描述语言结构。依存语法存在一个基本假设：句法结构本质上包含词和词之间的依存（修饰）关系。一个依存关系连接两个词，分别称为核心词（head）和依存词（dependent）；依存关系可以细分为不同类型，以区分两个词之间的具体句法关系，如主谓关系、动宾关系等。

依存语法的句法结构表示形式不是一棵句法树，而是一棵依存树，其依存结构见图 2-12（以句子“李明在医院打针”为例），依存结构图中所有节点均为由具体词构成的终结符节点，没有非终结符节点；图中 EOS 是手动引入的一个虚拟节点（即伪节点），EOS 指向的词称为句子的根节点（ROOT），即整个句子的核心词；词与词之间直接发生依存关系，没有呈现词与词之间的顺序关系；核心词和依存词构成一个依存对，表示二者之间的依存关系；一条依存边连接两个节点，核心词对应的节点为父亲节点，依存词对应的节点为孩子节点。

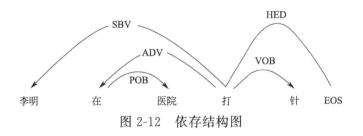

图 2-12　依存结构图

依存语法不是一种严格定义的语法形式，没有明确定义的规则集，也没有明确规定依存关系是否要加上标记，因此在复杂语句中会出现除了核心词，其他节点有多个父亲节点的情况，从而导致依存树各节点的连接产生环。为了解决上述问题，研究人员制定了依存语法的五条公理：

① 一个句子中只有一个独立成分，它不依存于其他任何成分；

② 句子的其他成分直接依存于某一成分；

③ 任何一个成分都不能依存于两个或两个以上的其他成分；

④ 如果成分 A 直接依存于成分 B，而成分 C 在句中位于 A 和 B 之间，那么 C 依存于 A 或者 B，或者依存于 A 和 B 之间的某一成分；

⑤ 中心成分左右两面的其他成分相互不发生关系，保证在依存树中仅存在单一父亲节点，即依存结构图连通、无环、可投影。

与短语结构语法相比，依存语法没有词组的概念，每个节点与句子中的单词一一对应，通过直接处理句子中词与词之间的关系来达到减少节点数量的目的，可以直接标注词性，优点是简单整洁。与短语结构句法树相比，依存树的层次和节点数更少，结构更简洁，更易于转化为语义依存形式，可广泛应用于机器翻译、关系抽取、本体构建等。

依存句法分析是基于依存语法的一种自动句法分析方法，主要识别句子中所有词之间的直接依存关系，采用依存语法体系自动对句子的组块序列进行分析，构建依存句法分析树，通过组块之间的依存关系表示其句法结构；目前研究主要集中在数据驱动的依存句法分析方法上，即在训练集上学习得到依存句法分析器，其主要优势在于给定较大规模的训练数据，不需要过多的人工干预，即可获得比较好的模型。数据驱动的依存句法分析方法主要基于图的方法和基于转移的方法，其中基于图的方法将依存句法分析问题看成从完全有向图中寻找最大生成树的问题，基于转移的方法将依存树的构成过程建模为一个动作序列，将依存分析问题转化为寻找最优动作序列的问题。基于图的方法进行全局搜索，但只能利用有限的子树特征，而基于转移的方法搜索空间有限，但可以充分利用已构成的子树信息构成丰富的特征。一些研究人员融合基于图的方法和基于转移的方法实现多模型融合的依存句法分析方法，如 Stacked Learning、Bagging 等。

2.5.2　句法分析方法

早期的句法分析主要采用基于规则的方法，以语言学理论为基础，构建由语言学家参与完成的语法规则知识库，采用无歧义的规则形式描述或解释歧义行为或歧义特性。基于规则的句法分析方法主要分为自顶向下法、自底向上法以及两者结合的方法，包括 Chomsky 的转换语法和形式化理论、Woods 的转移扩张网络法、广义短语结构语法 GPSG、中心语驱动的短语结构语法 HPSC、词汇功能语法 LFG、树邻接语法 TAG 等。基于规则的句法分析方法需人工编写语法规则，进而构建语法规则知识库，通过条件约束等实现句法分析中的结构消歧，因此规则的编写非常重要，规则的准确性依赖于语言学家对语言的理解程度，要求尽可能全面地包含所有句法结构，使用无冲突的规则诠释有歧义的自然语言。实践表明，规则的构建过程非常困难，开发规则的成本高，很难找到一种有效的途径提高规则开发的效率。

随着语料库构建成本的大幅降低，基于统计的方法逐渐替代了基于规则的方法，成为句法分析方法的主流。基于统计的句法分析方法利用统计学原理，根据从大规模语料库中统计出的语法规律，获取语言分析所需要的知识，使用参数化的方法构建概率模型，并试图逼近语言的真实规律。基于统计的句法分析存在以下基本假设：语料库是唯一的信息源，语言知识在统计意义上得到解释，所有参量可通过统计或训练从语料库中自动获取。

基于统计的句法分析主要完成两个任务：第一是消解语法歧义，第二是从模型输出的所有句法树中选出概率意义上最准确的结果。基于统计的方法分为训练和解码两个步骤，训练是指在语料库的基础上通过统计学建立句法分析模型，解码是指根据模型预测找到概率最大值，得到句法分析结果。

早期的基于统计的句法分析方法有 PCFG 模型，具有形式简洁、参数空间小、分析效率高等特点，但由于未考虑上下文相关信息，消歧能力较差。针对 PCFG 出现的问题，出现了增加结构信息的概率模型，如条件随机场方法 CRF、最大熵方法、基于历史的句法分析、分层渐进式句法分析、头驱动的统计句法分析，以及规则和统计相结合的方法等。

近年来，随着神经网络和深度学习在自然语言处理领域的深入应用，基于神经网络的句法分析方法逐渐成为句法分析的研究热点，其主要研究集中在特征表示方面。基于规则的句法分析和基于统计的句法分析等传统方法的特征表示主要采用人工方式定义原子特征和特征组合，而深度学习则把原子特征进行向量化，采用低维、连续实数空间上的向量表示词、词性、类别标签等原子特征，然后利用多层神经元网络提取特征。深度学习在特征表示方面具有如下优点：

①只需要原子特征。原子特征是通过人工定义组合而成的，通常很难预知如何进行特征组合才能获得最佳集合，而深度学习将原子特征向量化后，从理论上可以实现任意元特征的组合。

②能使用更多的原子特征。例如在基于图的依存句法分析模型中，在建立弧时不仅考虑左边第一个词、右边第一个词等原子特征，还可以考虑左边整个词序列、右边整个词序列等特征。研究人员把基于深度学习的特征表示方法分别应用在基于图的依存句法分析模型和基于转移的依存句法分析模型上，提高了句法分析的准确率。目前基于神经网络的句法分析方法得到越来越多关注，国际主流会议（如 ACL、

NAACL、EMNLP）和学术期刊上发表有这方面大量相关报告和论文。

目前，很多自然语言处理任务（如语义分析、阅读理解、机器翻译等）中，基于神经网络的方法已不再显式地建模和使用句法结构，往往略过句法分析，直接进行端到端的建模。Bi-LSTM、BERT 等模型隐含了一定的句法结构信息，从某种程度上取代了传统的句法分析器。实践表明，在某些相对比较简单的自然语言处理任务中，引入句法结构信息并没有产生积极作用，但在一些较为复杂的自然语言处理任务（如语义分析）中，使用句法结构信息仍然可以提升效果。总之，句法分析在自然语言处理中的重要性不断降低，其必要性受到一定质疑。

2.5.3　中文句法分析工具

目前支持中文句法分析的软件有 GATE、NLTK、OpenNLP、斯坦福句法分析器（Stanford Parser）、哈工大依存句法分析器（GParser）、复旦大学依存句法分析器（FudanNLP）等。

GATE（General Architecture for Text Engineering）是英国谢菲尔德大学开发的自然语言处理开放型基础架构，对语言处理的各个环节，包括语料收集、标注、重用、系统评价等均能提供很好的支持。主要功能包括：

①为语言处理软件提供总体的开放架构；

②提供用于自然语言处理的可重用组件，能够嵌入到不同语言处理程序中；

③为语言处理软件的研究和开发提供图形化环境。

NLTK（Natural Language Toolkit）是由 Steven Bird 和 Edward Loper 在宾西法尼亚大学开发的一套用于自然语言处理的 Python 库，支持五十多个语料库，具有词性标注、句法分析、语义推理等功能。NLTK 包含图形化的演示和样本数据，被广泛应用于自然语言处理的教学和研究中。

OpenNLP 库是一个基于机器学习的自然语言文本处理工具包。作为 Apache 软件基金会支持的一个开源项目，OpenNLP 支持常用的自然语言处理任务，如分词、分句、词性标注、命名实体提取、浅层分析（组块分析）、语法分析等。

斯坦福句法分析器（Stanford Parser）是由斯坦福大学自然语言处理小组开发的开源句法分析器，是基于概率统计句法分析的一个 JAVA 实现。通过设置不同的运行参数，可实现句法分析模型选择、自定义词性标记集、文本编码设置和转换、语法关系导入和导出等功能。除句法分析树输出外，它还支持分词和词性标注文本输出、短语结构树输出、斯坦福依存关系输出等。

哈工大依存句法分析器（GParser）是我国哈尔滨工业大学社会计算与信息检索

研究中心开发的语言技术平台 LTP 中的一个模块，该分析器是基于图的依存分析方法实现的，对中文的依存句法分析有很好的效果。提供基于动态链接库的应用程序接口、可视化工具和语料库资源，并且能够以网络服务的形式进行使用。

复旦大学依存句法分析器（FudanNLP）是由复旦大学自然语言处理实验室开发的中文自然语言处理工具包。FudanNLP 的功能包括信息检索（文本分类、新闻聚类）、中文处理（中文分词、词性标注、实体名识别、关键词抽取、依存句法分析、时间短语识别等）和结构化学习（在线学习、层次分类、聚类）。

第3章
中文新词发现

中文文本中，词是最小的能够独立活动的有意义的语言成分，用来构成短语和句子。中文新词的不断涌现会导致诸多散串出现在中文分词结果中，大大降低了分词结果的准确性。Sproat R 等人❶的研究结果表明，60％的分词错误都由未登录词导致，因此新词现象给自然语言处理研究工作带来很多不可避免的阻碍。例如"小王是一名攻城狮"这一句子，分词系统未收录新词"攻城狮"之前，会把句子分成"小王/nr 是/vshi 一名/q 攻/v 城/n 狮/ng"，正确分词结果应为："小王/nr 是/vshi 一名/q 攻城狮/n"。新词识别技术愈加完善，中文分词准确率越高，中文分词的效果越好，因此在技术层面，新词发现是自然语言处理领域的研究热点之一，具有十分重要的理论意义。

随着微博、微信、博客、论坛等社会化媒体的蓬勃发展，越来越多的人在社会化媒体上发表自己的观点，这为新词传播提供了更多的机会，新词的涌现，体现了语言的动态发展。新词识别工作也是信息监测的重要内容之一，许多新词是由当下热门或突发事件触发产生的，反映了社会热点和人们关注的焦点问题，及时发现并识别这些词，有助于政府及时把握当下社会生活中的重要事件、流行趋势以及舆论方向等。因此，提升新词发现的准确率及速度，具有重要的实践应用价值。

---

❶ Sproat R，Emerson T. The First International Chinese Word Segmentation Bakeoff［C］// Proceedings of the Second SIGHAN Workshop on Chinese Language Processing，2003：11-17.

3.1　中文新词

3.1.1　新词的定义与特点

在新词识别领域，"新词"这个概念目前尚无统一界定，相关的研究包括未登录词识别（unknown words identification，UWI）和新词识别（new words identification，NWI）两方面。其中，未登录词是指未在当前所用词典中出现的词，未登录词识别是中文自动分词的重要研究内容；新词（new word）是随着时代的发展而出现的，如"新冠疫情""山寨""小米"等。由于新词属于未登录词，因此许多研究者对二者不加区别，本书也不做明确区分。

3.1.2　新词的构词特性

互联网的飞速发展，社会化媒体平台的层出不穷，网民不断涌现的创意，给现代新词的产生和传播提供了有利条件。新词在构词特征、应用环境及来源方面具有很鲜明的特征。中文新词类型可归纳为 7 种，见表 3-1。

表 3-1　中文新词类型

新词类型	来源	示例
组合词语	由已有字词组合形成	"羡慕嫉妒恨""高端大气上档次"
谐音词语	用谐音字替换原词语	"童靴"代表"同学"，"盆友"代表"朋友"，"砖家"代表"专家"
方言词语	地方方言词汇	粤语"黑凤梨"代表"喜欢你"
英文音译词语	相似读音的汉字	"博客"来自"Blog"，"拷贝"来自"Copy"
缩略词语	对原有词语进行减缩	"人大"代表"人民代表大会"
旧词新义	原词语被赋予新含义	"锦鲤""小米"
新造词语	由热门或突发事件触发产生	"坑爹""躺枪"

（1）组合词语

除成语俗语之外，中文词语以二字词语偏多，随着科技不断进步，各行各业高速发展，为丰富词语含义，出现了三字符、四字符等多字符词语，这类词语往往是由现有的词语组合而来，例如"羡慕嫉妒恨""高端大气上档次"等多元组词语。

（2）谐音词语

该类新词把词语中的部分或全部字替换成谐音字，增添了词语的趣味性。比如

"教授"谐音"叫兽","工程师"谐音"攻城狮","激动"谐音"鸡冻","什么"谐音"神马","程序员"谐音"程序猿"或"程序媛"等。

（3）方言词语

中国是地域广阔的人口大国，各地方言众多，这在某种程度上扩大了新词的数量。例如南方一些地区在发音上会出现"N""L"不分、"H""F"不分的情况，导致以这些声母开头的汉字出现读音偏差，就会出现"漂酿""灰常""灰机"等词语；"喜欢你"一词用粤语读音类似"黑凤梨"；东北话中"人"读作"银"，因此会出现"男银"一词，表示"男人"。

（4）英文音译词语

英文音译词是把英文词语用相似读音的汉字表达出来。比如用"伊妹儿"代表"E-mail"，表示邮箱；用"嗨皮"代表"happy"，表示开心；用"闹太套"代表"not at all"，表示别客气；用"瓦特"代表"what"，表示对事情表现出很震惊的样子。

（5）缩略词语

为了表述更加简要，将事物称谓中的成分进行有规律的节缩或者省略，可进一步细分为汉字缩略词、汉语首拼缩略词。汉字缩略词如"人大"是"人民代表大会"的缩略词；"神五"是"神舟五号"的缩略词；"世博会"是"世界博览会"的缩略词。汉语首拼缩略词如"dbq"是"对不起"的缩略词，"GG"是"哥哥"的缩略词，"RMB"是"人民币"的缩略词。

（6）旧词新义

旧词新义是指原先已经存在的词语在新的时代背景下被赋予了新的含义，使用范围进一步扩大。如"小米"一词，现在也指北京小米科技有限责任公司，"小仙女"一词现在常用来形容一些颜值高的女生，"锦鲤"一词原指一种深受人们喜爱的高档观赏鱼，现在也指一切跟好运相关的事物和人。

（7）新造词语

例如"躺枪""躺着也中枪"表示无缘无故受到连累，"僵尸粉"表示微博中从不发表状态的粉丝用户，"码农"表示从事计算机编程的工作人员，也是他们对自己的一种职业称呼。

3.2　中文新词发现技术

在自动分词、信息检索、机器翻译等中文信息处理领域，新词发现是其中的关键环节。新词发现主要包括两项具体任务：

①候选新词提取和垃圾字串过滤；

②新词词性猜测。

其中候选新词提取和垃圾字串过滤是国内外新词发现研究的重点，新词词性猜测的研究仍需进一步深入。新词发现算法主要包括基于规则的方法和基于统计的方法。基于规则的方法首先利用构词学原理，配合语义信息或词性信息构造模板，然后通过匹配来发现新词，其优点是准确率高，针对性强，但由于规则的编写和维护困难，且规则具有领域相关性，因此适应性和移植性比较差。基于统计的方法通过对语料中词条组成或特征信息进行统计来识别新词，其优点是灵活，适应能力强，可移植性好，但需要大规模语料训练模型，存在数据稀疏和准确率低的问题。目前大部分研究者使用基于规则和基于统计相结合的方法，以期发挥各自的优势。

3.2.1　新词发现的难点

中文新词发现技术虽然取得了很大进展，但从新词的词义及构词特性出发，在大规模语料中识别新词仍面临诸多困难，具体如下：

➤ 中文新词概念界定较为多样，定义仍未统一。前面介绍过，新词可分为多种类型，包括英文音译词、缩略词、谐音词、方言词、新造词及组合词等，其中组合词在抽取过程中牵涉到分词粒度问题，如"空调病"可以视作"空调"和"病"组成的短语，也可看成一个组合词语。分词过程中，设置不同的分词粒度会产生不同分词效果，若选择不当会导致误切。

➤ 新词来源多样，构词特征尚无规律可循。在不同语境下，一个词语的词义、词性及用法会产生变化，难以制定统一的规则来抽取新词。如新造词"蛇精病"、缩略词"高大上"、音译词"嗨皮"等都没有统一的成词标准。

➤ 新词通常分散在海量信息中，若想识别出更多更全的新词，需要对大规模语料进行处理，若选取的语料规模较小，新词识别必然存在局限性。

➤ 现有的新词发现技术很难自动识别旧词新义类型新词。

➤ 新词抽取过程会出现高频垃圾串，如"人习惯""蚊子咬"等，由于此类字串出现次数较多且内部凝聚度高，因此采用简单规则或者统计特征难以对其过滤。另外，低频新词也面临一定的抽取问题，由于其数据稀疏，统计特性不明显，仅使用统计方法抽取低频新词是比较困难的，会出现大量噪音现象。

3.2.2　候选新词提取

提取候选新词的主要方法有两类：

① 基于监督方法，在大规模训练语料基础上，将候选新词提取问题转化为分类问题或标注问题，通过统计方法确定新词边界，进而获得候选新词；

② 基于无监督方法，对待处理的文本进行字串频率统计，频率高于阈值的重复串作为候选新词。也可使用启发规则获取候选字串，如词缀模板等。

3.2.2.1 基于监督方法提取候选新词

（1）基于普通统计特征

应用普通统计特征作为候选词串的提取标准，即将候选新词识别问题看作分类问题，使用统计特征（如词频、独立成词概率、组词概率、互信息、内部耦合度及信息熵等）作为分类标准，区分新词和非新词。统计候选词语的特征，通过设置阈值对词语进行过滤，满足阈值则为新词，否则不是新词。

① 词频。判断一个字串是否为新词，首先要考虑其在语料集中出现的频率，当字串出现次数大于一定值时，认为它有可能构成新词。在语料集的所有可能出现的字串集合 $W = \{w_1, w_2, \cdots, w_i, \cdots, w_n\}$ 中，定义词频 $N(w_i)$ 为 $w_i \in W$ 在语料集中出现的次数。$N(w_i)$ 越大，表明词语 w_i 应用次数越多。

② 独立成词概率。一个字符可与其他字符组合成词，也可独立成词，独立成词概率衡量的是字符在语料集中独立使用的可能性，表示字符独立成词的概率。设 $Count(X)$ 为语料集中字符 X 出现的总次数，$Count[w(X)]$ 为语料集中字符 X 独立使用的次数，则独立成词概率 IWP 的计算公式为：

$$IWP(X) = \frac{Count[w(X)]}{Count(X)} \tag{3.1}$$

IWP 值越大，说明字符独立成词能力越强，独立性越高；反之，IWP 值越小，说明字符独立成词能力越弱，独立性越低。

③ 组词概率。组词概率与独立成词概率恰恰相反，衡量的是字符在语料集中与其他字符组合成词的可能性，表示字符组合成词的概率。设 $Count[i\text{-}w(X)]$ 表示语料集中字符 X 组词使用的次数，$Count(X)$ 表示语料集中字符 X 出现的总次数，则组词概率 $I\text{-}WP$ 公式为：

$$I\text{-}WP(X) = \frac{Count[i - w(X)]}{Count(X)} \tag{3.2}$$

$I\text{-}WP$ 值越大，说明字符组合成词能力越强，独立性越低；反之，$I\text{-}WP$ 值越小，说明字符组合成词能力越弱，独立性越高。

④ 互信息。新词作为一个有完整意义且能独立应用的语言成分，其内部各元素之间必然存在高耦合度。互信息可用来计算两个物体相互依赖的程度，互信息值越

大，表明两个物体的依赖程度越大，因此可以采用互信息计算新词的内部成词概率。互信息 MI 的计算公式为：

$$MI(w_1 w_2) = \log_2 \frac{p(w_1, w_2)}{p(w_1) p(w_2)} \tag{3.3}$$

其中 $p(w_1)$、$p(w_2)$ 分别表示字或词 w_1、w_2 单独出现在语料集中的概率；$p(w_1, w_2)$ 表示 w_1 和 w_2 共同在语料集中出现的概率；$MI(w_1, w_2)$ 表示 w_1 和 w_2 的关联程度。$MI(w_1, w_2) > 0$，表示 w_1 和 w_2 相互关联，MI 的值越大，表明 w_1 和 w_2 的关联程度越大，词语的内聚性越高，越有可能成为新词；$MI(w_1, w_2) = 0$ 表示 w_1 和 w_2 彼此相互独立；$MI(w_1, w_2) < 0$ 表示 w_1 和 w_2 是不相关的。

⑤ 内部耦合度。内部耦合度可以用来衡量词语内部紧密程度。设字串 w 切分为两个分字串的任意组合为 $\{(w_{11}, w_{12}), (w_{21}, w_{22}), \cdots, (w_{n1}, w_{n2})\}$，则字串 w 的内部耦合度 IC 的计算公式为：

$$IC(w) = \frac{1}{n} \sum_{i=1}^{n} \frac{p(w)}{p(w_{i1}) p(w_{i2})} \tag{3.4}$$

其中 $p(w)$ 表示字串 w 在语料集中出现的概率，计算公式为：

$$p(w) = \frac{N(w)}{N_D} \tag{3.5}$$

其中 $N(w)$ 代表字串 w 在语料集中出现的次数，N_D 代表语料集的总字数。IC 越大，则字串间的相关程度越高，词语的内聚性越高；反之，IC 值越小，则字串间的相关程度越低，词语的内聚性越低。

⑥ 邻字集信息熵。除了衡量字符串的内部凝聚力，还需衡量字符串外部灵活性。邻字集信息熵是一个可以用来衡量字符串外部灵活性的特征，邻字集是指字符串左右两侧所有出现的单字集合，如文本"嚯！这大蓝天儿，我喜欢蓝天白云"中，字符串"蓝天"的左邻字集合为 $\{$大，欢$\}$，右邻字集合为 $\{$儿，白$\}$；信息熵用来衡量事件的不确定性，不确定性越高说明未知信息量越大，信息熵越大。一个词语在文本中的邻字集越丰富，其成词的概率越高，可以通过信息熵计算这种不确定性，分为左邻接熵 LE 和右邻接熵 RE。

左邻接熵：

$$LE(w) = -\sum_{w_l \in S_l} p(w_l \mid w) \mathrm{lb}[p(w_l \mid w)] \tag{3.6}$$

右邻接熵：

$$RE(w) = -\sum_{w_r \in S_r} p(w_r \mid w) \mathrm{lb}[p(w_r \mid w)] \tag{3.7}$$

其中，S_l、S_r 分别表示字串 w 的左邻字集和右邻字集，$p(w_l \mid w)$、$p(w_r \mid w)$ 分别表

示 w_l、w_r 为字串 w 的左邻字和右邻字的条件概率，计算公式如下：

$$p(w_l \mid w) = \frac{N(w_l, w)}{N(w)}, \quad p(w_r \mid w) = \frac{N(w_r, w)}{N(w)} \tag{3.8}$$

其中 $N(w_l, w)$ 表示 w_l 和 w 共同出现的次数，$N(w_r, w)$ 表示 w_r 和 w 共同出现的次数，$N(w)$ 表示 w 出现的次数。

类似对偶原理，若一个字符串是新词，则其左邻接应具有较高的右灵活性，其右邻接应具有较高的左灵活性，因此，用左（右）邻接右（左）平均熵作为左（右）邻接右（左）灵活性的判定特征，包含如下公式（具体解释略）：

左邻右邻接熵：

$$LRE(x_i) = -\sum_{j=1}^{n} p(x_i G_j \mid x_i) \mathrm{lb}[p(x_i G_j \mid x_i)] \tag{3.9}$$

右邻左邻接熵：

$$RLE(x_i) = -\sum_{j=1}^{n} p(G_j x_i \mid x_i) \mathrm{lb}[p(G_j x_i \mid x_i)] \tag{3.10}$$

左邻右平均邻接熵：

$$ALRE(G) = \sum_{i=1}^{m} \frac{1}{m} LRE(x_i) \tag{3.11}$$

右邻左平均邻接熵：

$$ARLE(G) = \sum_{i=1}^{m} \frac{1}{m} RLE(x_i) \tag{3.12}$$

（2）基于统计的学习方法

新词识别可以被看作标注问题。隐马尔科夫模型（HMM）、最大熵模型（ME）、条件随机场（CRF）是当前比较常用的三种统计模型，非常适用于求解标注问题。使用 HMM 进行新词识别时，利用上下文之间的统计信息，首先使用人工标注的语料训练 HMM，然后对已分词的句子采用 Viterbi 算法标记字符，最后通过对标记的解码来获得新词，通过角色标记或词形标记，可以充分利用词中字符之间的依赖关系来识别任意长度的新词，适应性较强，但标注带有特殊标记训练语料的复杂度很高，且标记不一致问题将影响新词识别性能。基于 HMM 的方法比较成熟，能充分利用上下文信息，体现信息之间的关联，但很难加入其他语言信息和特征，而且对于高元（三元以上）的 HMM 计算复杂度很高。

使用 ME、CRF 进行新词识别时，综合利用字、词、词性等多层次信息，采用训练好的 ME 或 CRF 标记文本，通过对标记解码获得词边界，实现中文分词，进而发现新词。CRF 标记的准确性高，因此基于 CRF 模型的新词识别效果很好。ME 和 CRF 能充分应用领域知识和标记之间的依赖，有效利用各种统计信息，提高标注的准确性，但在模型训练时需要基于大规模训练语料，训练和解码速度慢。

新词识别也可以被看作分类问题或判别问题。采用决策树（DT）、支持向量机（SVM）等模型能够实现新词和非新词的分类，进而发现新词，进行新词识别时，抽取词频、独立词概率（IWP）、信息熵、词长等信息作为特征来训练模型。首先对预先抽取的字串进行人工标注，计算上述特征，并训练决策树或支持向量机，获取新词识别模型，然后应用训练好的模型，根据所抽取的特征来判断候选词语是否是新词。DT 模型具有简单高效、计算量较小等优点，但对特征的上下文关联处理较复杂；SVM 模型能够整合多个特征来实现新词识别，识别准确性较高，但难以体现特征之间的关联和相互作用。

综上所述，基于监督方法的候选新词获取在技术上相对成熟，产生的垃圾串较少，识别准确率较高，对于低频词有很好的识别效果，适用于在线新词识别，但需要对语料进行人工标注，并采用大规模训练语料进行模型训练，费时费力，在一定程度上限制了其实际应用。

3.2.2.2 基于非监督方法提取候选新词

与基于监督的候选新词获取方法相比，基于非监督方法提取候选新词时，不需要大规模训练语料，所获取的候选新词的数量很多，对垃圾字串过滤提出了更高要求。最典型的基于非监督方法提取候选新词的方法是重复串统计方法，其基本思想为：直接进行字串的串频统计，频率高于阈值的字串作为候选新词，然后对候选新词中的垃圾串进行过滤，获得新词。

最常用的串频统计方法采用 N-Gram 模型。N-Gram 模型的基本原理是基于马尔可夫假设，即一个词的出现仅依赖于它前面出现的一个或者有限的几个词，与其他任何词都不相关。如果一个词的出现仅与它前面出现的一个词有关，则得到 Bi-Gram 模型，如果一个词的出现仅与它前面出现的两个词有关，则得到 Tri-Gram 模型，依此类推。在训练 N-Gram 模型时，采用最大似然估计获得模型的参数估计，即估计条件概率。N-Gram 模型的显著缺点是无法避免零概率问题（也称数据稀疏问题），可以通过增大语料库规模和改变概率估算方法来解决，由于自然语言是一种动态语言，因此改变概率估计算方法更科学，这需要进行数据平滑（data smoothing）处理，其目的是：①使所有的 N-Gram 概率之和为 1；②使所有的 N-Gram 概率都不为 0。常用的平滑技术包括 Laplacian Smoothing 平滑、Katz Backoff 平滑、Jelinek-Mercer 平滑、Kneser-Ney 平滑等。

使用重复串进行新词识别的优点是对新造词识别效果好，而且新词长度不受限制，无需大规模训练语料支持，方法简单、容易实现；但低频新词（尤其是只出现一次的新词）的召回效果较差。由于提取候选串没有监督，垃圾串较多，需要复杂的过滤方法，因此其效率不高，不适合在线新词抽取。

3.2.3　垃圾字串过滤

常用的垃圾字串过滤规则包括：词性组合规则过滤、词频过滤、停用词性过滤、停用字过滤、词典过滤及中文词语搭配库过滤等。

（1）词性组合规则过滤

词性组合规则过滤是指根据语言学构词法，按照字符串的词性及所处位置，通过制定一些明显不符合构词法的规则，从新词候选列表中过滤掉一些无意义的词组，该方法具有通用性。目前使用比较多的词性组合过滤规则见表 3-2。

表 3-2　词性组合过滤规则

序号	过滤规则
1	A 为副词且位于句首,B 为其他词性
2	A 为其他词性,B 为副词且位于句尾
3	A 为其他词性,B 为助词且位于句尾
4	词组 AB 中含有连词
5	词组 AB 中含有专有名词
6	A 为介词,B 为非名词
7	A 为量词,B 为非量词

（2）词频过滤

按照词语出现次数构建词频过滤规则，把低于词频阈值的候选词放入过滤词语集合。

（3）停用词性过滤

按照词语词性构建停用词性过滤规则。一些词语中会包含词性为语气助词、代词、介词等的字符，一般认为这些词语不是新词。例如，句子"广东队又输球了，按照他们的实力，不应该啊！"，分词结果为"广东队/nt 又/d 输/v 球/n 了/y，/wd 按照/p 他们/rr 的/ude1 实力/n，/wd 不/d 应该/v 啊/y！"，分词后的词语中出现的如"的/ude1""了/y""啊/y"等字符，通常不是新词的组成成分。根据词性标准构建停用词性过滤集合，若当前候选词词性在停用词性集合中，把该候选放入过滤词语集合。停用词性示例见表 3-3。

表 3-3　停用词性示例

停用词性符号	停用词性含义	举例
w	标点符号	"！""。""，""？""：""
y	语气词	"哇""呢""吗""哪""了"
f	方位词	"左上角""右上角"
t	时间词	"昨天""昨晚""昨日"
r	代词	"其他""那样""这些"
p	介词	"由""因""随""为"
u	连词	"不过""为止""而"
s	处所词	"村口""闹市区""胡同口"

（4）停用字过滤

按照字符串首尾字符构建停用字过滤规则，为提高搜索效率、节省存储空间，在处理语料时自动过滤掉一些无实际意义的字，这些字就是停用字（stop words）。若词首或词尾字符在停用字集合中，则过滤。部分停用字示例见表 3-4。

表 3-4　部分停用字示例

停用字类别	举例
语气字	"啊""唉""吗""哪""啦""哇"
代词	"你""我""他""它""俺"
介词	"由""因""随""为"
连词	"却""但""而""可""虽"
量词	"们""条""位""个""件"

（5）词典过滤

一般来说，语料中出现频数较大的重复串都是一些常用词，这些常用词并不是新词发现的目标，所以有必要把这些常用词过滤掉。我们构建了一个由传统词典、HanLP 中的 CoreNatureDictionary、大连理工大学大学情感词典、HowNet 情感词典、搜狗官网词条组成的常用词典。其中传统词典来自第六届中文倾向性分析评测项目，包含 77457 个词条；CoreNatureDictionary 来自 HanLP（Han Language Processing），包含 153084 个词条；大连理工大学大学情感词典由大连理工大学大学信息检索研究室独立整理标注完成，共 27466 个词条；HowNet 情感词典来自知网，共计 8936 个词条；搜狗官网词条包括网络流行语、新词、潮词、俗语等细胞词库。对以上词典进行去重、去字符、去英文等处理后，共得到 161249 个词条。任何出现在这个常用词典里面的重复串都会被过滤掉。

(6) 中文词语搭配库过滤

2006 年 10 月，搜狗搜索引擎对索引到的中文互联网语料进行统计分析，得出中文词语搭配库，其数据格式为"词语搭配二元组＋同现次数"，示例见表 3-5。本书采用遍历匹配的方式实现中文词语搭配库过滤，例如，"吸取教训""系安全带""提高警惕"等固定搭配词组，均在中文词语搭配库中，须进行过滤。

表 3-5 中文词语搭配库示例

词语搭配	同现次数
播放-新闻	106
漂白-处理	47
程序设计-汇编语言	62

3.2.4 评价指标

通常使用精确率 P、召回率 R 和综合分类率 $F1$ 三种评价指标来评价新词发现算法的效果。

(1) 精确率 P

精确率是基本评价指标之一，用于衡量新词发现算法对新词结果检索的查准程度，精确率的计算公式为：

$$P = \frac{N_q}{N_c} \times 100\% \tag{3.13}$$

其中，P 表示精确率，N_q 表示识别正确的新词个数，N_c 表示系统识别出的新词总数。我们对新词发现算法返回的前 200 个候选新词进行人工判别，然后采用前 N 个结果的精确率 $P@N$ 作为新词发现的评价指标，即 $P@10$、$P@50$、$P@100$ 和 $P@200$，以评价新词发现算法的效果。

(2) 召回率 R

召回率是基本评价指标之一，用于衡量新词发现算法对新词结果检索的查全程度，召回率的计算公式为：

$$R = \frac{N_q}{N_q + N_t} \times 100\% \tag{3.14}$$

其中，N_t 表示系统应该识别却漏掉的新词数，即未能成功识别的新词数目；N_q 表示识别正确的新词个数。

（3）综合分类率 $F1$

精确率 P 和召回率 R 二者呈负相关的关系，新词发现算法的理想结果是精确率和召回率都较高，即越高系统性能越好，由于采用单一指标难以有效评价新词发现算法的效果，因此在二者基础上引入综合分类率 $F1$，表示为精确率和召回率的调和平均值，计算公式如下：

$$F1 = \frac{2PR}{P+R} \times 100\%$$ (3.15)

$F1$ 的取值范围为 $[0, 1]$，数值越大，表示新词发现算法的效果越好。

3.3 基于迭代的新词发现算法

3.3.1 重复模式抽取

基于迭代的新词发现首先从实验语料中抽取重复模式，对原始语料进行数据预处理，利用分词工具进行分词后得到标注词性的语料。第一遍扫描首先统计分词后各字符串的词频，对分词后的语料进行低频过滤，接着利用停用词性集合对分词语料词性进行过滤，将低频词及停用词放入过滤词表中。随后对剩余的字符串进行一一迭代组合。抽取步骤说明见表 3-6。

表 3-6　重复模式抽取步骤说明

步骤	详细说明	示例
1	读取原始语料,按照语料清洗规则对实验语料进行清洗,并把语料库中的语料以条为单位按行进行保存	"天啊羡慕嫉妒恨"
2	使用 NLPIR 工具提供的分词接口及用户词典切分语料,并标注词性。把所获得的候选词存入候选词数据结构中	分词结果为:天/q 啊/y 羡慕/v 嫉妒/v 恨/v
3	第一遍扫描过滤。 进行词频过滤。全篇依次统计分词后字符串的词频,根据预先设置的词频阈值,把低于词频阈值的候选词放入过滤词语列表中; 进行词性过滤。添加停用词性集合,将当前字符串的词性与停用词性列表中的词性进行对比。若当前字符串词性存在于停用词性列表中,将该词语放入过滤词表中	假设该语句中所有字符串词频都满足阈值,其中"天""啊"的词性"q""y"存在于停用词性列表中,因此把"天""啊"加入过滤词表中。未被收录在过滤词表中的字符串组成初始候选词表 L_0

续表

步骤	详细说明	示例
4	第二遍扫描过滤。 对每一条语料顺序扫描,构建重复模式集合。读取当前字符串 A,对比 A 是否在过滤词表中。若在,判断下一字符串;若不在,接着判断下一字符 B 是否为标点符号或换行符,若不是,判断 B 是否在过滤词表中,若不在,把字符串"AB"组合放入重复模式列表 L_1 中。依次往后迭代,直至下一字符为标点符号或换行符为止	读取"羡慕",下一字符串为"嫉妒",且"嫉妒"不在过滤词表中,组合"羡慕嫉妒"放入 L_1 中;接着读取并判断下一字符"恨",组合"羡慕嫉妒恨"放入 L_1 中
5	进行基于词典的过滤。 使用整合的基础词典、用户词典对上一步获得的重复模式列表进行过滤,若重复模式存在于基础词典中,则过滤删除。若无,进入统计特征计算	判断词典中没有重复模式列表〈羡慕嫉妒、羡慕嫉妒恨〉中的词语,将上述词语进行统计特征计算

重复模式抽取流程图如图 3-1、图 3-2 所示。

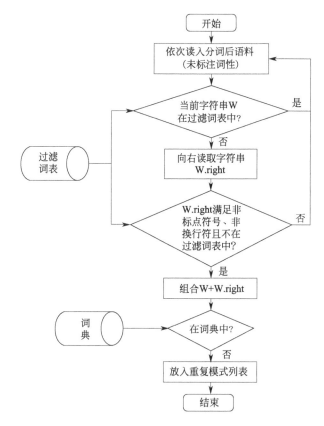

图 3-1 重复模式抽取流程图 (第一遍扫描)

3.3.2 重复模式统计特征计算

重复模式统计特征计算流程如图 3-3 所示,具体步骤见表 3-7。过滤规则包括词

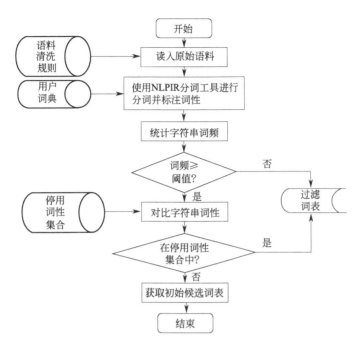

图 3-2　重复模式抽取流程图（第二遍扫描）

频过滤、停用词性过滤、词典过滤及中文词语搭配库过滤等。

表 3-7　重复模式统计特征计算步骤

步骤	说明
1	统计重复模式的词频。根据预先设置的阈值,对重复模式进行过滤,把低于阈值的重复模式删除
2	统计重复模式的内部耦合度。穷举重复模式的所有子串,并对子串进行内部耦合度计算。根据预先设置的阈值,对重复模式进行过滤,把低于阈值的重复模式删除
3	统计重复模式的左邻接字符集和右邻接字符集,计算每个重复模式的左(右)邻接熵。根据预先设置的左(右)邻接熵阈值,对低于左(右)邻接熵阈值的重复模式过滤删除
4	统计重复模式的所有左邻接字符的右邻接字符集和所有右邻接字符的左邻接字符集。计算每个词的左邻右邻接熵、右邻左邻接熵、左邻右平均邻接熵和右邻左平均邻接熵。根据预先设置的左(右)邻右(左)平均邻接熵阈值,对低于平均邻接熵阈值的重复模式过滤删除
5	使用中文词语搭配库对上一步获得的重复模式进行过滤,若重复模式存在于中文词语搭配库中则过滤删除,剩余的词就认为是新词

在实验中，首先需要确定各个统计特征（内部耦合度 S、左邻接熵 LE、右邻接熵 RE、左邻右平均邻接熵 $ALRE$、右邻左平均邻接熵 $ARLE$）的阈值，作为新词成词的衡量标准。在大量文本数据中，新词的成词阈值可以参考已知常用词汇的统计量取值。通过计算所采集数据中已知常见词（1000 余个）的统计特征，

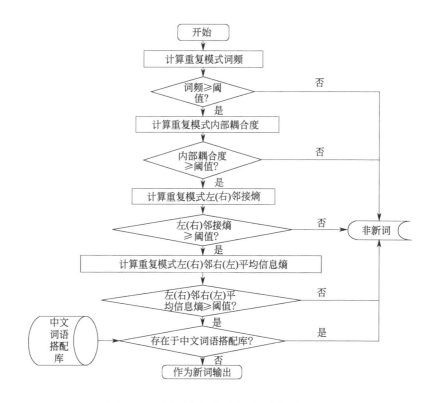

图 3-3　重复模式统计特征计算流程图

求得最小值的近似值作为新词发现实验中的参数阈值。内部耦合度以候选词语的字长为标准，对阈值进行分级设置，共划分三级内部耦合度阈值，分别对应字长为 2、3 及 3 以上的候选词语。

3.3.3　基于迭代的新词发现的实例

3.3.3.1　语料选取

我们把北京理工大学搜索挖掘实验室提供的 500 万微博语料作为实验语料，主要包括微博用户转发、评论的文本，数据量大，没有限定主题及特定用户。该语料包含许多冗余信息，如微博用户名 ID（@＋用户名）、微博标题（【标题名】）、微博话题（♯话题名♯）、网址链接（以 http、www 开头的网址）、无意义的特殊符号（※、☆、◎）及颜文字表情（^-^）等，首先需要进行清洗，详细清洗规则见 2.2 节。从 500 万条微博语料中随机选取三组不同数量级的实验语料，其说明见表 3-8。

表 3-8　实验语料说明

语料名称	语料大小	语料总字数
1.dic	758KB	297680 字
2.dic	21.1MB	8393700 字
3.dic	26.6MB	10763174 字

3.3.3.2　实证研究

图 3-4～图 3-6 分别展示了选择不同统计特征时，对 1.dic、2.dic、3.dic 三组语料应用基于迭代的新词发现算法进行新词识别的精确率。图中，S 代表"内部耦合度"，$S+LE$ 代表"内部耦合度+左邻接熵"，$S+LE+RE$ 代表"内部耦合度+左邻接熵+右邻接熵"，$S+LE+RE+ALRE$ 代表"内部耦合度+左邻接熵+右邻接熵+左邻右平均邻接熵"，$S+LE+RE+ALRE+ARLE$ 代表"内部耦合度+左邻接熵+右邻接熵+左邻右平均邻接熵+右邻左平均邻接熵"。所有实验最终都采用由搜狗实验室提供的中文词语搭配库进行最后一步筛选。

图 3-4 为在 1.dic 语料上的新词发现精确率实验结果，首先按照词频对新词列表进行降序排序，当仅使用内部耦合度 S 进行过滤时，$P@10$、$P@50$ 分别为 80%、66%；当联合使用内部耦合度 S 及左邻接熵 LE 进行过滤时，$P@10$、$P@50$ 分别为 90%、81%；依次加入新的统计特征（右邻接熵、左邻右平均邻接熵及右邻左平均邻接熵）进行过滤时，$P@10$、$P@50$ 分别提升到 100%、90%。

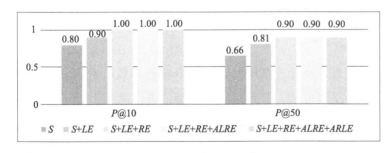

图 3-4　基于迭代的新词发现算法在 1.dic 语料上的精确率

图 3-5 为在 2.dic 语料上的新词发现精确率实验结果，首先按照词频对新词列表进行降序排序，当仅使用内部耦合度 S 时，$P@10$、$P@50$、$P@100$、$P@200$ 分别为 70%、66%、71%、71%；当联合使用内部耦合度 S 及左邻接熵 LE 时，$P@10$、$P@50$、$P@100$、$P@200$ 分别为 90%、80%、85%、85%；当联合使用内部耦合度 S、左邻接熵 LE 和右邻接熵 RE 时，$P@10$、$P@50$、$P@100$、$P@200$ 分别为

100％、88％、91％、90％；当联合使用内部耦合度 S、左邻接熵 LE、右邻接熵 RE 和左邻右平均邻接熵 $ALRE$ 时，$P@10$、$P@50$、$P@100$、$P@200$ 分别为 100％、92％、93％、91％；当使用五个统计特征时，$P@10$、$P@50$、$P@100$、$P@200$ 分别提升到 100％、92％、93％、92％。

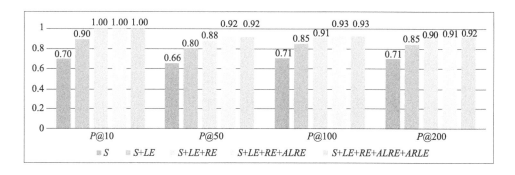

图 3-5　基于迭代的新词发现算法在 2.dic 语料上的精确率

图 3-6 为在 3.dic 语料上的新词发现精确率实验结果，首先按照词频对新词列表进行降序排序，当仅使用内部耦合度 S 时，$P@10$、$P@50$、$P@100$、$P@200$ 分别为 70％、80％、74％、71％；当联合使用内部耦合度 S 及左邻接熵 LE 时，$P@10$、$P@50$、$P@100$、$P@200$ 分别为 100％、96％、93％、86％；当联合使用内部耦合度 S、左邻接熵 LE 和右邻接熵 RE 时，$P@10$、$P@50$、$P@100$、$P@200$ 分别为 100％、100％、95％、91％；当联合使用内部耦合度 S、左邻接熵 LE、右邻接熵 RE 和左邻右平均邻接熵 $ALRE$ 时，$P@10$、$P@50$、$P@100$、$P@200$ 分别为 100％、100％、95％、93％；当使用五个统计特征时，$P@10$、$P@50$、$P@100$、$P@200$ 不变，仍为 100％、100％、95％、93％。

横向对比实验结果，统计模型中每加入一个特征参数，新词发现精确率均呈上升趋势。纵向对比实验结果表明，语料越大，新词准确度越高。

NLPIR 新词接口在三个语料上的精确率如图 3-7 所示，由于直接使用新词提取接口，无法获取新词词频，所以不对实验结果进行排序处理。对 1.dic 语料，在使用互信息 MI、左邻接熵 LE、右邻接熵 RE、左邻右平均邻接熵 $ALRE$、右邻左平均邻接熵 $ARLE$ 五个统计特征进行过滤时，$P@10$、$P@50$ 分别为 90％、76％；对 2.dic 语料，使用上述五个统计特征进行过滤，$P@10$、$P@50$、$P@100$、$P@200$ 分别为 100％、84％、79％、80％；对 3.dic 语料，使用上述五个特征参数进行过滤，$P@10$、$P@50$、$P@100$、$P@200$

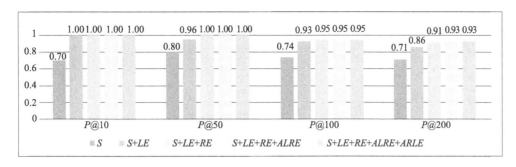

图 3-6　基于迭代的新词发现算法在 3.dic 语料上的精确率

分别为 80%、84%、81%、75%。

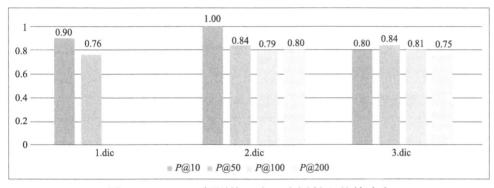

图 3-7　NLPIR 新词接口在三个语料上的精确率

针对 1.dic、2.dic 和 3.dic 三个语料，分别采用基于迭代的新词发现算法和基于 NLPIR 新词接口的新词发现算法，得到结果后，计算精确率 P、召回率 R 及综合分类率 $F1$，分别如图 3-8、图 3-9 所示。对比可知：与 NLPIR 新词接口相比，基于迭代的新词发现算法的精确率 P 和综合分类率 $F1$ 提升明显，召回率 R 略高。

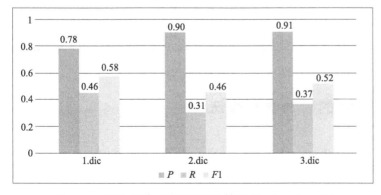

图 3-8　基于迭代的新词发现算法的 P、R、$F1$

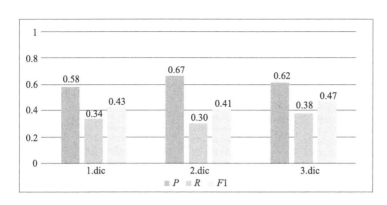

图 3-9 基于 NLPIR 新词接口的 P、R、$F1$

基于迭代的新词发现算法成功识别出如下新词:"挨踢""捉急""羡慕嫉妒恨""盆友""咆哮体""灰常""叫兽""娘惹""僵尸粉""赤果果""漂酿""蛇精病"等。对以上部分新词说明见表 3-9。

表 3-9 基于迭代的新词发现算法的部分新词结果及说明

新词类别	新词及说明
谐音词语	"盆友"代表"朋友"
	"叫兽"代表"教授"
	"蛇精病"代表"神经病"
	"赤果果"代表"赤裸裸"
方言词语	"灰常"代表"非常",出现这一类词语是因为 h、f 发音不分
	"漂酿"代表"漂亮",出现这一类词语是因为 n、l 发音不分
	"捉急"代表"着急",为安徽、山东、河南等地的方言
组合词语	"羡慕嫉妒恨"由"羡慕""嫉妒""恨"三词组合而成
	"咆哮体"由"咆哮""体"二词组合而成,是网络文字表达方式
英文音译词	"挨踢"代表"IT",表示计算机行业人员
新造词语	"僵尸粉"表示不活跃的粉丝用户

3.4 基于 N-Gram 的新词发现算法

3.4.1 候选词抽取

基于 N-Gram 的新词发现算法,第一步为候选词抽取,即把清洗后的语料放入 selector 中切分,基于 N-Gram 模型对语料进行处理。首先将文本内容按字节流切分成长度为 7 的字节片段，设置滑动窗口为 1，字节片段最小长度为 2，依次向左减少一个字符。将所有字节片段保存至 Set 集合中，利用停用字集合对 Set 中字节片段进行过滤。过滤的具体步骤：把字节片段首尾字符与停用字集合进行对比，若首尾字符存在于停用字集合中，则过滤，否则保留该字节片段，加入候选词列表中。例如：字节片段"过完年又得长胖了"，所有长度为 7 的字节片段有"过完年又得长胖""完年又得长胖了"，示例见表 3-10，其中"得""又""完"均为停用字，所以 Set_2、Set_3、Set_5 被过滤掉。

表 3-10　字节片段示例

字节片段	Set 集合
过完年又得长胖了	Set_0:过完年又得长胖
	Set_1:过完年又得长
	Set_2:过完年又得
	Set_3:过完年又
	Set_4:过完年
	Set_5:过完

3.4.2　算法思路

基于 N-Gram 的新词发现算法流程如图 3-10 所示，具体实现步骤见表 3-11。基于 N-Gram 的新词发现算法中的过滤机制包括基于词典过滤、基于停用字过滤及基于中文词语搭配库过滤。

表 3-11　基于 N-Gram 的新词发现算法的步骤

步骤	详细说明
1	输入原始语料,清洗语料,把语料库中的微博以条为单位按行进行保存
2	顺序读取每一行,根据 N-Gram 递增分步算法切分语料。把所获得的候选词存入候选词数据结构中
3	使用停用字集合对上一步获得的候选词进行过滤,若候选词首尾字符存在于停用字集合中,则过滤删除
4	使用词典对上一步获得的候选词进行过滤,若候选词存在于基础词典中,则过滤删除
5	统计候选词词频,根据设置的词频阈值,把低于词频阈值的候选词删除
6	统计候选词语的内部耦合度。穷举候选词的所有子串,对子串进行内部耦合度的计算,并求得该候选词的内部耦合度。根据预先设置的阈值,对候选词进行过滤,把低于阈值的候选词删除
7	统计候选词的左邻接字符集和右邻接字符集。计算每个词的左(右)邻接熵。根据预先设置的左(右)邻接熵阈值,把低于阈值的候选词删除

续表

步骤	详细说明
8	统计候选词的所有左邻接字符的右邻接字符集及所有右邻接字符的左邻接字符集。计算每个候选词的左邻右平均邻接熵和右邻左平均邻接熵。根据预先设置的平均邻接熵阈值,把低于阈值的候选词删除
9	使用中文词语搭配库对上一步获得的候选词进行过滤,若候选词存在于中文词语搭配库中则过滤删除,剩余的词就认为是新词。输出新词列表

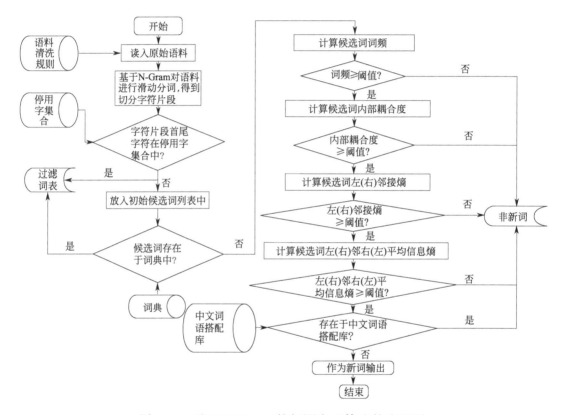

图 3-10　基于 N-Gram 的新词发现算法的流程图

3.4.3　基于 N-Gram 的新词发现的实例

3.4.3.1　实证研究

图 3-11～图 3-13 分别展示了在不同统计特征下,在 1. dic、2. dic、3. dic 三组语料上应用基于 N-Gram 的新词发现算法进行新词识别的精确率。图 3-14 是将发现的新词加入用户词典后的分词测试结果。

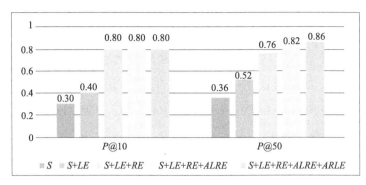

图 3-11　基于 N-Gram 的新词发现算法在 1.dic 语料上的精确率

图 3-11 为在 1.dic 语料上的新词发现精确率实验结果，首先按照词频对新词列表进行降序排序，当仅使用内部耦合度 S 进行过滤时，$P@10$、$P@50$ 分别为 30％、36％；当联合使用内部耦合度 S 及左邻接熵 LE 进行过滤时，$P@10$、$P@50$ 分别为 40％、52％；依次加入新的统计特征（右邻接熵、左邻右平均邻接熵及右邻左平均邻接熵），当使用五个统计特征进行过滤时，$P@10$、$P@50$ 分别提升到 80％、86％。

图 3-12 为在 2.dic 语料上的新词发现精确率实验结果，首先按照词频对新词列表进行降序排序，当仅使用内部耦合度 S 时，$P@10$、$P@50$、$P@100$、$P@200$ 分别为 10％、32％、31％、30％；当联合使用内部耦合度 S 及左邻接熵 LE 时，$P@10$、$P@50$、$P@100$、$P@200$ 分别为 50％、48％、49％、52％；当联合使用内部耦合度 S、左邻接熵 LE 和右邻接熵 RE 时，$P@10$、$P@50$、$P@100$、$P@200$ 分别为 90％、82％、86％、86％；当联合使用内部耦合度 S、左邻接熵 LE、右邻接熵 RE 和左邻右平均邻接熵 $ALRE$ 时，$P@10$、$P@50$、$P@100$、$P@200$ 分别为 90％、90％、91％、90％；当使用五个统计特征时，$P@10$、$P@50$、$P@100$、$P@200$ 分别为 90％、90％、92％、91％。

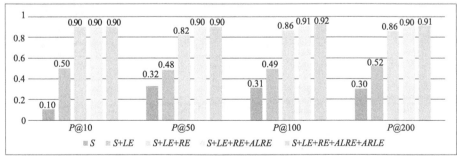

图 3-12　基于 N-Gram 的新词发现算法在 2.dic 语料上的精确率

图 3-13 为在 3.dic 语料上的新词发现精确率实验结果，首先按照词频对新词列表进行降序排序，当仅使用内部耦合度 S 时，$P@10$、$P@50$、$P@100$、$P@200$ 分别

为 40％、38％、40％、41％；当联合使用内部耦合度 S 及左邻接熵 LE 时，$P@10$、$P@50$、$P@100$、$P@200$ 分别为 80％、70％、71％、66％；当联合使用内部耦合度 S、左邻接熵 LE 和右邻接熵 RE 时，$P@10$、$P@50$、$P@100$、$P@200$ 分别为 100％、94％、92％、90％；当联合使用内部耦合度 S、左邻接熵 LE、右邻接熵 RE 和左邻右平均邻接熵 $ALRE$ 时，$P@10$、$P@50$、$P@100$、$P@200$ 分别为 100％、96％、93％、91％；当使用五个统计特征时，$P@10$、$P@50$、$P@100$、$P@200$ 分别为 100％、96％、94％、92％。

　　横向对比实验结果，统计模型中每加入一个特征参数，新词发现精确率均呈上升趋势。纵向对比实验结果表明，语料越大，新词发现准确度越高。

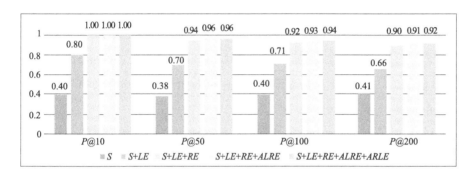

图 3-13　基于 N-Gram 的新词发现算法在 3.dic 语料上的精确率

　　针对 1.dic、2.dic 和 3.dic 三个语料，采用基于 N-Gram 的新词发现算法得到新词发现的结果后，计算精确率 P、召回率 R 及综合分类率 $F1$，如图 3-14 所示。与基于 NLPIR 新词接口的算法相比，基于迭代的新词发现算法的精确率 P、召回率 R 和综合分类率 $F1$ 均有明显的提升。

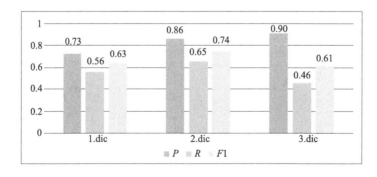

图 3-14　基于 N-Gram 的新词发现算法的 P、R、$F1$

　　基于 N-Gram 的新词发现算法成功识别出如下新词："矮油""童靴""高端大气上档次""铝孩""菇凉""攻城狮"等，说明见表 3-12。

表 3-12　基于 N-Gram 的新词发现算法部分新词结果说明

新词类别	新词及说明
谐音词语	"童靴"代表"同学"
	"矮油"代表"哎呦"
	"攻城狮"代表"工程师"
	"程序猿"代表"程序员"
方言词语	"菇凉"代表"姑娘","铝孩"代表"女孩" 出现这一类词语是因为 n、l 发音不分
组合词语	"高端大气上档次"由"高端""大气""上档次"三词组合而成
英文音译词	"闹太套"代表"not at all",表示别客气
新造词语	"躺枪"表示感到无辜受到连累
	"满血复活"是网络游戏用语,表示游戏人物死了之后又复活

3.4.3.2　对比分析

(1) 基于 N-Gram 的新词发现与基于迭代的新词发现算法的对比

比较图 3-4 与图 3-11，图 3-5 与图 3-12，图 3-6 与图 3-13，可得出如下结论：

① 对于 1.dic 语料，经过内部耦合度 S 及中文词语搭配库的过滤，在 $N=50$ 时，基于迭代的新词发现算法的精确率为 66%，远高于基于 N-Gram 的新词发现算法的精确率；依次加入 5 个统计特征后，基于迭代的新词发现算法的精确率为 90%，仍比基于 N-Gram 的新词发现算法的精确率高出 4%。

② 对于 2.dic 语料，经过内部耦合度 S 及中文词语搭配库的过滤，在 $N=200$ 时，基于迭代的新词发现算法的精确率为 70.5%，远高于基于 N-Gram 的新词发现算法的精确率；依次加入 5 个统计特征后，基于迭代的新词发现算法的精确率为 92%，仍比基于 N-Gram 的新词发现算法的精确率高出 1%。

③ 对于 3.dic 语料，经过内部耦合度 S 及中文词语搭配库的过滤，在 $N=200$ 时，基于迭代的新词发现算法的精确率为 71%，远高于基于 N-Gram 的新词发现算法的精确率；依次加入 5 个统计特征后，基于迭代的新词发现算法的精确率为 93%，仍比基于 N-Gram 的新词发现算法的精确率高出 1.5%。通过比较图 3-8 与图 3-14 可知，基于 N-Gram 的新词发现算法在召回率 R 上远高于基于迭代的新词发现算法，在精确率 P 方面不相上下，综合分类率 $F1$ 更高。

(2) 内部耦合度 S 分级阈值对新词发现结果的影响

为了验证内部耦合度 S 分级阈值对新词发现结果的影响，设置对比实验，实验结果见表 3-13。

表 3-13 内部耦合度 S 分级阈值对算法评价指标的影响

语料	S 是否分级	基于 N-Gram 的新词发现算法			基于迭代的新词发现算法		
		P	R	$F1$	P	R	$F1$
1. dic	不分级	85.33%	36.16%	50.79%	81.08%	33.90%	47.81%
	分级	72.99%	55.86%	63.29%	77.88%	45.81%	57.69%
2. dic	不分级	86.86%	53.80%	66.44%	92.48%	26.90%	41.68%
	分级	85.88%	65.27%	74.17%	90.42%	30.54%	45.66%
3. dic	不分级	93.87%	28.89%	44.18%	92.88%	29.25%	44.49%
	分级	90.43%	45.77%	60.78%	90.65%	36.71%	52.26%

显然，对内部耦合度 S 进行阈值分级之后，精确率 P 稍微下降，召回率 R 大幅增加，$F1$ 值也明显提高，与基于迭代的新词发现算法相比，基于 N-Gram 的新词发现算法的召回率 R 和综合分类率 $F1$ 更优，新词发现的效果更好。阈值分级后增加的新词示例见表 3-14。

表 3-14 内部耦合度 S 阈值分级后增加的新词示例

语料	新增词语
1. dic	辣妈、头鱼
2. dic	盆友、嗨皮、鸡冻、娘惹、艾玛、绳命、牛叉、捉急、毛血旺、叹息桥、樱花谷、忧桑、傻瓜机
3. dic	矮油、泥马、盆友、灰常、艾特、码农、程序猿、叫兽、躺枪、菇凉、嗨皮、攻城师、童靴、挨踢、偏执狂、闹太套、卖肾、抱大腿

由表 3-14 可以看出，新增词语多为二字词语及三字词语。通过查看部分词语的内部耦合度 S（见表 3-15）可知，示例中二字词语的内部耦合度 S 的取值范围为 $[0.00001, 0.00008]$，三字词语内部耦合度 S 取值范围为 $[0.0005, 0.0006]$。若仅设置单一阈值，阈值设置过大会将二字新词过滤掉，过小会导致大量非新词字符串进入统计模型，耗费时间。因此，需要按照词语字长对内部耦合度 S 进行阈值分级设置。

对于 1. dic 语料，采用基于 N-Gram 的新词发现算法且内部耦合度 S 不分级时，新词发现算法的精确率 P、召回率 R 和综合分类率 $F1$ 分别为 85.33%、36.16%、50.79%；按照词语字长对内部耦合度 S 分级后，精确率 P 稍微下降至 81.08%，召回率 R 大幅上升至 55.86%，综合分类率 $F1$ 随之上升至 63.29%。采用基于迭代的新词发现算法且内部耦合度 S 不分级时，新词发现算法的精确率 P、召回率 R 和综合

分类率 $F1$ 分别为 81.08%、33.90%、47.81%；内部耦合度 S 分级后，精确率 P 稍微下降至 77.88%，召回率 R 大幅上升至 45.81%，综合分类率 $F1$ 随之上升至 57.69%，如图 3-15 所示。基于 N-Gram 的新词发现算法且内部耦合度 S 分级时，召回率 R 最高，综合分类率 $F1$ 也最高；基于 N-Gram 的新词发现算法且内部耦合度 S 未分级时，精确率 P 最高。表 3-15 列出了内部耦合度 S 阈值分级后新增词语的内部耦合度示例。

表 3-15　内部耦合度 S 阈值分级后新增词语的内部耦合度示例

词语类型	示例	内部耦合度
二字词语	盆友	0.000044891
	嗨皮	0.000080788
	灰常	0.000020515
	牛叉	0.000046684
	躺枪	0.000013594
	挨踢	0.000021629
三字词语	程序猿	0.000552508
	闹太套	0.000636539
	抱大腿	0.000592552

对于 2.dic 语料，采用基于 N-Gram 的新词发现算法且内部耦合度 S 不分级时，新词发现算法的精确率 P、召回率 R 和综合分类率 $F1$ 分别为 86.86%、53.80%、66.44%；按照词语字长对内部耦合度 S 分级后，精确率 P 稍微下降至 85.88%，召回率 R 大幅上升至 65.27%，综合分类率 $F1$ 随之上升至 74.17%。采用基于迭代的新词发现算法且内部耦合度 S 不分级时，新词发现算法的精确率 P、召回率 R 和综合分类率 $F1$ 分别为 92.48%、26.90%、41.68%；内部耦合度 S 分级后，精确率 P 稍微下降至 90.42%，召回率 R 上升至 30.54%，综合分类率 $F1$ 随之上升至 45.66%，如图 3-16 所示。基于 N-Gram 的新词发现算法且内部耦合度 S 分级时，召回率 R 最高，综合分类率 $F1$ 也最高；基于 N-Gram 的新词发现算法且内部耦合度 S 未分级时，精确率 P 最高。

对于 3.dic 语料，采用基于 N-Gram 的新词发现算法且内部耦合度 S 不分级时，新词发现算法的精确率 P、召回率 R 和综合分类率 $F1$ 分别为 93.87%、28.89%、44.18%；按照词语字长对内部耦合度 S 分级后，精确率 P 稍微下降至 90.43%，召回率 R 大幅上升至 45.77%，综合分类率 $F1$ 随之上升至 60.78%。采用基于迭代的新词发现算法且内部耦合度 S 不分级的情况下新词发现算法的精确率 P、召回率 R 和综合分类率 $F1$ 分别为 92.88%、29.25%、44.49%；内部耦合度 S 分级后，精确率 P 稍微下降至 90.65%，召回率 R 上升至 36.71%，综合分类率 $F1$ 随之上升至 52.26%，如图 3-17 所示。基于 N-Gram

的新词发现算法且内部耦合度 S 分级时，召回率 R 最高，综合分类率 $F1$ 也最高；基于 N-Gram 的新词发现算法且内部耦合度 S 未分级时，精确率 P 最高。

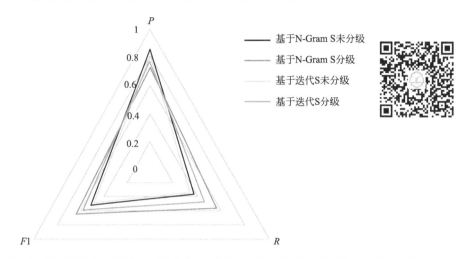

图 3-15　1.dic 语料中不同算法下内部耦合度 S 阈值分级前后的 P、R、$F1$

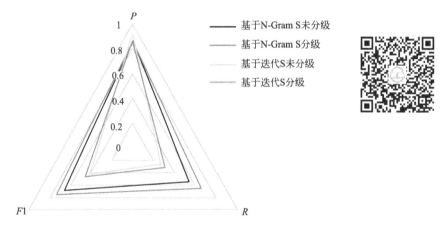

图 3-16　2.dic 语料中不同算法下内部耦合度 S 阈值分级前后的 P、R、$F1$

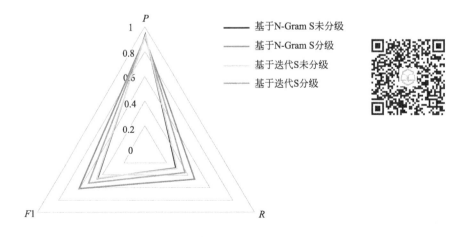

图 3-17　3.dic 语料中不同算法下内部耦合度 S 阈值分级前后的 P、R、$F1$

（3）中文词语搭配库过滤对新词发现结果的影响

设置中文词语搭配库过滤的对比实验，检测加入中文词语搭配库过滤前后的新词发现效果。由内部耦合度 S 阈值分级对新词发现结果的影响可知，阈值分级后新词发现的效果更好，因此本组实验均采用内部耦合度 S 阈值分级。实验结果见表 3-16，其中 $filter$ 表示使用中文词语搭配库过滤，$No\,filter$ 表示未使用中文词语搭配库过滤。

表 3-16　中文词语搭配库过滤前后的算法精确率

语料	基于 N-Gram 的新词发现算法		基于迭代的新词发现算法	
	$No\,filter$	$filter$	$No\,filter$	$filter$
1. dic	42.30%	72.99%	36.32%	77.88%
2. dic	59.84%	85.88%	50.05%	90.42%
3. dic	72.02%	90.43%	60.70%	90.65%

由表 3-16 可以看出，基于 N-Gram 的新词发现算法，使用中文词语搭配库进行最后一遍过滤后，1. dic、2. dic、3. dic 三种语料的新词发现精确率 P 分别提高 30.69%、26.04%、18.41%。因此，中文词语搭配库过滤，能有效提高基于 N-Gram 的新词发现算法和基于迭代的新词发现算法的精确率 P。中文词语搭配库过滤掉的词语见表 3-17。

表 3-17　中文词语搭配库过滤掉的词语

语料	过滤掉的词语
1. dic	爱情公寓、用户体验、百度地图、用户需求、中国特色、人力资源、食品安全、运动风、大理石花纹、网络营销、互联网技术、在线旅游
2. dic	新鲜出炉、手机客户端、亲密接触、竹筏漂流、膳食纤维、蔚蓝海岸、职业生涯、空气污染指数、原住民艺术、宽窄巷子、选择恐惧症、哥特式建筑、食品添加剂、电信运营商、彩绘玻璃
3. dic	颁奖典礼、周杰伦、华尔街日报、德州扑克、欧莱雅、契约精神、娱乐化、观世音菩萨、提高警惕、仰望星空、敌对势力、手机出货量、安全座椅、芙蓉姐姐

第4章
词语级情感倾向性分析

词语级情感倾向性分析是句子级和篇章级情感倾向性分析的基础和前提,情感词识别的准确性直接影响句子级、篇章级的情感倾向性研究。目前,词语级情感倾向性分析方法主要有两种:基于统计学的方法和基于语义理解的方法。基于统计学的方法主要是利用机器学习算法和语料集中词语之间的共现关系等来获取词语的情感倾向性;基于语义理解的方法主要是基于一个现存的本体知识库(如 WordNet、HowNet等),通过计算候选词与基准种子词的语义距离,判断候选词的情感倾向性。词语级情感倾向性分析的关键步骤包括候选情感词提取和词语情感强度计算,下面分别予以介绍。

4.1 候选情感词提取

除了第二章介绍的语料预处理和中文分词外,在进行词语级情感倾向性分析前,还需要选取基准种子词、抽取候选词并进行过滤。

4.1.1 基准种子词的选取

种子词是具有非常明显的褒义或贬义倾向的代表性词汇。选取种子词时主要考虑以下三方面:

(1)种子词具有明显的情感倾向且无歧义

避免选取有歧义的词作为种子词。在不同语境下,有些词语的褒贬义不同。如在"绵延不绝的五千年文化是我们中华民族的骄傲"中,"骄傲"的情感倾向为褒义;但在"骄傲使人落后"中,"骄傲"的情感倾向为贬义。

（2）种子词具有代表性且覆盖面广

选取的种子词应是在语料中出现频率较高、经常使用的词。种子词的覆盖面应尽量广,避免选取语义相近的词语。

（3）褒贬义种子词成对出现

褒贬义种子词成对出现,且褒义词的强度和贬义词的强度分布一致。

大连理工大学大学中文情感词汇本体库 DUTIR 给出了词语的情感极性和强度,因此我们基于 DUTIR 选取种子词。首先以词性和情感强度相同、不依赖上下文、有较好独立性为原则,选取褒义词和其对应的贬义词,得到褒贬义词对集;然后计算词对集中词语在语料中出现的频次,并按频次降序排列,选用高频词,并人工筛选,去掉近义词,形成初始种子列表。为了使基准词适用于多领域,在包含多领域的大体量语料上,基于假设"若基准词与褒（贬）义词的共现度大于与贬（褒）义词的共现度,则其具有褒（贬）的语义倾向",对初始种子列表进行消歧,最终得到 40 对基准种子词。

4.1.2 词语相似度计算

在词语级情感倾向性分析中,词语相似度计算方法主要有三种:基于词典的词语相似度计算、基于统计的词语相似度计算和基于词向量的词语相似度计算。

4.1.2.1 基于词典的词语相似度计算

基于词典的词语相似度计算方法利用语义词典中的分层结构以及同义词和近义词信息来计算词语之间的语义相似度。根据语义词典中定义的规则,将词语分解成概念,将词语相似度计算转化为概念间的相似度计算。语义词典中概念的组织形式（如概念间的上下位关系、同义关系、反义关系）可以作为词语的特征进行相似度计算。常用的英文语义词典包括普林斯顿大学的 WordNet、加州伯克利大学的 FrameNet 等,常用的中文语义词典包括 HowNet、同义词词林等。基于词典的词语相似度计算方法收录了常见领域的大部分词语,但语义词典在组织形式上只存在上下位关系等,未能充分利用两个词语在文本中的同现频率信息及所处上下文的语义相似信息,造成很多词语相似度的计算缺乏精度。下面以 HowNet 为例介绍基于词典的词语相似度计算。HowNet 以概念为描述对象,揭示概念间的关系以及概念所具有的属性间的关系,它采用嵌套式结构,把复杂概念层层分解,直到能用一组义原来表述,其本质上是一种概念树结构。

（1）词语的整体相似度计算

对于两个词语 w_1、w_2，w_1 对应的 m 个义项（概念）分别为 s_{11}、s_{12}、$\cdots$、s_{1m}，w_2 对应的 n 个义项（概念）分别为 s_{21}、s_{22}、$\cdots$、s_{2n}，词语之间的相似度可以用词语分解所得概念之间相似度的最大值来表示：

$$sim(w_1,w_2)=\max_{i=1\cdots m,j=1\cdots n} sim(s_{1i},s_{2j}) \tag{4.1}$$

（2）概念相似度计算

在 HowNet 中，一个概念可以用四种特征来描述，即第一基本义原描述、其他基本义原描述、关系义原描述、符号义原描述。基于"整体相似度等于部分相似度之和"的思想，概念相似度等于各个特征相似度的加权和。由于各个特征对概念的影响程度不同，部分相似性在整体相似性中所占的权重也不同，概念相似度计算方法为：

$$sim(s_1,s_2)=\sum_{i=1}^{4}(\beta_i \prod_{j=1}^{i} sim(p_{1i},p_{2j})) \tag{4.2}$$

式中，β 为权重。

（3）义原相似度计算

两个义原 p_1、p_2 的相似度计算公式为：

$$sim(p_1,p_2)=\frac{\alpha}{\alpha+dis(p_1,p_2)} \tag{4.3}$$

式中，$dis(p_1, p_2)$ 为义原 p_1 和 p_2 之间的路径长度；α 为一个可调节参数，表示相似度为 0.5 时的路径长度。

4.1.2.2　基于统计的词语相似度计算

基于统计的经验主义思想来源于 Harris 在 1954 年提出的分布假设（distributional hypothesis）❶，即具有相似上下文的词语应该具有相似的语义。基于统计的词语相似度计算完全依赖于语料库，根据词汇在文本中的共现频率衡量其语义相似度。通过观察词语与已知情感标签的词语之间的关联，判断词语的类别；词语之间的关联可以定义为一种距离，采用点互信息（point mutual information，PMI）等度量词语之间距离。在语言学中，点互信息可以度量两个词语的相似度，相似度越高，表明这两个词语具有更多相同特质，更可能具有一致的情感倾向。两个词语 w_1 和 w_2 点互信息的计算公式为：

$$pmi(w_1,w_2)=\log_2\left[\frac{p(w_1,w_2)}{p(w_1)\times p(w_2)}\right] \tag{4.4}$$

其中 $p(w_1, w_2)$ 表示 w_1、w_2 的共现概率，$p(w_1)$ 和 $p(w_2)$ 分别表示 w_1 和

❶ 王寒茹，张仰森. 文本相似度计算研究进展综述［J］. 北京信息科技大学学报（自然科学版），2019，34（01）：68-74.

w_2 在语料库中独立出现的概率。一个未知情感倾向的词语 w_1 和另一个已知情感倾向的词语 w_2 的互信息 pmi 值越高时，表明 w_1 和 w_2 的情感倾向越趋于一致；pmi 值越低，则表明 w_1 和 w_2 的情感倾向越趋于不同。

4.1.2.3　基于词向量的词语相似度计算

随着深度学习的快速发展，基于神经网络模型自动学习词向量的方法被提出。词向量是词语的特征表示，词语之间的语义相似度通过向量之间的余弦距离计算。词向量的表示方法主要有独热表示（one-hot representation）和分布式表示（distributed representation）。one-hot 用一维向量表示一个词，向量的长度为词典的大小，其中仅有一个分量为 1，其他分量全为 0，分量 1 的位置对应该词在词典中的位置，该方法容易导致维数灾难，难以很好地刻画词语之间的相似度。分布式表示方法通过训练神经网络模型，将每个词映射为一个固定长度的 n 维向量，所有向量组合成一个词向量空间，每个向量是该空间中的一个点，因此通过词语之间的距离来判断词语相似度，具有良好的语义特性，但向量中每一维的信息不如 one-hot 明确。典型的分布式词向量模型有 Word2vec、CVG 等。

4.1.3　候选词的抽取及过滤

候选词的抽取及过滤的主要步骤如下。

（1）语料预处理

首先删除网址、用户名、特殊符号等冗余信息，得到初步处理语料，然后对初步处理语料进行分词。

（2）停用词过滤

为节省存储空间和提高搜索效率，在处理自然语言数据（或文本）时，通常将自动过滤掉停用词表中的字或词。

（3）词性过滤

情感词的词性不仅局限于名词、动词、形容词等，在实际应用时应充分考虑所使用分词工具的标注体系，选择过滤合适的词性。

（4）词频过滤

SO-PMI 本质上是通过统计来得到候选词的情感倾向，如果候选词出现的次数较少，没有实际意义，因此需要过滤低频词。采用 Donohue GA 等根据齐普夫第二定律提出的高频低频词分界计算方法：

$$T = \frac{-1 + \sqrt{1 + 8I_1}}{2} \tag{4.5}$$

式中，T 表示分界阈值，I_1 表示频次为 1 的词数。低于 T 的词语过滤掉，高于 T 的词语保留。

（5）基础情感词典过滤

使用基础情感词典进行过滤，将基础情感词典中没有的词作为候选词。

4.2 词语情感强度计算

4.2.1 基于词典的词语情感强度计算

基于 HowNet 的词语情感强度计算方法是一种典型的基于词典的词语情感强度计算方法，首先选取基准种子词，然后通过语义词典计算情感词与基准种子词的紧密程度，进而判断情感词的倾向性及强度。利用未知情感倾向的候选词 w 与褒义基准种子词集 $S_C = \{c_1, c_2, c_3, c_4, \cdots, c_n\}$ 和贬义基准种子词集 $S_D = \{d_1, d_2, d_3, d_4, \cdots, d_n\}$ 的相似度来得到候选词 w 的情感强度，计算公式为：

$$so\text{-}hownet(w) = \sum_{c_i \in S_C} sim(w, c_i) - \sum_{d_i \in S_D} sim(w, d_i) \tag{4.6}$$

式中，$sim(w, c_i)$ 和 $sim(w, d_i)$ 分别表示候选词 w 与褒义种子词 c_i、贬义种子词 d_i 的相似度。可以采用 HowNet 提供的工具 WordSimilarity 计算候选词与所有种子词的相似度。

基于 HowNet 的词语情感强度计算方法的缺点是：HowNet 词典由人工整理归纳，受主观因素影响；词典涵盖的词语不够全面，有些词语未被收录，导致无法进行相似度计算；某些词尽管非常相似，但它们的义原在义原树中距离却很远，因此相似度很低，存在明显的局限性。

4.2.2 基于统计的词语情感强度计算

4.2.2.1 基于 PMI 的词语情感强度计算

在前面所述公式 4.4 的实际应用中，w_1 通常为待判断情感倾向的候选词，w_2 为已知情感倾向的基准种子词。然而仅仅判断一对词语 w_1 和 w_2 的相似度，仍不能准确获得 w_1 的情感倾向性。基于 PMI 的词语情感强度计算方法通过计算候选词 w 与褒义基准

种子词集 $S_C = \{c_1, c_2, c_3, c_4, \cdots, c_n\}$ 和贬义基准种子词集 $S_D = \{d_1, d_2, d_3, d_4, \cdots, d_n\}$ 在语料库中的互信息之差 $so\text{-}pmi(w)$ 来得到候选词 w 的情感强度，计算公式为：

$$so\text{-}pmi(w) = \sum_{c_i \in S_C} pmi(w, c_i) - \sum_{d_i \in S_D} pmi(w, d_i) \tag{4.7}$$

式中，$pmi(w, c_i)$ 和 $pmi(w, d_i)$ 分别表示候选词 w 与褒义种子词 c_i、贬义种子词 d_i 的互信息。

基于 PMI 的词语情感强度计算方法的主要缺点为：PMI 的计算依赖于语料库，当词语在语料库中出现的频率较低时，将出现稀疏矩阵问题，导致计算结果不理想，无法得到情感词的正确极性。

4.2.2.2　基于 PMI 扩展情感词典

PMI 算法的本质是一个概率计算问题。通过实验发现，当统计语料体量逐渐增大时，词语倾向性判断的准确率将随之提高；但当统计语料体量继续增大到一定阈值时，会导致内存溢出。如何既能提高词语倾向性判断的准确率，同时又可解决内存溢出问题呢？本书在 PMI 算法实现过程中，首先将大语料分割为多个小语料，分别计算各个小语料上的统计量，然后叠加各个小语料的统计量来获得整体大体量语料的统计量，接着再计算候选词的情感倾向。通过 PMI 在大体量语料中进行词语情感倾向判断，得到候选词 w 的 $so\text{-}pmi(w)$，然后结合人工判断，抽取适合多个领域的通用候选词加入情感词典中，以此来扩充情感词典。基于 PMI 扩展情感词典的算法流程图如图 4-1 所示。

在一段文本（即共现窗口）中，若词语 $word_1$ 出现的次数为 N_1，词语 $word_2$ 出现的次数为 N_2，则 $word_1$ 和 $word_2$ 的共现次数为 $N_1 N_2$。共现窗口是计算共现次数的前提，可以是任意长度的文本。目前常用的选择共现窗口的方法包括：①采用整条微博或评论作为共现窗口；②设置步长和窗口大小，在语料中依次滑动获取共现窗口。若文本篇幅过长、前后文本不存在或较少存在语义联系时，采用整条微博或评论作为共现窗口就不太合适。采用设置步长和窗口大小获取共现窗口的方法容易取到过多的共现窗口，有的共现窗口可能不存在候选词，没有计算意义，增加内存和时间的消耗。

本书以候选词为中心选择共现窗口，向前取 m 个字符，向后取 m 个字符作为共现窗口，这种方法会造成窗口重叠问题，例如："太阳 辐射 主要 是 短波 辐射 地面 辐射 和 大气 辐射 大气 对 长波 辐射 的 吸收 力较强 对 短波 辐射 的 吸收 力 比较弱"，假定候选词为"辐射"，其在语料中出现的位置为：[4，15，21，29，40，57]，设 $m = 18$（候

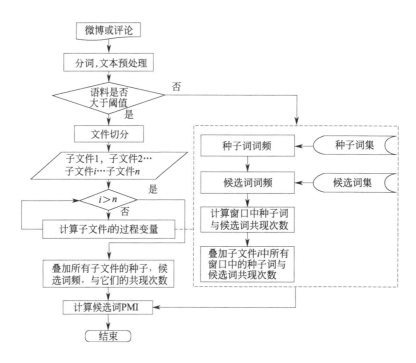

图 4-1　基于 PMI 扩展情感词典的算法流程图

选词位置往前后各推 m 个字符得到一个窗口）。窗口 1：候选词第一个位置为 4，从 4 向前推 18 个字符，因为是语料开头，则从 0 开始，从 4 开始往后推 18 个字符，得到窗口"太阳 辐射 主要 是 短波 辐射 地面 辐"。窗口 2：候选词第二个位置为 15，从 15 开始往前推 18 个字符，往后推 18 个字符，得到窗口"太阳辐射主要是短波辐射地面辐射和大气辐射大"。

显然，窗口 1 和窗口 2 有很大程度的重复，为了避免这种情况，计算窗口 1 中候选词"辐射"的次数为 2，在循环［4，15，21，29，40，57］位置时，跳过两个位置，第二个窗口选择基准从 15 变为 21，得到新窗口 2 为"辐射 主要 是 短波 辐射 地面 辐射 和 大气 辐射 大气 对 长波"。

基于 PMI 扩展情感词典的步骤见表 4-1。图 4-2 为位置索引存储结构图示例。

表 4-1　基于 PMI 扩展情感词典的步骤

步骤	内容
1	文本预处理,得到分词后的语料,确定基准种子词和候选词
2	获取种子词和候选词在语料上的索引位置信息。如果语料小于阈值,则不进行语料分割,逐一遍历语料中每个词,遇到种子词或候选词时,将其和它的位置信息存储到 hashmap 中,得到种子词和候选词的位置索引
3	计算语料中候选词词频和种子词词频。通过 vector ＝ hashmap. get()和 vector. size()得到候选词或种子词 w 在语料中的词频

续表

步骤	内容
4	计算语料中种子词和候选词的共现次数。依次遍历 vector，取到候选词的位置 vector.get(i)，然后通过 SubString(vector.get(i)-30，vector.get(i)+30) 得到共现窗口，并计算当前窗口中种子词和候选词的数量，进而得到种子词和候选词的共现次数。叠加所有窗口中的共现次数，得到语料中种子词和候选词的共现次数
5	计算词语的情感倾向

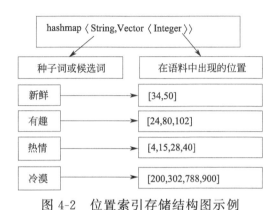

图 4-2 位置索引存储结构图示例

4.3 评价指标

（1）精确率 P、召回率 R 和综合分类率 $F1$

评估情感分析模型时，目前广泛采用的评价指标有精确率 P、召回率 R 和综合分类率 $F1$。精确率 P 主要衡量分类结果的准确性；召回率 R 衡量实验结果覆盖程度；综合分类率 $F1$ 采用精确率 P 和召回率 R 二者的调和平均数来评估算法的效果。首先定义混淆矩阵，见表 4-2。

表 4-2 混淆矩阵

真实情况	分类结果	
	正类	负类
正类	TP（真正类）	FN（假负类）
负类	FP（假正类）	TN（真负类）

则精确率 P、召回率 R、综合分类率 $F1$ 的计算公式为：

$$P = \frac{TP}{TP+FP}$$

$$R = \frac{TP}{TP+FN} \tag{4.8}$$

$$F1 = \frac{2 \times P \times R}{P+R}$$

（2）宏平均、微平均

精确率 P、召回率 R 和综合分类率 $F1$ 仅反映某一类的评估结果，对多分类任务而言不能很好地体现分类模型的整体性能，因此，当处理多类别分类问题时，通常采用宏平均或微平均作为评价标准，从全局角度出发计算全局精确率、召回率和综合分类率。宏平均用于衡量多分类任务中每一类对整体性能的影响，而微平均用于衡量每一类对分类结果的影响。

宏平均精确率 $MacP$、宏平均召回率 $MacR$ 和宏平均综合分类率 $MacF1$ 的计算公式为：

$$MacP = \frac{1}{n}\sum_{i=1}^{n} P_i$$

$$MacR = \frac{1}{n}\sum_{i=1}^{n} R_i \tag{4.9}$$

$$MacF1 = \frac{2 \times MacP \times MacR}{MacP + MacR}$$

式中，P_i、R_i 分别表示语料中第 i 类情感的精确率和召回率；n 为总的情感类别数。

微平均精确率 $MicP$、微平均召回率 $MicR$ 和微平均综合分类率 $MicF1$ 的计算公式为：

$$MicP = \frac{\overline{TP}}{\overline{TP} + \overline{FP}}$$

$$MicR = \frac{\overline{TP}}{\overline{TP} + \overline{FN}} \tag{4.10}$$

$$MicF1 = \frac{2 \times MicP \times MicR}{MicP + MicR}$$

式中，$\overline{TP}$、$\overline{FP}$、$\overline{FN}$ 分别是 n 类情感的 TP、FP、FN 的平均值；n 为总的情感类别数。

（3）AUC

AUC（area under ROC curve）是 ROC 曲线与 X 轴、Y 轴所围成的面积，用于衡量不同类别之间的区分度，取值范围为 $[0,1]$，AUC 值越大，表明模型的分类效果越好。在 ROC 曲线中，X 轴代表假正例率 FPR，表示真负例中模型预测为正例的概率；Y 轴代表真正例率 TPR，表示真正例中模型预测为正例的概率。FPR 和 TPR 的计算公式为：

$$FPR = \frac{FP}{TN + FP}$$

$$TPR = \frac{TP}{TP + FN} \tag{4.11}$$

假定 ROC 曲线是由坐标 $\{(x_1, y_1), (x_2, y_2), \cdots, (x_m, y_m)\}$ 的点按序连接而成，其中 $x_1 = 0$，$x_m = 1$，则 AUC 的估算公式为：

$$AUC = \frac{1}{2} \sum_{i=1}^{m-1} (x_{i+1} - x_i)(y_i + y_{i+1}) \tag{4.12}$$

4.4　融合 HowNet 和 PMI 的情感倾向性计算

4.4.1　算法思想

融合 HowNet 和 PMI 的情感倾向性计算方法，根据候选词和种子词的知网相似度结果设置阈值，选择较优的词语情感倾向性计算方法，求取候选词语的情感强度值。其算法流程图见图 4-3。融合 HowNet 和 PMI 的词语情感倾向性计算的步骤，见表 4-3。

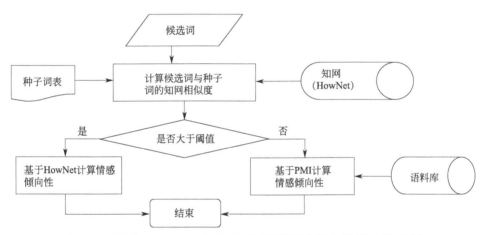

图 4-3　融合 HowNet 和 PMI 的词语情感倾向性算法流程图

表 4-3　融合 HowNet 和 PMI 的词语情感倾向性计算的步骤

步骤	内容
1	文本预处理得到分词后的语料，确定基准种子词和候选词
2	应用 HowNet 提供的工具 WordSimilarity 计算候选词 w 与所有基准种子词 $S = \{s_1, s_2, s_3, s_4, \cdots, s_n\}$ 的相似度 $sim(w, s_i)$，并计算相似度的最大值 max，即为该候选词 w 的相似度。若候选词与褒贬义种子词的相似度都存在最大值，则该候选词为特殊词
3	预设阈值 θ_{HowNet}。如果 max$>\theta_{\text{HowNet}}$，表明候选词 w 与该种子词的相似度足够高，在大部分情况下可替换使用，候选词 w 与该种子词的情感倾向相同，采用基于 HowNet 的词语情感倾向性计算方法，转步骤 4。如果候选词 w 与所有种子词相似度的最大值小于 θ_{HowNet}，表明候选词 w 与所有基准种子词不可以相互替换，则需采用基于 PMI 的词语情感倾向性计算方法，转步骤 5

续表

步骤	内容
4	计算候选词 w 的 $so\text{-}hownet(w)$ 值,计算公式为:$so\text{-}hownet(w)=sim(w,s_i)\times so(s_i)$,其中 $so(s_i)$ 表示种子词 s_i 的情感强度。预设阈值 θ_1、θ_2;当 $so\text{-}hownet(w)>\theta_1$ 时,候选词 w 判定为褒义;当 $so\text{-}hownet(w)<\theta_2$ 时,候选词 w 判定为贬义;否则,候选词 w 判定为中性
5	计算候选词 w 的 $so\text{-}pmi(w)$ 值。预设阈值 θ_{PMI1}、θ_{PMI2};当 $so\text{-}pmi(w)>\theta_{\text{PMI1}}$ 时,候选词 w 判定为褒义;当 $so\text{-}pmi(w)<\theta_{\text{PMI2}}$ 时,候选词 w 判定为贬义;否则,候选词 w 判定为中性

4.4.2　融合 HowNet 和 PMI 的词语情感倾向性分析的实例

我们把北京理工大学搜索挖掘实验室提供的 500 万条微博语料(选取其中的 250 万条语料)和另外 23 万条微博语料作为实验语料,包含新浪微博用户的发言信息、转发消息以及转发关系、用户名等社交网络信息。在实验过程中发现,有的情感候选词在 HowNet 中未收录,无法通过基于 HowNet 的方法计算其情感强度;有的情感候选词与褒义种子词和贬义种子词的相似度都为最大值,表示该情感候选词的情感倾向存在歧义,将其定义为特殊词。为了验证融合 HowNet 和 PMI 的词语情感倾向性算法的性能,我们设计了对比实验,旨在证明融合算法比基于 HowNet 的词语情感倾向性算法和基于 PMI 的词语情感倾向性算法的效果更好。对比实验设计见表 4-4。

表 4-4　对比实验设计

实验	语料	候选词数据	对比算法
1	23 万条微博语料	去除候选词中 HowNet 未收录的词语及通过判断与褒、贬义种子词相似度都最大的特殊候选词,共 2013 个候选词	基于 HowNet 的词语情感倾向性算法
			基于 PMI 的词语情感倾向性算法
			融合 HowNet 和 PMI 的词语情感倾向性算法
2	250 万条微博语料	去除候选词中 HowNet 未收录的词语及通过判断与褒、贬义种子词相似度都最大的特殊候选词,共 5232 个候选词	基于 HowNet 的词语情感倾向性算法
			基于 PMI 的词语情感倾向性算法
			融合 HowNet 和 PMI 的词语情感倾向性算法
3	23 万条微博语料和 250 万条微博语料	去除候选词中 HowNet 未收录的词语及通过判断与褒、贬义种子词相似度都最大的特殊候选词	融合 HowNet 和 PMI 的词语情感倾向性算法

实验 1 针对 23 万条微博语料,对比了融合 HowNet 和 PMI 的词语情感倾向性算法、基于 HowNet 的词语情感倾向性算法、基于 PMI 的词语情感倾向性算法的评价指标,为了确保三种算法所使用的候选情感词一致,去除候选词中 HowNet 未收录的词语及通过判断与褒、贬义种子词相似度都最大的特殊候选词,共 2013 个候选词。图 4-4～图 4-6 分别展示了利用三种算法进行词语情感倾向性判断的精确率 P、召回率 R 及综合分类率 $F1$ 的结果。实验结果表明,在词语情感倾向性判断方面,融合 HowNet 和 PMI 的词语

情感倾向性算法在精确率 P、召回率 R 及综合分类率 $F1$ 上都明显优于其他两种算法，验证了融合算法的有效性；与另外两种算法相比，针对褒义情感词分类，融合 HowNet 和 PMI 的词语情感倾向性算法的 $F1$ 值提高了 10% 左右，针对贬义情感词分类，其 $F1$ 值提高了近 18%。

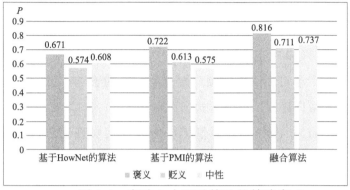

图 4-4　实验 1 中三种算法的精确率 P

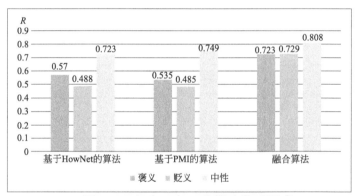

图 4-5　实验 1 中三种算法的召回率 R

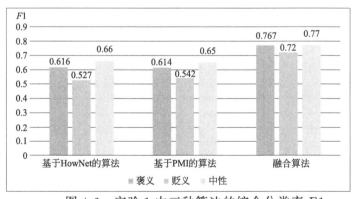

图 4-6　实验 1 中三种算法的综合分类率 $F1$

实验 2 针对 250 万条微博语料，对比了融合 HowNet 和 PMI 的词语情感倾向性算法、基于 HowNet 的词语情感倾向性算法、基于 PMI 的词语情感倾向性算法的评价指标。为了确保三种算法所使用的候选情感词一致，去除候选词中 HowNet 未收录的词语及通过判断与褒、贬义种子词相似度都最大的特殊候选词，共 5232 个候选词。图 4-7～图 4-9 分别展示了用三种算法进行词语情感倾向性判断的精确率 P、召回率 R 及综合分类率 $F1$ 的结果。实验结果表明，在词语情感倾向性判断方面，融合 HowNet 和 PMI 的词语情感倾向性算法在精确率 P、召回率 R 及综合分类率 $F1$ 上都明显优于其他两种算法，验证了融合算法的有效性。与另外两种算法相比，针对褒义情感词分类，融合 HowNet 和 PMI 的词语情感倾向性算法的 $F1$ 值提高了 8% 左右；针对贬义情感词分类，其 $F1$ 值提高了近 20%。

为了进一步对比语料大小对词语情感倾向性分类结果的影响，设置了实验 3，综合选用实验 1 和实验 2 的微博语料，去除候选情感词中 HowNet 未收录的词语及特殊候选词，采用融合 HowNet 和 PMI 的词语情感倾向性算法实现词语情感极性判断，实验结果见图 4-10。实验结果表明，与 23 万条微博语料相比，250 万条微博语料的词语情感倾向性分析结果更优，尤其是褒义情感候选词，识别结果提升了 10% 左右。由此可以看出，融合 HowNet 和 PMI 的词语情感倾向性算法更适合对大语料的情感极性判断。

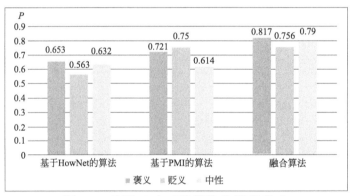

图 4-7　实验 2 中三种算法的精确率 P

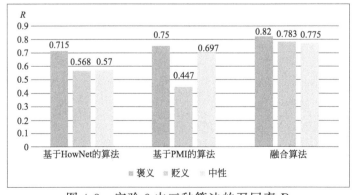

图 4-8　实验 2 中三种算法的召回率 R

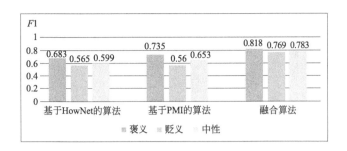

图 4-9　实验 2 中三种算法的综合分类率 $F1$

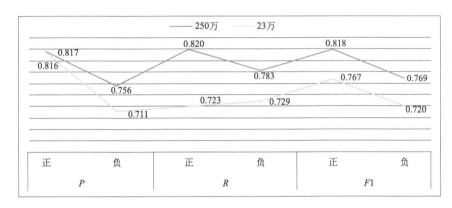

图 4-10　实验 3 中 23 万条微博语料与 250 万条微博语料的情感倾向性对比

第 5 章
句子/篇章级情感倾向性分析

情感倾向性分析的对象既可以是文本中的词语，也可以是句子或一篇完整的文档。粗粒度的情感倾向性分析通常分为 3 个层次：词语级情感倾向性分析、句子级情感倾向性分析和篇章级情感倾向性分析，其中词语级情感倾向性分析已在第四章详细阐述。篇章级情感倾向性分析的假设前提为整个文本仅表达一种情感，即积极（褒义）的情感或者消极（贬义）的情感，其主要任务是将整篇文档进行情感分类，将带有观点的文本分为积极（褒义）的或消极（贬义）的。相较于篇章级情感倾向性分析，句子级情感倾向性分析将文本以句子为单位进行分割，由于句子可以视为一种短文本，因此句子级情感倾向性分析可以看作篇章级情感倾向性分析的延续。句子级情感倾向性分析的假设前提是单个句子仅表达一种情感，即积极（褒义）的情感或者消极（贬义）的情感。句子级情感倾向性分析一般分为两个步骤：①将句子分为主观句或者客观句；②分析主观句中的情感倾向，即积极（褒义）的情感或者消极（贬义）的情感。

5.1 情感倾向性分析算法

按照实现方式的不同，可以将句子/篇章级的情感倾向性分析算法分为两类：基于情感词典和规则的情感倾向性分析算法，基于机器学习的情感倾向性分析算法。下面分别予以介绍。

5.1.1 基于情感词典和规则的情感倾向性分析

基于情感词典和规则的文本情感倾向性分析方法，首先构建一个较完整的情感词典，然后提取出可能的情感候选词，查询情感词典中情感候选的情感极性，最后综合褒贬义情感词和规则集来判断文本的情感倾向性。目前的研究侧重于通过完善情感词典和根据语言学特点设置规则来进一步提高文本情感倾向性分析的效果。

在构建情感词典时，需要采用新词发现算法获取新词并建立新词词典。另外，还需要构建专业的领域词典，原因在于不同领域的情感词可能会出现极性反转的情况，如果将所有领域情感词都加入通用词典，可能会造成某个领域的情感词在其他领域中几乎不出现，导致使用频率低，加重检索负担，消耗内存。因此，当分析某一领域文本的情感倾向时，加入通用情感词典的同时需要加入专业的领域词典。

基于情感词典和规则的中文文本情感倾向性分析面临着如下几个难点。

第一，基于情感词典和规则的中文文本情感倾向性分析依赖于情感词典的质量，受限于情感词典的覆盖率，而中文情感词典的构建仍存在问题。相比而言，英文有较为完善的语义知识库和大量公开的且得到业内普遍认可的语料库资源，而中文知识库和语料库资源缺乏，同时汉语博大精深，其复杂性也影响着中文情感词典的构建，一些情感词包含多种释义，面临着情感词消歧问题，部分情感词本身没有什么情感色彩，但结合上下文，却表现出一定情感倾向。虽然构建情感词典时，采用词语情感倾向性算法能计算情感词的情感强度，但一词多义、新词的涌现等都加大了情感词典构建的难度，因此在构建情感词典时仍需人工标注，而人工标注往往存在个人主观倾向，是一项费时费力的工作，需要一个强大的团队做支持。

第二，英文的单词之间有空格，容易分割并获取独立意义的最小单元，而中文需要通过分词得到词语来获得独立意义的最小单元，进而根据词性抽取情感词，因而情感倾向性分析受限于中文分词、词性标注的准确性。现有的中文分词系统在开放语料上的性能还不够成熟，很多新词、惯用语等还不能识别。

第三，中文表达方式多种多样，中文语料中包含了比喻、反讽、正话反说等情况，还有很多通过客观事实描述来反映情感（例如："今天已经是第 5 天了，还在维修中"），由于抽取不到明显的情感词，导致基于词典和规则的中文文本情感倾向性分析的效果不佳，对隐式情感的语句难以判断。

第四，基于词典和规则的中文文本情感倾向性分析，语境因素考虑较少，没有充分考虑上下文对情感倾向性分析的影响。

5.1.2　基于机器学习的情感倾向性分析

5.1.2.1　机器学习技术分类

（1）有监督学习

根据实现方式，机器学习可分为有监督学习、半监督学习和无监督学习。有监督学习是在给定数据标签的前提下进行机器学习，其流程为：根据人工标注获取数据标签，通过对训练集（包含特征和标签）进行训练，得到足够好的从输入特征到输出分类标签之间的映射函数；当输入新数据（仅有特征、没有标签）时，根据训练好的映射函数得出预测的分类标签，实现分类。根据输出变量的类型，有监督学习可以进一步分为分类问题（输出类别标签）和回归问题（输出连续值）；定量输出称为回归或连续变量预测，定性输出称为分类或离散变量预测。有监督学习算法主要有：朴素贝叶斯（naive Bayes，NB）、支持向量机（support vector machine，SVM）、K 近邻（K-nearest neighbor，KNN）、逻辑回归（logistic regression，LR）、人工神经网络（artificial neural network，ANN）、决策树（decision tree，DT）、随机森林（random forest，RF）等。2002 年 Pang[1] 使用三种分类器（支持向量机 SVM、最大熵 ME 和朴素贝叶斯 NB）对来自汽车、银行、电影和旅行四个领域的 410 条评论文本进行分类实验对比，实验发现机器学习方法比基于人工标注特征的方法更有效，平均准确率可达到 74%，其中支持向量机表现最优。2006 年，张华伟等[2]综合森林算法的理论背景，应用该算法实现文本分类，通过对比 KNN 算法、RF 算法、决策树 C4.5 算法、SVM 算法与序列最小化算法（sequential minimal optimization，SMO），得出：随机森林算法的分类效果明显优于决策树 C4.5 算法，与其他单一分类算法相比，随机森林算法对于稀有类的分类效果更平均，具有很强的健壮性。

有监督学习的优势在于：

① 起源较早，相对半监督学习与无监督学习更成熟，分类效果良好；

② 算法简便，在 Python 中可调用集成框架。

有监督学习的不足为：人工标注结果较主观，随着数据样本增大，时间与人力成本不断增加。

（2）无监督学习

无监督学习是指在不提供数据标签的情况下实现降维或聚类。无监督学习无需给定标签，对数据进行训练即可得到模型。当分类结果为自动生成的数据标签时，称为聚类问题；当分类结果属于低维结构时，称为降维问题。无监督学习的代表算法包括划分方法（如 K 均值聚类）与层次方法（如层次聚类）。K 均值聚类是聚类算法中的经典算法之一，它将数据随机划分 K 组，以随机选取的 K 个对象作为聚类中心，其

❶ Pang B，Lee L，Vaithyanathan S．Thumbs up? Sentiment Classification Using Machine Learning Techniques [J]．Proceedings of the Conference on Empirical Methods in Natural Language Processing，2002：79-86.

❷ 张华伟，甘丽新．基于随机森林的文本分类模型研究 [J]．山东大学学报：理学版，2006，41（3）：5-9.

他数据经分配后进行距离计算加入聚类，聚类中每加入一个元素后重新计算聚类中心，直到没有未聚类的数据存在。层次聚类算法根据层次分解的顺序分为凝聚型层次聚类与分类型层次聚类。凝聚型层次聚类算法将多个小聚类聚合成大的类目，属于自下而上的聚类方法；分类型层次聚类算法首先将所有数据归为一类，接着不断分裂，直到满足规则不可再分，形成最终的聚类结果，属于自上而下的聚类方法。

无监督学习的优势在于完全不需要人工标注，仅通过特征提取与参数选择即可对样本进行预测。其不足在于：

① 缺乏充分的理论基础，某一特定问题具体需要几层神经网络、每一层需要多少个神经元，目前仍没有成熟的理论支撑，大多为经验公式；

② 主流的无监督学习算法处理大数据样本时，对计算机的计算力提出更高要求；

③ 在不同神经网络中易出现过拟合与欠拟合问题。

（3）半监督学习

半监督学习是有监督学习与无监督学习的结合，其算法步骤为：将数据样本分为两类，一类包含标签与特征，另一类只含有标签，通过对数据进行建模实现预测。半监督学习的代表算法有生成式方法、半监督 SVM 方法、基于图的半监督方法、基于分歧的方法等。

生成式方法将未分类的数据样本属于某一类标签的概率看作是一组缺失参数，选择 EM 算法对该类参数进行极大似然估计。这种方法较为直观简单，适用于标记样本较少的情况；实际应用中，难点在于如何选择适合的生成式模型。

半监督 SVM 方法是对传统 SVM 方法的改进，常用的半监督 SVM 方法是 TSVM（transductive support vector machine）。传统 SVM 方法通过选择数据样本的最大间隔划分超平面，以解决分类问题，TSVM 方法尝试对每一个无标签数据样本进行"标记指派"：首先在二分类问题中将其看作正例或反例，然后划分最大间隔超平面，若划分成功，该样本的"标记指派"就是预测结果。

基于图的半监督方法将样本间的关系用图表示，以矩阵计算作为计算方法实现文本分类。具体方法：将数据集样本与图中的节点一一对应起来，若存在相似度较高的两类样本，连接两个节点，依据相似程度设置边的权值，最终得到图结构。这类算法思想直白清晰，但图结构占用内存过多，空间复杂度较大。

基于分歧的方法应用多个分类器对数据样本进行分类，综合考虑不同分类器对某一数据样本的预测结果，算法思想与基于单一分类器的方法有明显不同。最知名的基于分歧的方法是协同训练，算法步骤如下：

① 将待分类文本从不同视角出发，训练多个不同的分类器；

② 采用多个分类器对未标注样本分别实现分类预测；

③ 将步骤②中分类正确的结果作为训练集继续训练，最终形成分类模型。

协同训练的优势在于过程简单，分类精度提升，问题在于视角独立条件难以实现，因此协同训练对于分类准确率的提升幅度不大。

半监督学习的优势在于：一定程度上缓解了有监督学习需要大量人工标注的问题，方便研究者在标注少量数据的情况下进行预测。问题在于未标记数据样本的数量与特征维度过多，导致计算代价增大。

5.1.2.2 基于机器学习的情感分类

机器学习是建立在统计学理论上的建模方法，运用相关统计知识从大规模语料中自动归纳出针对文本情感分类的语言现象和规律，进而提取有效特征，然后使用这些特征对待测文本进行情感倾向性分析。与基于词典和规则集的情感倾向性分析相比，基于机器学习的情感倾向性分析对于基准情感词的依赖降低，可减少人工构建情感词典的工作，提高分析效率。

基于机器学习的情感分类（见图 5-1）主要分为两个过程：①学习过程；②情感分类及评估过程。首先对训练集进行训练，得到分类器；然后对测试集进行情感分类，并将测试结果反馈给分类器，不断改进训练方法并生成新的分类器；最后利用最终生成的分类器对新的语料进行情感分类。

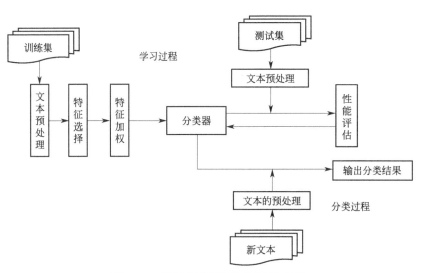

图 5-1 基于机器学习的情感分类

下面简要介绍基于机器学习的情感倾向性分析过程中的特征选择、参数选择、分类算法和模型评估。

（1）特征选择

在完成语料预处理后，选择布尔模型、概率模型或向量空间模型等，将非结构化的文本数据表示为能反映真实文本内容，而且对不同文本有区分能力的结构化数据，得到高维稀疏特征空间，不仅使运算的时空复杂度变高，而且降低了分类准确率。研究表明，在特征集中往往仅有小部分特征对分类具有积极意义，因此需要采用特征选择方法获得这小部分特征。对中文文本情感倾向性分析而言，特征选择可从两方面考虑：一是考虑特征是否发散，当某特征的方差接近 0 时，表明该特征收敛，对样本分类的帮助较小；二是考虑特征与标签的相关性。常用的特征选择方法有过滤法（filter）、包装法（wrapper）、嵌入法（embedded）等，见表 5-1。

表 5-1　常用的特征选择方法

特征选择方法		主要思想
过滤法	方差选择法	首先通过比较特征的相关性,对特征逐一评分,然后设定阈值范围,选择最优特征
	相关系数法	
	卡方检验法	
	互信息法	
包装法	递归特征消除法	首先选择部分特征,接着对此特征下的算法预测结果进行评分,找出最优特征
嵌入法	基于惩罚项的特征选择法	首先进行模型训练,然后得出所有特征的权值系数。比较系数大小,选择最优特征。这种思想与过滤法有相似之处,不同之处在于是否通过训练选择特征
	基于树模型的特征选择法	

（2）参数选择

参数是机器学习中的核心要点，参数选择的优劣直接影响模型的学习效果。参数可以细分为模型参数与超参数，模型参数是指通过模型训练获得的参数，不需要人为设置；超参数是指需要在机器学习过程中给定的参数，当超参数选择有差异时，分类结果也随之变化。超参数选择的主要方法有网格搜索、随机搜索、贝叶斯优化、启发式搜索等，见表 5-2。

表 5-2　超参数选择方法

方法	原理	优势	不足
网格搜索	是目前最常见的超参数选择方法。采用大范围、小步长的参数选择方法,通过逐一计算每种参数下的分类效果,选出全局最优参数	能够找到准确的全局最优参数	当参数选择范围扩大、样本数据增多时,算法的时间复杂度与空间复杂度增高

方法	原理	优势	不足
随机搜索	从小范围参数选择空间中选择一定数量的参数,寻找最优值,当随机的样本点足够大时,可找到全局近似最优值	能够找到近似的全局最优参数,速度较网格搜索快	较难找到全局最优解
贝叶斯优化	基于高斯过程,在已知目标函数的基础上,考虑先验函数信息,不断更新先验函数,得出近似最优值	贝叶斯优化的计算量少,速度快	参数结果的准确性可能不高
启发式搜索	首先在某一状态空间内进行搜索,对每一搜索位置进行评估,寻找到较优位置后,再从此位置寻找下一最优目标。遗传算法、模拟退火算法等都是启发式搜索的子类	与网格搜索等相比,提高了搜索效率,降低了复杂度	在现有的机器学习库(如Sklearn)中没有可以直接调用的函数

（3）分类算法

机器学习的许多经典算法可用于解决分类问题,根据分类器的集成与否可细分为单一分类算法与集成分类算法。单一分类算法包括支持向量机算法、决策树算法、朴素贝叶斯算法、K 近邻算法、人工神经网络算法等。集成分类算法是将若干单一分类算法组合在一起,如随机森林算法等。不同分类算法的优缺点与适用场景见表 5-3。

表 5-3　机器学习经典算法

机器学习算法		优点	缺点	适用场景
单一学习算法	支持向量机算法	对高维数据与低维数据都适用	当数据量过大时,过量消耗内存与时间	对小数据集分类预测
	K 近邻算法	模型简单、易理解且构造模型速度快	对高维数据集或过大数据集分类效果不好	对小样本且低维的数据集进行分类预测
	决策树算法	模型易可视化,且对数据的归一化没有要求	容易过拟合且泛化能力差	适用于数据的特征尺度不一致或同时存在连续数据与离散数据的情况
	朴素贝叶斯算法	训练速度快,易理解,可推广到大数据集	在大数据集上计算耗费时间长	适合处理稀疏数据,如大量文本数据
	人工神经网络	能够获取大量数据中的信息,构造复杂模型	在小样本中表现较差,需要进行较严格的数据预处理,使数据均匀分布	适合于大数据样本的分类预测

续表

机器学习算法		优点	缺点	适用场景
集成学习算法	随机森林算法	与决策树算法一致,可处理"不均匀"分布的数据	模型训练时间较长	适用于数据的特征尺度不一致或同时存在连续数据与离散数据的情况

（4）模型评估

在机器学习过程中，经常发生过拟合与欠拟合，过拟合是指机器学习过程中训练效果太好，导致模型中增加了部分训练集的特点，分类结果过高，泛化能力下降；欠拟合是指在机器学习过程中未能充分学习数据的一般性质，导致分类结果过低。过拟合与欠拟合下的模型结果均非最佳模型。为避免过拟合与欠拟合情况的发生，需要对模型进行客观评估。常见的模型评估方法有留出法、交叉验证法、留一法、自助法等，见表 5-4。

表 5-4　常见的模型评估方法

名称	评估思想	注意事项	优点	不足
留出法	将数据样本集 D 划分为两个互斥子集:训练集 S 和测试集 T,$D=S\cup T,S\cap T=\Phi$。在小数据集上 S 与 T 的划分比例通常为 6:4、7:3 等	在划分 S 与 T 时需保证数据分布一致,通常采用分层抽样的方法。单次留出法的偶然性增大,可通过多次随机划分再取均值的方法解决	评估方法简单,易实现,且评估结果较准确、易重复	评估结果受数据分层抽样的影响大
交叉验证法	将数据样本集 D 划分为 k 份相似的子集,每次训练时,任选一份作为训练集,其他 $k-1$ 份子集留作测试。如此反复 k 次后,对 k 次结果计算均值,作为评估结果。这类评估方法也称作 k 折交叉验证,k 常见取值有 5、10 等	与留出法类似,单次 k 折交叉验证的方法偶然性较大,因此常采用 p 次 k 折交叉验证方法训练,最后取 p 次结果的均值作为评估结果	充分利用了所有样本数据,小样本数据集适合采用此方法	计算过程较烦琐,计算量增大
留一法	留一法是交叉验证法的特殊形式,令交叉验证的折数 $k=n$,每 1 份样本作为测试集,其余 $n-1$ 份样本用作训练集,最终对得到的 n 份结果计算均值	由于训练样本过多,容易导致计算量增大	排除了随机因素的干扰,且实验可重复	计算量过大,且不能做到分层抽取样本

续表

名称	评估思想	注意事项	优点	不足
自助法	以自助抽样为核心思想,对数据样本集 D 进行自助抽样,每次又放回再从中抽取任一样本,重复 m 次,最终获得 m 个数据样本的数据集 D',将 D' 用作训练集、$D-D'$ 用作测试集	m 个样本里,某一样本始终未被抽样的概率为 36.8%,因此测试集中约有 $1/3$ 数据未用作训练	适合当样本数据集小,较难按比例划分训练集与测试集时采用	打乱了原始数据集 D 的分布,易产生误差

5.2 基于词典和规则的情感倾向性分析

5.2.1 基于基础情感词典的情感倾向性分析

传统的基于情感词典的文本情感分类是对人脑的简单模拟。词语是表达独立语义的最小单元,大脑可以自动识别词语,但是计算机识别词语需要对句子进行分词,得到词语序列,然后根据词语序列,依次对每个词语进行判断,如果其在褒义词典中则加 1,在贬义词典中则减 1,进而得到句子的总权值,最后根据总权值的正负性来判断句子的情感倾向。基于基础情感词典的情感倾向性分析算法流程图如图 5-2 所示。表 5-5 列出了算法中采用的符号,算法描述见表 5-6。

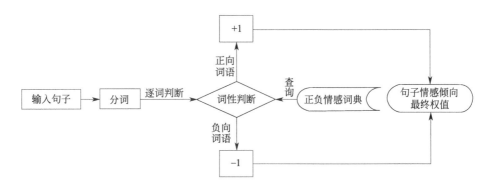

图 5-2 基于基础情感词典的情感倾向性分析算法流程图

表 5-5 基于基础情感词典的情感倾向性分析算法所用符号

符号	说明
posdict	褒义(正向)情感词典
negdict	贬义(负向)情感词典
plusdict	程度副词词典

符号	说明
nodict	否定词典
locallist	存储换行符位置信息的线性链表
locallist 2	存储分句符号位置信息的线性链表
nlist	存储词性为名词的情感词
pre	情感词的前一个词
ppre	情感词前第二个词
nex	情感词后一个词
nnext	情感词后第二个词

表 5-6　基于基础情感词典的情感倾向性分析算法描述

输入	分词后的词语序列 s
输出	句子情感倾向权值 p

算法描述	float　p＝0//存储句子情感倾向权值
	String []sd＝s. split(" ")//以空格做分割符获得词语数组 sd
	for(int i＝0；*i*＜sd. length；i＋＋)//循环遍历词语数组 sd
	{
	　String ss＝sd[i] //取到当前词语 ss
	　if (negdict. contains(ss))//如果当前词语 ss 为负向词则权值 p－1
	　{
	　　p＝*p*-1
	　}
	　if(posdict. contains(ss))//如果当前词语 ss 为正向词则权值 p＋1
	　{
	　　p＝p＋1
	　}
	}
	return p//得到整个句子的权值 p

5.2.2　基于规则和多部情感词典的情感倾向性分析

分析中文文本情感倾向只依靠褒贬义基础情感词典是不够的，例如"我不高兴""我很高兴"，在基于基础情感词典的情感倾向性分析中只能抽取到情感词"高兴"，由于"高兴"存在于褒义（正向）词典中，则这两个句子的情感倾向均为褒义，这样的分析显然存在问题。对于"我不高兴"，需要进一步考虑否定词对情感褒贬义的影响及程度副词对情感强度的影响。因此，在基于基础情感词典的情感倾向性分析方法的基础上，加入否定词和程度副词的判别规则，否定词会让权值反号，而程度副词则让权值加倍，引入否定词典和程度副词典来进行情感倾向性分析。最后，根据总权值的正负性来判断句子的情感倾向。

5.2.2.1　规则集

针对大量的汉语表达特点，本书制定如下规则。

（1）程度规则

贬义（负向）词的前一个词为程度副词，则权值减 2。例如"信号太差"中取到贬义（负向）词"差"，它的前一个词为程度副词"太"，则权值减 2。

褒义（正向）词的前一个词为程度副词，则权值加 2。例如"我很喜欢这个手机"中取到褒义（正向）词"喜欢"，它的前一个词为程度副词"很"，则权值加 2。

（2）否定规则

贬义（负向）词的前一个词为否定词，则情感极性反转，权值加 1。例如："他没有虐待儿童"中取到贬义（负向）词"虐待"，它的前一个词"没有"是否定词，则其情感极性变为褒义（正向），权值加 1。

褒义（正向）词的前一个词为否定词或者消极词，或者后一个词为消极词，都会造成情感极性反转，权值减 1。例如"我不喜欢这个手机"中取到褒义（正向）词"喜欢"，它的前一个词为否定词"不"，则情感极性反转，权值减 1；"他这个行为是扼杀梦想"中取到褒义（正向）词"梦想"，它的前一个词"扼杀"为负向词，则情感极性反转，权值减 1；"我的梦想破灭了"中取到褒义（正向）词"梦想"，它的后一个词为"破灭"，则情感极性反转，权值减 1。

对于否定词，则权值减 0.5。例如"我再也不会买他家的东西了！"这句话中虽然抽取不到褒义（正向）情感词和贬义（负向）情感词，但是可以抽取到否定词，它使用否定来表示负向的情绪。

（3）其他规则

对于贬义（负向）词，前一个词不是否定词也不是程度副词，则权值减 1。例如"我想找出陷害我的人"中"陷害"的前一个词"找出"不是否定词也不是程度副词，则权值减 1。

对于褒义（正向）词，前一个词不是否定词也不是程度副词，则权值加 1。例如"我喜欢电影"中的"喜欢"的前一个词"我"不是否定词也不是程度副词，则权值加 1。

5.2.2.2　算法思想

基于规则和多部情感词典的情感倾向性分析的算法流程图如图 5-3 所示，其算法描述见表 5-7。

表 5-7　基于规则和多部情感词典的情感倾向性分析算法描述

输入	分词后的词语序列 s
输出	句子情感倾向权值 p

算法描述	float p＝0//存储句子情感倾向权值
	String []sd＝s. split(" ")//以空格做分割符获得词语数组 sd
	for(int i=0; i<sd. length; i＋＋)//循环遍历词语数组 sd
	{
	　String ss＝sd[i] //取到当前词语 ss
	　if (negdict. contains(ss)) //如果当前词语 ss 为负向词
	{
	　if(i>0&&nodict. contains(sd[i-1]))　　//ss 的前一个词为否定词
	　　p＝p+1
	　else if(i>0&&plusdict. contains(sd[i-1]))//ss 的前一个词为程度副词
	　　p＝p-2
	　else
	　　p＝p-1　　　　　　　　　　//ss 的前一个词为其他词
	}
	　else if(posdict. contains(ss)) //如果当前词 ss 为正向词
	{
	　if(i>0&&nodict. contains(sd[i-1]))　　//ss 的前一个词为否定词
	　　p＝p-1
	　else if(i>0&&plusdict. contains(sd[i-1]))//ss 的前一个词为程度副词
	　　p＝p+2
	　else if(i>0&&negdict. contains(sd[i-1]))//ss 的前一个词为负向词
	　　p＝p-1
	　else if(i>sd. length-1&&negdict. contains(sd[i+1]))
	　　p＝p-1　　　　　　　　　　//ss 的后一个词为负向词
	　else
	　　p＝p+1　　　　　　　　　　//ss 的前一个词为其他词
	}
	　else if(nodict. contains(ss)) //如果当前词语 ss 为否定词
	　　p＝p-0. 5
	}
	return p

与基于基础情感词典的情感倾向性分析方法相比，基于规则和多部情感词典的情感倾向性分析方法有所改进，但仍存在以下不足：

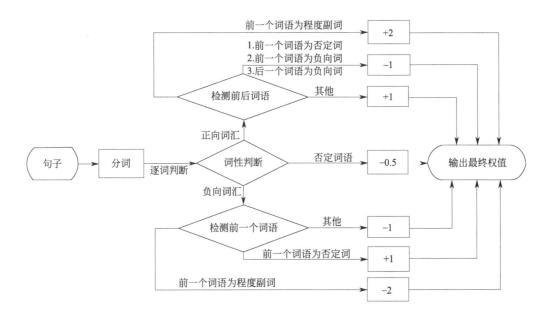

图 5-3　基于规则和多部情感词典的情感倾向性分析算法流程图

① 所有褒义词语的权重均为 1，所有贬义词语的权重均为 −1，但在实际语料中像"恨"要比"讨厌"的负向情绪更重，可以通过给每个情感词赋予不同的情感强度来修正这个缺陷。现有的通用中文情感词典中仅有大连理工大学的 DUTIR 情感词汇本体库给出了情感强度标注，但 DUTIR 词典并不完善，而人工标注非常耗时耗力且带有个人主观倾向。

② 对于否定词和程度副词的处理，只是做了简单的取反和加倍，但实际上，各个否定词和程度副词的权值也是不一样的，比如"非常喜欢"显然比"挺喜欢"程度深，但本算法对此并没有区分。

5.3　基于句法和规则集的情感倾向性分析

中文语法复杂，句型句式多变，不同的词语搭配和句型句式都会对文本的情感倾向性分析造成影响。因此，在判断一个句子的情感时，不仅要关注其中的褒义词语、贬义词语、否定词以及程度副词，还要判断这个句子的类型（如感叹句、祈使句、疑问句、陈述句等），并联系上下文对句子进行分析，从而形成对整个句子的整体认识。基于句法和规则集的情感倾向性分析算法不仅将句型、句间关系等语义特征纳入规则，而且使用复旦大学依存句法分析器来增强语义识别，提高情感倾向性分析的准确率。基于句法和规则集的情感倾向性分析算法流程图如图 5-4 所示。

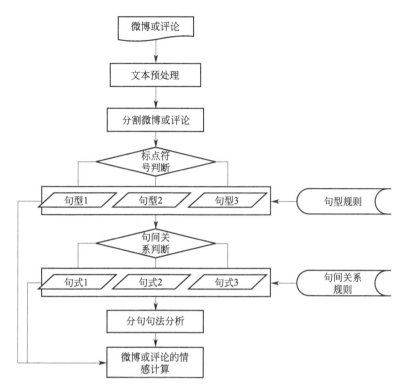

图 5-4　基于句法和规则集的情感倾向性分析算法流程图

5.3.1　句型和句间关系规则

基于基础情感词典的情感倾向性分析方法只统计情感词的个数；基于规则和多部情感词典的情感倾向性分析方法在匹配情感词后，通过情感词的前一个词和后一个词是否存在否定词和程度副词来修正情感词的情感倾向，进而判断句子的情感极性。但是，不同的句型、句式、句子之间的连接关系等都会对文本的情感倾向性分析造成影响，为了进一步提高情感倾向性分析的准确率，本书采用句型关系和句间关系进行语义规则分析。句型和句间关系分析流程图如图 5-5 所示。

5.3.1.1　句型规则

汉语中常见的句子类型有陈述句、疑问句、感叹句等。其中，陈述句一般对情感倾向没什么影响。疑问句通常分为两种：一般疑问句和反问句；一般疑问句不会影响句子的情感倾向，而反问句会造成情感倾向的反转。感叹句会增强原本的情感强度。如何让计算机识别这些句型呢？基于句法特点，陈述句多以句号或分号结尾，疑问句

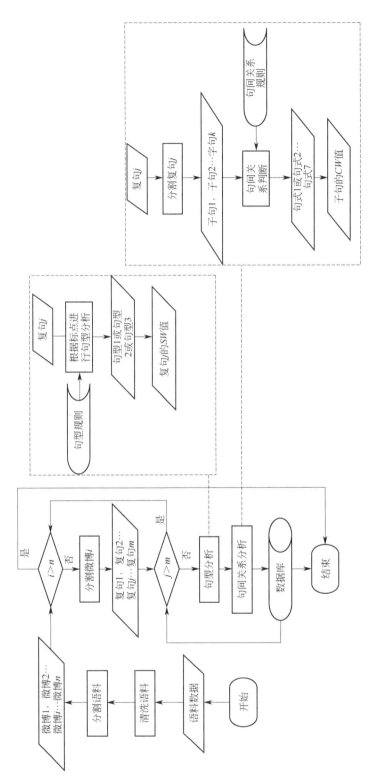

图 5-5 句型和句间关系分析流程图

以问号结尾，感叹句多以感叹号结尾，因此可以根据句末标点制定规则以区分句型。

复句为一个完整的句子，以问号、句号、分号或是感叹号结尾，使用 S 表示。通过分句处理，可将一条社会化媒体语料表示成多个复句的集合 $\{S_1, S_2, \cdots, S_i, \cdots S_n\}$，复句 S_i 的情感权值用 SW_i 表示。

在一般疑问句的规则设置中，不同文献权值设置不一致，有些文献设置权值为 1，有些文献设置权值为 0。通过分析大量社会化媒体语料，发现许多句子虽然为一般疑问句，但也表现出强烈的情感倾向，例如："你妈逼监管部门都死绝了吗？""这种傻逼逻辑还要祸害我们多久啊？？？""你他妈的非等喝一斤才叫有害吗？！""一个哥们说你觉得抵制日货无聊，那你抵制蒙牛就不无聊了么？""伊利袋装奶完全变味了，它是怎么了，是我买到变质的了吗？"。因此，本书将一般疑问句的权值设为 1。各句型规则的具体描述如下：

感叹句：如果 S_i 以"！"结尾，则 $SW_i = 1.5$。

疑问句：如果 S_i 以"？"结尾且不含反问标志词（例如"难道"等），则 $SW_i = 1$。

反问句：如果 S_i 包含反问标志词（例如"难道""怎能"等），则 $SW_i = -1$。

陈述句：如果 S_i 以其他标点结尾或无标点，则 $SW_i = 1$。

5.3.1.2 句间关系规则

一个复句 S 通常会被逗号或其他符号分为多个子句 C，通过分句处理，可以将一个复句表示成多个子句的集合 $\{C_1, C_2, \cdots, C_m, \cdots, C_n\}$，子句 C_m 的情感权值用 CW_m 表示。复句中各个子句的情感也不完全一致，例如转折句中往往强调后接转折词后面的子句，递进句中情感会逐步增强等。对情感倾向有影响的句间关系主要有三种：转折、递进、假设。

（1）转折关系规则

转折关系总是强调后接转折词（例如"但"等）后面的子句内容，因此定义如下规则：

① 若复句 S 中只有单一转折后接词（如"但是""但""却""可是"）且在子句 C_k 中出现，或者既有转折前接词又有转折后接词（如"虽然……但是"）且在子句 C_k 中出现单一转折后接词（如"但是"），则 CW_1、CW_2、$\cdots$、$CW_{k-1} = 0$，CW_k、CW_{k+1}、$\cdots$、$CW_n = 1$。

② 若复句 S 中某一子句 C_k 只出现了单一转折前接词（如"虽然"），则 CW_1、CW_2、$\cdots$、$CW_{k-1} = 1$，CW_k、CW_{k+1}、$\cdots$、$CW_n = 0$。

（2）递进关系规则

递进关系中，子句语义的情感逐渐增强，规则如下：若复句 S 中出现递进关系标志词（如"更加""更有甚者"），且在 CW_k 中只出现了一个递进关系词，则 CW_1、CW_2、…、$CW_{k-1}=1$，CW_k、CW_{k+1}、…、$CW_n=1.5$；如果出现多个递进关系词，每出现一次，权值加 0.5。以出现两个递进关系词为例，在 C_k 出现"更加"，在 C_j 出现"更有甚者"，则 CW_1、CW_2、…、$CW_{k-1}=1$；CW_k、CW_{k+1}、…、$CW_{j-1}=1.5$；CW_j、CW_{j+1}、…、$CW_n=2$。

（3）假设关系规则

假设关系往往是对现实状况的设想，其前提条件在语言表达中起到更重要的作用，有时需要弱化假设句的后半部分；如果出现否定假设，则往往是对现实的相反感情的假设。规则如下：

① 若复句 S 中没有出现否定假设词，而且子句 C_k 出现关系后接词（如"那么"），则 CW_1、CW_2、…、$CW_{k-1}=1$，CW_k、CW_{k+1}、…、$CW_n=0.5$。

② 若复句 S 中出现否定假设词（例如"如果不"），而且子句 C_k 出现关系后接词（如"那么"），则 CW_1、CW_2、…、$CW_{k-1}=-1$，CW_k、CW_{k+1}、…、$CW_n=-0.5$；

其他的句间关系（如因果、并列、一般关系等）通常不会对子句造成情感倾向和强度的变化，因此所有子句的权值均设为1。

5.3.1.3　分句算法

分析句型和句间关系规则的前提是将社会化媒体语料切分为复句，进而切分子句。由于社会化媒体语料中语言的随意性给分句带来很多问题，本节将详细阐述分句过程中面临的问题及解决方法。

（1）语料预处理

根据1.3节所述语料预处理原则删除网址、用户名等后，语料中可能会出现空行（如图5-6所示）；进行删除空行操作，使得每条语料之间只通过一个换行符连接（如图5-7所示）。如果语料预处理过程中不做空行处理，相邻语料之间存在多个换行符，再根据换行符进行语料分割时，会出现空字符串的语料，没有意义。

（2）将整个语料文本切分为单条语料

将预处理后的整个语料文本切分为一条一条的语料，即获取单条语料，其算法描述见表5-8。

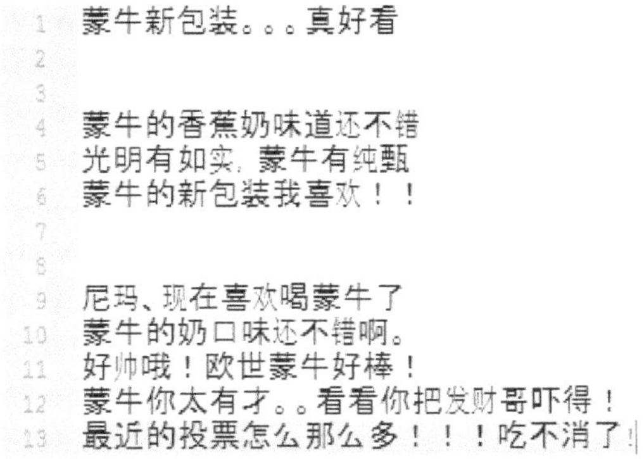

```
 1   蒙牛新包装。。。真好看
 2
 3
 4   蒙牛的香蕉奶味道还不错
 5   光明有如实，蒙牛有纯甄
 6   蒙牛的新包装我喜欢！！
 7
 8
 9   尼玛、现在喜欢喝蒙牛了
10   蒙牛的奶口味还不错啊。
11   好帅哦！欧世蒙牛好棒！
12   蒙牛你太有才。。看看你把发财哥吓得！
13   最近的投票怎么那么多！！！吃不消了！
```

图 5-6　预处理造成语料间有空行的示例

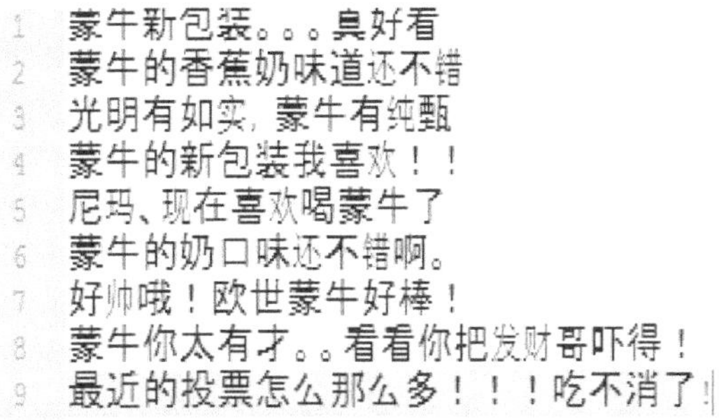

```
 1   蒙牛新包装。。。真好看
 2   蒙牛的香蕉奶味道还不错
 3   光明有如实，蒙牛有纯甄
 4   蒙牛的新包装我喜欢！！
 5   尼玛、现在喜欢喝蒙牛了
 6   蒙牛的奶口味还不错啊。
 7   好帅哦！欧世蒙牛好棒！
 8   蒙牛你太有才。。看看你把发财哥吓得！
 9   最近的投票怎么那么多！！！吃不消了！
```

图 5-7　预处理后的语料

表 5-8　获取单条语料的算法

输入	待分析的语料文件（如 yuliao. txt）
输出	单条语料

算法描述	String doc＝read(yuliao. txt) //将语料读到内存变量 doc 中
	char c；　char d；　String s；
	for(int i=0；i<doc. length-1；i＋＋)
	{
	　　c ＝ doc. charAt(i)；
	　　d＝doc. charAt(i+1)；
	　　s＝c＋d；
	　　if(s＝＝"\r\n")//遍历语料遇到换行将其位置添加到 locallist 中
	　　{
	　　　　添加 i 到 locallist 中
	　　}
	}
	substring(locallist[j]，locallist[j＋1])//根据线性链表相邻位置分割语料

（3）分割单条语料获取复句

针对任意一条语料，逐个遍历字符，遇到句子分隔符（如"。""！""?"等），将其位置信息存入线性链表 locallist2 中。由于每条语料的复句数、分隔符数等各不相同，无法预知，而静态数组需确定其大小，因此使用线性链表而非静态数组存储。算法描述见表 5-9。

表 5-9　获取复句的算法

输入	单条微博
输出	一个个复句
算法描述	int len ＝ oneweibo. length()；//一条微博的长度 char c；

续表

算法描述	`for (int i = 0; i < len; i++)`
	`{`
	  `c=oneweibo. charAt(i);`
	  `if(c=='。'||c=='!'||c=='?'||c=='？'||c=='！'||c=='；'||c=='；')`
	  `{`
	    添加 i 到 locallist2 中
	  `}`
	`}`
	`substring(locallist2[j], locallist2[j+1])`//根据线性链表相邻位置分
	割复句

示例："作为一个文学青年，我深知翻译质量对于译者的价值。张亮的建议不错，我支持。但问题是谁来评选如何确保评选的公正性？张亮应该继续阐述下去，拿出一个方案来，再去寻找深刻理解优秀翻译意义的出资人。"示例中句子分割符的位置见表 5-10，则线性链表中保存分隔符的位置为 {23，35，54，92}。

表 5-10　示例中句子分割符位置

符号	。	。	？	。
位置	23	35	54	92

通过 substring（0，23）可得第一个复句"作为一个文学青年，我深知翻译质量对于译者的价值。"。通过 substring（24，35）可得第二个复句"张亮的建议不错，我支持。"。通过 substring（36，54）可得第三个复句"但问题是谁来评选如何确保评选的公正性？"。通过 substring（55，92）可得第四个复句"张亮应该继续阐述下去，拿出一个方案来，再去寻找深刻理解优秀翻译意义的出资人。"。

由于网络语言具有多样性和不规范性，分割复句规则在有些情况下会出现分句错误，见表 5-11。对于多标点（分隔符）连续的情况，在分割复句算法中进行如下处理：判断两个分割符位置是否相邻，如果相邻则证明标点符号连续，可以继续遍历，直至获取不相邻分割符位置，再根据两个位置信息得到复句；针对句末没有标点的情况，在取到 locallist 的最后一个位置信息时，与语料的长度相比较，确定是否末尾缺标点，再做相应的处理。多标点连续时分句处理核心算法描述见表 5-12。

表 5-11　简单分句逻辑中的问题示例

问题类型	语料示例	分句错误示例	分句正确示例
多个标点重复	语料1：人好像还懂得什么叫信仰？。凌乱中。	复句1：人好像还懂得什么叫信仰？ 复句2：。 复句3：凌乱中。	复句1：人好像还懂得什么叫信仰？。 复句2：凌乱中。

续表

问题类型	语料示例	分句错误示例	分句正确示例
多个标点重复	语料 2：你还在说什么？我们已经彻底完了。。。。	复句 1：你还在说什么？ 复句 2：我们已经彻底完了。 复句 3：。 复句 4：。 复句 5：。	复句 1：你还在说什么？ 复句 2：我们已经彻底完了。。。。
句末没有标点	语料 3：迷人的话题。迷人的晨曦	复句 1：迷人的话题。	复句 1：迷人的话题。 复句 2：迷人的晨曦

表 5-12　多标点连续时分句处理核心算法

说明	locallist2 为存储分句分割符"。"" ！" "？""；"位置信息的线性链表
输入	locallist2
输出	一个个复句

算法描述	`int j＝0；`
	`while(j＜ locallist2. length)//遍历断句符号位置信息`
	`{`
	`  k＝1；flag＝true；`
	`  while(flag)`
	`  {`
	`    if(j＋k＜ locallist2. length)`
	`    {`
	`    if(locallist2 [j]＋k＝＝ locallist2 [j＋k］)`
	`      k＋＋；`
	`    else`
	`      flag＝false；`
	`    }`
	`    else`
	`      flag＝false；`
	`  }`
	`}//处理多个标点连续的情况。`

5.3.2　程度修饰和否定修饰规则

现在我们以子句为研究对象，研究子句内部的情感倾向，单个子句情感计算流程图如图 5-8 所示。子句内部情感倾向性分析需要考虑程度副词和否定词的影响，程度副词和否定词会直接影响文本所表达的情感倾向强度和极性。

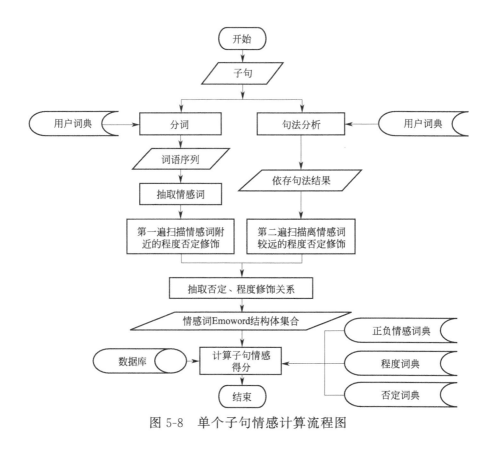

图 5-8　单个子句情感计算流程图

5.3.2.1　规则集的改进

对比 5.2.2.1 中阐述的规则集，对程度修饰和否定修饰规则做如下改进：

（1）程度副词赋予不同的权值

在程度副词词典中，为程度副词赋予权值。当情感词前出现程度副词修饰时，情感倾向与情感词保持一致，但是其情感强度会根据程度副词的权值进行调整。与 5.2.2 节的算法相比，本算法可根据程度副词的权值实现情感词情感强度增强或减弱的细节判断。

（2）加入依存句法分析

程度副词和否定词的判断不限于只判断情感词的前一个词，同时还加入了依存句法分析。本算法在判断程度修饰和否定修饰时，判断情感词的前两个词（例如分词序列"不 感 兴趣"中，否定词"不"是情感词"兴趣"前面的第二个词），情感词的后两个词（例如"可恶至极"中"至极"是程度修饰词，但它是情感词"可恶"后面的第一个词；"我可真是开心得不得了"中情感词"开心"后面的第二词"不得了"为程度修饰），进一步提高了程度修饰判断的精确度。采用依存句法分析器实现语料的依存句法

分析，可以检测程度副词和否定词距离情感词较远的情况，提高判断的精确度。例如
"机器散热并不像之前那样理想"（如图 5-9 所示），词"理想"前面的第四个词是否定词
"并不"，前述算法只检测前两个词和后两个词，并不能发现对于"理想"的否定修饰关
系，但根据复旦大学依存句法分析器的依存句法分析结果，"并不"一词修饰第 6 个位
置的词"理想"，通过依存句法判断出了远距离的否定修饰关系，进一步提高了程度修
饰和否定修饰规则判断的准确率。

```
0 机器 名词 1 定语
1 散热 名词 6 主语
2 并不 副词 6 状语
3 像 介词 6 状语
4 之前 方位词 3 介宾
5 那样 副词 6 状语
6 理想 形谓词 -1 核心词
```

图 5-9　依存句法分析示例

（3）分别判断程度和否定关系

5.2.2 节中的算法对于程度修饰和否定修饰只判断情感词的前一个词，如果为程
度修饰，就不会是否定修饰，二者是互斥关系（例如"不是 很 稳定"，情感词"稳
定"的前一个词为程度副词"很"，则整体情感权值加 2，判断不出前面的否定）。本
节中程度修饰和否定修饰的判断是独立的，除了判断情感词的前面第一个词是程度修
饰还是否定修饰外，同时还要判断前面第二个词是程度修饰还是否定修饰，分别得到
程度修饰和否定修饰的判断结果。

（4）双重否定关系

在用户词典中添加双重否定词来干预分词结果，从而达到对双重否定的正确处
理。例如句子"我不是不喜欢文学"，正常的分词结果为"我 不 是 不 喜欢 文学"，
对于情感词"喜欢"，检测其前面两个词"是""不"，其中"不"为否定词，则否定
参数改为－1，根据上述的否定规则，情感倾向为负向，但是此处情感倾向实际为正
向。如果将"不是不"添加到用户词典中，分词结果就会变成"我 不是不 喜欢 文
学"检测"喜欢"的前一个词"不是不"，其并不是否定词，则否定参数会保持 1，则
根据上述规则，该句的情感倾向为正，判断正确。

5.3.2.2　两遍扫描

本节的程度修饰和否定修饰算法进行两遍扫描。第一遍扫描子句分词后的分词序

列，对形容词和动词附近的词语进行检测，寻找程度修饰和否定修饰，初始化情感词结构体 Emoword（见表 5-13），得到情感词结构体线性表；第二遍扫描时根据复旦大学依存句法分析器得到子句的依存关系表。两遍扫描的算法描述分别见表 5-14 和表 5-15。

表 5-13 自定义结构体 Emoword

情感词结构体	Struct Emoword
	{
	    String word；//情感词
	    int deny；//否定关系参数,默认为 1,发现否定关系则改为－1
	    int degree；//程度关系参数,默认为 1,发现程度修饰改为程度副词的权值
	    int sen//情感词典中的权值,正向为 1,负向为－1
	}

依存句法分析结构体	Struct Dep//存储如图 5-9 所示结果的结构体
	{
	    int xuhao；
	    String word；
	    String cixing；
	    int position；
	    String chengfen；
	}

表 5-14 第一遍扫描算法描述

输入	分词序列（例如：“我/rr 不/d 喜欢/vi 文学/n”）
输出	情感词结构体序列

第一遍扫描	Emoword eword
	String []sd＝s. split(" ")//以空格做分割符获得词语数组 sd
	for(int i＝0；i＜sd. length；i＋＋)//循环遍历词语数组 sd
	{
	    String ss＝sd[i] //取到当前词语和其词性标注 ss 如例“喜欢/vi”,当前词语为 s 如例子中“喜欢”
	    if（当前词为名词)
	    { 加入线性链表 nlist}
	    else if(当前词为形容词,动词等)
	    {
	        if(posdict. contains(s)) //如果当前词存在正向词典中
	        {
	            if((pre‖ppre‖nex‖nnext 为程度副词)&&(pre‖ppre 为否定词‖pre 或 nex 存在负向词典中))
	            {
	                eword . word＝ s；
	                eword . deny＝-1；
	                    eword . degree＝词典中权值；

第一遍
扫描
	``
	        eword . sen＝1
	      }
	      else if((pre‖ppre‖nex‖nnext 为程度副词)&&！(pre‖ppre 为否定词‖pre 或
	nex 为负向词典中词))
	      {
	        eword . word＝ s;
	        eword . deny＝1;
	        eword . degree＝词典中权值;
	        eword . sen＝1
	      }
	      else if(！(pre‖ppre‖nex‖nnext 为程度副词)&&(pre 为否定词‖pre 或 nex 存
	在负向词典中))
	      {
	        eword . word＝ s;
	        eword . deny＝-1;
	        eword . degree＝1;
	        eword . sen＝1
	      }
	      else
	      {
	        eword . word＝ s;
	        eword . deny＝1;
	        eword . degree＝1;
	        eword . sen＝1
	      }
	    }
	    else if(negdict. contains(s)) //如果当前词存在负向词典中
	  {
	    if((pre‖ppre‖nex‖nnext 为程度副词)&&(pre‖ppre 为否定词))
	    {
	        eword . word＝ s;
	        eword . deny＝-1;
	        eword . degree＝词典中权值;
	        eword . sen＝-1
	    }
	    else if((pre‖ppre‖nex‖nnext 为程度副词)&&！(pre‖ppre 为否定词))
	    {
	        eword . word＝ s;
	        eword . deny＝1;
	        eword . degree＝词典中权值;
	        eword . sen＝-1
	    }
	    else if(！(pre‖ppre‖nex‖nnext 为程度副词)&&(pre‖ppre 为否定词))
	    {
	        eword . word＝ s;
	``

第一遍扫描	eword . deny＝-1；
	eword . degree＝1；
	eword . sen＝-1
	　}
	　else
	　{
	　　eword . word＝ s；
	　　eword . deny＝1；
	　　eword . degree＝1；
	　　eword . sen＝－1
	　}
	}
	}

表 5-15　第二遍扫描算法描述

输入	子句句法分析的结果(例如图 5-9 所示的分词结果,自定义结构体 Dep) Dep[0]{ 0,机器,名词,1,定语} Dep[1]{ 1,散热,名词,6,主语} Dep[2]{ 2,并不,副词,6,状语} Dep[3]{ 3,像,介词,6,状语} Dep[4]{ 4,之前,方位词,3,介宾} Dep[5]{ 5,那样,副词,6,状语} Dep[6]{ 6,理想,形谓词,-1,核心词}
输出	情感词结构体对象

第二遍扫描	for(int i＝0；i＜dep. length；i＋＋)
	{
	　if(dep[i]. cixing＝＝"副词")//遍历取到"副词"此时 i＝2
	　{
	　　int lo＝dep[i]. position；//取到"并不"所依存词语的位置为 6
	　　if(dep[lo]. cixing＝＝"动词"‖dep[lo]. cixing＝＝"形谓词"‖dep[lo]. cixing＝＝"形容词") //根据"并不"所依存词语位置 6 取到"理想"的词性为"形谓词"
	　　{
	　　　if(nodic. contains(dep[i]. word)//如果副词为否定词时
	　　　{
	　　　　eword. deny＝-1
	　　　}//遍历之前的结构体序列更改相应词语的否定修饰参数
	　　　if(plusdic. contains(dep[i]. word)//如果副词为程度副词时
	　　　{
	　　　　eword. degree＝程度副词典中的权值
	　　　}//遍历之前的结构体序列更改相应词语的程度修饰参数
	　　}
	　}
	}

5.3.3　文本情感值计算

（1）情感词的情感值

通常副词主要修饰形容词和动词，因此程度和否定规则主要针对词性为形容词和动词的情感词，对名词不做程度和否定修饰判断。对于词性为名词的情感词，其词语情感权值计算如下：

$$Sen(W_k) = sen_k \tag{5.1}$$

式中，sen_k 为当前情感词的权值，可查询情感词典得到。

对于词性为形容词和动词的情感词，根据上节所述情感结构体中保存的数值计算词语的情感权值，计算公式如下：

$$Sen(W_k) = deny \times degree \times sen_k \tag{5.2}$$

其中 $deny$ 表示否定修饰关系，如果出现否定修饰，则 $deny = -1$，否则 $deny = 1$；$degree$ 表示程度修饰关系，如果出现程度修饰，则为程度副词，对应程度副词典中的权值，否则 $degree = 1$；sen_k 表示当前情感词的权值。

（2）子句的情感值

子句的情感值公式：

$$Sen(C_m) = [\sum Sen(W_k)] \times CW_m \tag{5.3}$$

式中，$Sen(C_m)$ 表示子句 C_m 的情感值，$Sen(W_k)$ 表示子句 C_m 中第 k 个情感词语的情感值，$\sum Sen(W_k)$ 表示子句 C_m 中所有情感词的情感值之和，CW_m 表示根据句间规则得到的子句 C_m 的权值。

（3）复句的情感值

复句的情感值公式：

$$Sen(S_i) = [\sum Sen(C_m)] \times SW_i \tag{5.4}$$

式中，$Sen(S_i)$ 表示复句 S_i 的情感值，$Sen(C_m)$ 表示复句 S_i 中第 m 个子句的情感值，$\sum Sen(C_m)$ 表示复句 S_i 中所有子句的情感值之和，SW_i 表示根据句型规则得到的复句 S_i 的权值。

（4）文本的情感值

文本情感值公式：

$$Sen_{text} = \sum Sen(S_i) \tag{5.5}$$

式中，Sen_{text} 表示文本的情感值，$Sen(S_i)$ 表示文本中复句 S_i 的情感值，文本的情感值为文本内所有复句的情感值之和。

5.4 句子级/篇章级情感倾向性分析的实例

5.4.1 实验设置

社会化媒体语料来源非常广泛，对于一条待分析的社会化媒体语料（如评论或微博等），经过算法分析，要将其划分为褒义（正向或积极）话题、贬义（负向或消极）话题或中性话题，因此需要对语料的情感倾向进行手工标注，便于后期与程序计算的微博或评论的情感倾向对比分析，计算精确率 P、召回率 R、综合分类率 $F1$ 等评价指标。由于中文句型、句式、句法复杂，表达形式丰富，为了保证语料覆盖尽可能多的句式，要求语料应该足够庞大，但随着测验语料的增大，人工标注的任务会非常繁重，而且人工标注主观性强，需要制定标准规则，多人一起标注，筛选出没有歧义的语料作为实验语料。鉴于此，本研究选用已标注好情感倾向的社会化媒体语料 COAE2013.txt 以及谭松波的评论语料（酒店.txt、书籍.txt、电脑.txt、手机.txt）作为实验语料，基于整合后的基础褒贬义情感词典，在 5 个语料上分别进行 6 组实验，对本节所述三种方法进行测试，将结果分为褒义（正向）、贬义（负向）和中性 3 类。实验设置见表 5-16。

表 5-16　三种情感倾向性分析方法的六组实验

实验名	实验详细描述
实验一	基于基础情感词典的情感倾向性分析方法,仅采用基础褒贬义情感词典,使用 NLPIR 分词,统计情感词的个数
实验二	在实验一的基础上,添加自定义用户词典干预分词
实验三	基于规则和多部情感词典的情感倾向性分析方法,采用基础褒贬义情感词典、否定词典、程度副词词典,使用 NLPIR 分词,并且制定程度修饰和否定修饰规则,统计情感词个数
实验四	在实验三的基础上,添加自定义用户词典干预分词
实验五	基于句法和规则的情感倾向性分析方法,使用 NLPIR 分词,综合考虑依存句法分析和句型规则、句间关系规则、程度修饰规则、否定修饰规则,计算语料的情感倾向性
实验六	在实验五的基础上,添加自定义用户词典干预分词

5.4.2 实验结果分析

在 5 个语料上分别进行 6 组实验，6 组实验中所用的情感词典均一致，在通用词典中加入部分手机领域词汇，并且这些词汇不会对其他领域造成影响。实验结果和正负向指标分别见表 5-17～表 5-21 以及图 5-10～图 5-19。可以发现本书提出的基于句法和规则集的情感倾向性分析算法在手机语料上表现最为突出，正负向平均 $F1$ 值达到了 91.3％的高水平。因此，将基于句法和规则集的情感倾向性分析算法用于其他领域时，加入相应的领域词典，算法结果应该还会有所提升。在通用词典中加入领域词汇时，需要考虑其是否对其他领域造成影响，例如"发热量大"在手机领域表示手机容易发热，其情感倾向为负向，如果用在电暖领域，则其情感倾向为正向，这些领域词不能加入通用词典中，只能加入领域词典中。通用词典中加入的部分手机领域词汇均不会对其他领域造成影响。

对比 3 种算法在 5 个语料上的表现，书籍语料的正负向平均 $F1$ 值（75.6％）最低，较其他领域的 $F1$ 值相差较大，究其原因，很多书籍的评价中描述了书籍中的情节内容，而这些内容很多是负向的，但是就书籍评价而言却又是正向的。例如书籍评论："我也没有想过，世上竟然有这样可怕的恶意存在，这最恶毒的情感来自人类最脆弱柔软的心脏。事件山重水复，却又柳暗花明，结局一再反转，感觉心里越来越无法承受那种恶意侵袭而来的沉重。这个结局不是意外和震惊可以形容的，我没法用语言来表达心里复杂的感受，一直在发抖。不知道是不是喜欢这样的故事，它所揭示出的，它想要告诉人们的，深重到我难以承受。没想到推理小说可以写到这样。"这个评论主要表达整个推理小说写得非常好，是正面的评价，但是其前面大量描述给人的感受都是负向的，只有最后一句"没想到推理小说可以写到这样"是正向的。

实验二比实验一，实验四比实验三，实验六比实验五均增加了用户词典。增加用户词典后，在各个语料上正负 $F1$ 值均呈增长趋势。其原因在于，增加用户词典在一定程度上提高了分词的准确率，避免了有些情感词分为散串以至于不能识别出情感词的情况。例如：情感词典中的词语"金石之交""口角生风"分词后的结果分别为"金石/n 之/uzhi 交/ng"和"口角/n 生/v 风/n"，虽然情感词典中有这些词语，但是分词时将其破坏，依据分词结果抽取情感词时抽不到"金石之交""口角生风"，将这些词加入用户词典中，则能正确分词，取到这部分情感词。同时，将双重否定词加入用户词典，可避免否定判断错误。例如："我不是不喜欢文学"分词结果为"我/不/是/不/喜/欢/文学"，对于情感词"喜欢"，检测其前面两个词"是""不"，其中"不"为否定词，则否定参数为－1，根据上述的否定规则，情感倾向为负向，但是此处情感倾向实际为正向。如果将"不是不"添加到用户词典中，分词结果变成"我/不/是/不/喜/欢/文学"，检测"喜欢"的前一个词"不是不"，其并不是否定词而是双重否定词，则否定参数保持为 1，则根据上述规则，此处的情感倾向为正向，判断正确。

实验一、三、五均没有加入用户词典，褒贬义（正负向）情感词典也一致，图 5-

10、图 5-11、图 5-14、图 5-15、图 5-18、图 5-19 表明正向 $F1$ 和负向 $F1$ 值均依次呈上升趋势；实验二、四、六均加入用户词典，褒贬义（正负向）情感词典一致，图 5-12、图 5-13、图 5-16、图 5-17 表明正向 $F1$ 和负向 $F1$ 值也呈上升趋势。实验一和实验二中负面语料的 $F1$ 值很多都低于 50%，处于不可接受范围，在使用本书提出的基于句法和规则集的情感倾向性分析算法时，负向 $F1$ 值最低达到了 71.3%，最高达到了 91.2%，在可接受范围内，且其在 5 个不同领域的语料上均有较好表现。因此，本书提出的基于句法和规则集的情感倾向性分析算法具有普适性，更有效。

5 个语料在 6 组实验上的平均 $F1$ 值见表 5-22 和图 5-20。实验结果表明，加入用户词典和规则集的方法能使情感倾向性分析的效果有明显提高，基于句法和规则集的情感倾向性分析算法的平均 $F1$ 值最高。另外，有些文本本身并没有情感词，而是通过一系列的疑问和客观事实的描述表达其观点、态度，还有些文本故意使用错别字和反语手法，从而使得舆情判断的结果出现失误，因此需要针对隐式情感倾向性分析进行深入研究。

表 5-17 酒店语料在 6 组实验上的运行结果

实验名	正向 精确率	正向 召回率	正向 $F1$ 值	负向 精确率	负向 召回率	负向 $F1$ 值	平均 $F1$ 值
实验一	0.5664	0.9357	0.7057	0.8958	0.2466	0.3868	0.5462
实验二	0.6142	0.9218	0.7372	0.9024	0.3840	0.5388	0.6379
实验三	0.7362	0.8515	0.7667	0.8573	0.6746	0.7551	0.7724
实验四	0.7503	0.8309	0.7755	0.8591	0.6959	0.7689	0.7788
实验五	0.8170	0.739	0.7761	0.7985	0.7925	0.7955	0.7858
实验六	0.8414	0.7425	0.7888	0.8086	0.828	0.8182	0.8035

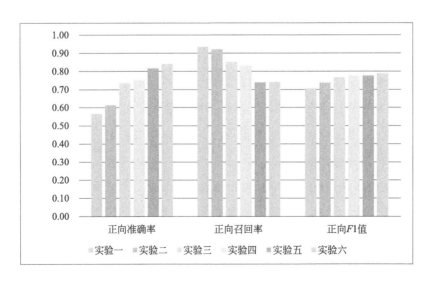

图 5-10 酒店语料在 6 组实验上的正向指标

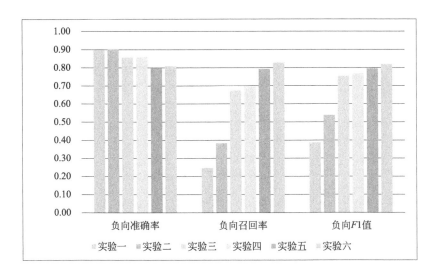

图 5-11 酒店语料在 6 组实验上的负向指标

表 5-18 书籍语料在 6 组实验上的运行结果

实验名	正向 精确率	正向 召回率	正向 F1 值	负向 精确率	负向 召回率	负向 F1 值	平均 F1 值
实验一	0.6251	0.9623	0.7579	0.9429	0.1888	0.3146	0.5362
实验二	0.6728	0.9473	0.7868	0.8642	0.3095	0.4558	0.6213
实验三	0.7063	0.8869	0.7864	0.8117	0.4983	0.6175	0.7019
实验四	0.7318	0.8719	0.7958	0.8069	0.5452	0.6507	0.7233
实验五	0.7769	0.8147	0.7953	0.7712	0.6133	0.6832	0.7393
实验六	0.7963	0.8009	0.7986	0.7677	0.6653	0.7128	0.7557

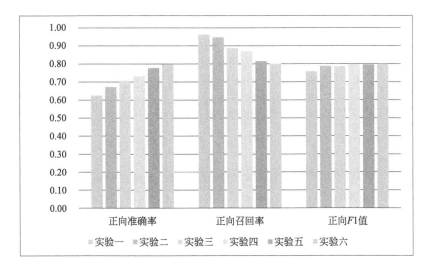

图 5-12 书籍语料在 6 组实验上的正向指标

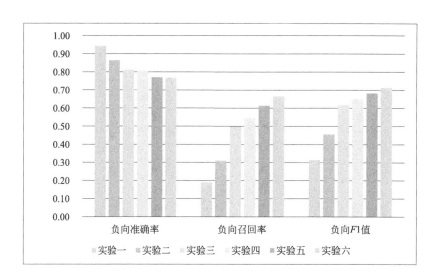

图 5-13　书籍语料在 6 组实验上的负向指标

表 5-19　电脑语料在 6 组实验上的运行结果

实验名	正向 精确率	正向 召回率	正向 F1 值	负向 精确率	负向 召回率	负向 F1 值	平均 F1 值
实验一	0.6822	0.8677	0.7638	0.8549	0.2137	0.3868	0.6482
实验二	0.7322	0.8412	0.7829	0.8507	0.2725	0.4939	0.7039
实验三	0.7783	0.8567	0.8156	0.8626	0.5866	0.6919	0.7918
实验四	0.8012	0.8422	0.8212	0.8582	0.6503	0.7219	0.7641
实验五	0.8	0.8357	0.8174	0.8607	0.6904	0.7662	0.7918
实验六	0.8297	0.8277	0.8287	0.8611	0.7395	0.7957	0.8027

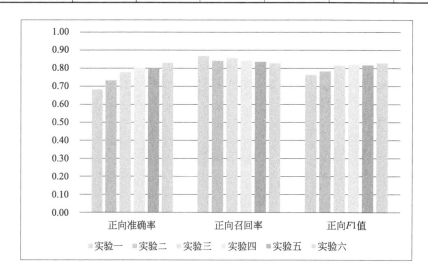

图 5-14　电脑语料在 6 组实验上的正向指标

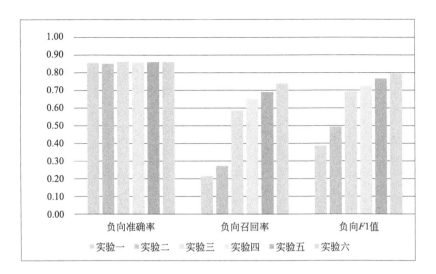

图 5-15 电脑语料在 6 组实验上的负向指标

表 5-20 手机语料在 6 组实验上的运行结果

实验名	正向 精确率	正向 召回率	正向 F1 值	负向 精确率	负向 召回率	负向 F1 值	平均 F1 值
实验一	0.6249	0.9373	0.7498	0.9439	0.3048	0.4608	0.6053
实验二	0.7311	0.9296	0.8185	0.9566	0.5328	0.6844	0.7514
实验三	0.8296	0.8995	0.8631	0.9194	0.7582	0.8310	0.8471
实验四	0.8679	0.8978	0.8826	0.9232	0.7997	0.8570	0.8698
实验五	0.9039	0.8806	0.8921	0.9327	0.8497	0.8893	0.8907
实验六	0.9335	0.8797	0.9058	0.9363	0.8886	0.9118	0.9132

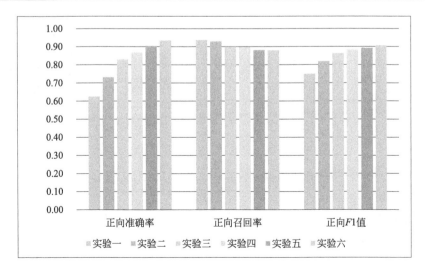

图 5-16 手机语料在 6 组实验上的正向指标

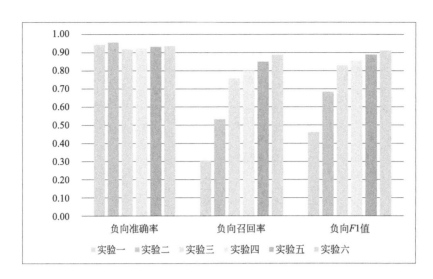

图 5-17　手机语料在 6 组实验上的负向指标

表 5-21　COAE2013 语料在 6 组实验上的运行结果

实验名	正向精确率	正向召回率	正向F1值	负向精确率	负向召回率	负向F1值	平均F1值
实验一	0.6859	0.8519	0.7599	0.9135	0.4239	0.5791	0.6695
实验二	0.7205	0.8657	0.7865	0.9325	0.5352	0.6801	0.7333
实验三	0.7633	0.8040	0.7832	0.8728	0.6718	0.7593	0.7712
实验四	0.8116	0.7847	0.7979	0.8627	0.7169	0.7831	0.7905
实验五	0.8956	0.8376	0.8657	0.9178	0.8402	0.8773	0.8715
实验六	0.9160	0.8367	0.8746	0.9135	0.8752	0.8939	0.8842

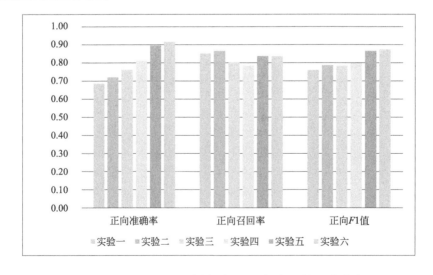

图 5-18　COAE2013 语料在 6 组实验上的正向指标

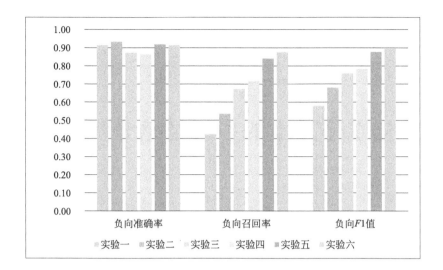

图 5-19　COAE2013 语料在 6 组实验上的负向指标

表 5-22　5 个语料在 6 组实验上的平均 *F*1 值

实验名	酒店	书籍	电脑	手机	COAE2013
实验一	0.5462	0.5362	0.6482	0.6053	0.6695
实验二	0.6379	0.6213	0.7039	0.7514	0.7333
实验三	0.7609	0.7019	0.7918	0.8471	0.7712
实验四	0.7722	0.7233	0.8027	0.8698	0.7905
实验五	0.7858	0.7393	0.7918	0.8907	0.8715
实验六	0.8035	0.7557	0.8122	0.9132	0.8842

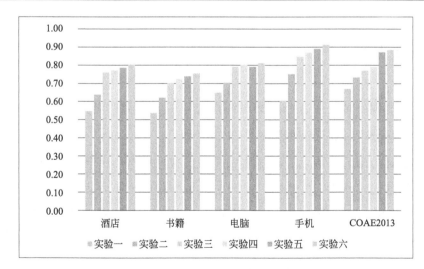

图 5-20　5 个语料在 6 组实验上的平均 *F*1 值

第6章
社会化媒体文本的多级情感分析

社会化媒体语料中所表达的情感复杂多样，能反映对事件、人物等的各种感受，并不局限于褒贬义评价，因此仅计算文本的褒义、贬义和中性的情感倾向性显然不够。第三章和第四章所阐述的词语级、句子级、篇章级情感倾向性分析没有涉及情感表达强度，而缺失情感强度的情感分析并不完善。基于上述情况，本研究整合大连理工大学情感词汇本体库和自行标注的 7 级情感词典，并考虑程度副词修饰情况下情感强度的增强，以及否定修饰情况下情感的迁移和削弱，实现社会化媒体语料的多级情感分类。

6.1 基于情感词典和规则的多级情感分析

基于情感词典和规则的多级情感分析方法统计句子中 7 种情感词的数量和强度，获得句子整体的情感得分，其算法流程图如图 6-1 所示。

程度副词对情感词的修饰作用，有时呈放大影响，有时呈缩小影响。例如，"很""超级""更加"对情感词"开心"的修饰，使开心快乐的程度有不同程度的提升，而"稍微""不那么""不甚"对情感词"开心"的修饰，使开心快乐的程度不强烈或者降低。因此，不同类别的程度副词有不同的权重倍数。句子中情感词原有的强度值 w 经过程度副词修饰后获得一个新的情感强度 s，公式如下：

$$s = m \times w \tag{6.1}$$

式中，s 表示修饰后情感词的情感强度，w 表示情感词原有的强度值，m 表示程度副词的权重倍数。

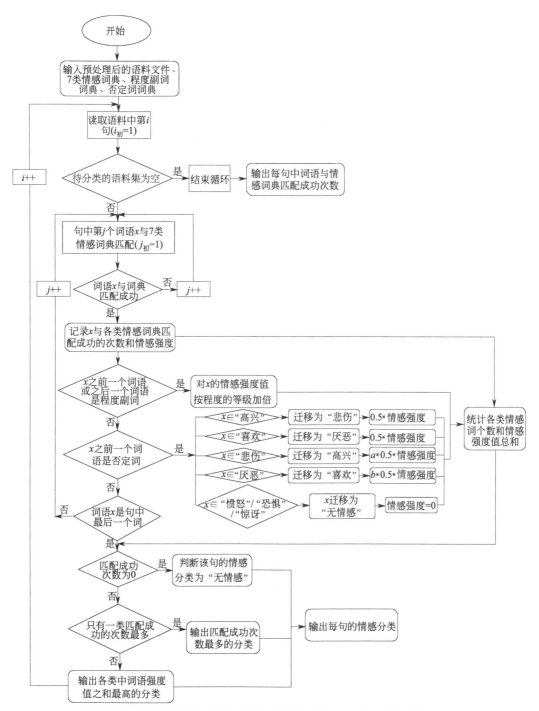

图 6-1　基于情感词典和规则的情感分析算法流程图

在传统的褒贬义情感倾向性分析中，如果情感词之前存在否定词，可以直接将情感词的极性反转，获得新的情感极性，而 7 种情感分析中，不只有褒义（正向）和贬义（负向）两种极性，它涉及情感分类的迁移，否定词导致的情感迁移会使原来的情感强度产生削弱，例如"高兴"的否定为"不高兴"，情感类别迁移至"悲伤"，"尊重"

的否定为"不尊重",情感类别迁移至"厌恶";同样,类别"悲伤"和"厌恶"的否定可分别迁移至类别"高兴"和"喜欢",此时情感强度有了明显的削弱。为此,本研究设定参数 a 和 b 作为情感词强度的削弱系数,a、b 的取值范围为 $[0.1, 1]$,情感迁移表见表 6-1,其中"怒""惧""惊"三类词语的否定并没有呈现出情感倾向,例如"不生气""不害怕""不惊讶",因此这三类的否定修饰可以做中性(无情感)处理。

表 6-1　情感迁移表

原始情感类别	迁移后情感类别	迁移后变化
高兴	悲伤	0.5 * 情感强度
喜欢	厌恶	0.5 * 情感强度
悲伤	高兴	a * 0.5 * 情感强度
厌恶	喜欢	b * 0.5 * 情感强度
愤怒、恐惧、惊讶	无情感	情感强度＝0

6.2　基于机器学习的多级情感分析

6.2.1　特征选择

作为基于机器学习的情感分析方法的关键环节,特征选择将直接影响分类器的精确率、召回率及分类系统的效率。中文社会化媒体语料重点考虑情感词特征和句子构成特征,共提取 16 个特征,特征类型及含义见表 6-2。

表 6-2　特征类型及含义

特征类型	含义
情感词特征	语料中出现的"高兴"类别的情感词数
	语料中出现的"喜欢"类别的情感词数
	语料中出现的"愤怒"类别的情感词数
	语料中出现的"悲伤"类别的情感词数
	语料中出现的"恐惧"类别的情感词数
	语料中出现的"厌恶"类别的情感词数
	语料中出现的"惊讶"类别的情感词数
句子构成特征	语料中"高兴"类别的句子数
	语料中"喜欢"类别的句子数

续表

特征类型	含义
句子构成特征	语料中"愤怒"类别的句子数
	语料中"悲伤"类别的句子数
	语料中"恐惧"类别的句子数
	语料中"厌恶"类别的句子数
	语料中"惊讶"类别的句子数
	首句的情感极性
	尾句的情感极性

（1）情感词特征

情感词是最直观反映网民情绪状态的词语。将语料中出现 7 种情感（"高兴""喜欢""愤怒""悲伤""恐惧""厌恶"和"惊讶"）的词数作为情感词特征。如在一篇文本中仅出现了 4 个"高兴"类别的词和 1 个"惊讶"类别的词，其他类别的词数为 0，其情感词特征用行向量 $[4,0,0,0,0,0,1]$ 来表示。

（2）句子构成特征

包括社会化媒体语料中复句的情感特征、首句的情感极性、尾句的情感极性，统计社会化媒体语料中每个复句的情感类别，将 7 种情感的句子数作为复句的情感特征。首句和尾句的情感倾向性若为"褒义（正向）"，用"1"表示；若为"中性"，用"0"表示；若为"贬义（负向）"，用"−1"表示。例如在一篇文本的所有复句中，有 1 个"高兴"类别的复句、2 个"喜欢"类别的复句和 1 个"惊讶"类别的复句，首句的情感极性为"褒义（正向）"，尾句的情感极性为"中性"，则其句子构成特征用行向量 $[1,2,0,0,0,0,1,1,0]$ 来表示。

基于以上选择，针对每篇社会化媒体语料，提取 16 个特征，由一个 16 维行向量来表示。N 篇社会化媒体语料集即可转换为 $N \times 16$ 的特征矩阵，作为机器学习的特征输入模型，进而由分类器得出分类预测结果。

6.2.2　情感分类模型

针对社会化媒体语料，采用机器学习算法（如 SVM、KNN、RF 等）将语料进行 8 类别情感分类（"高兴""喜欢""愤怒""悲伤""恐惧""厌恶""惊讶""无情感"）。首先使用中国科学院计算技术研究所的 NLPIR 分词系统对社会化媒体语料进行分词和词性标注，完成去除停用词等预处理，然后进行文本特征提取，并选择 SVM、KNN、RF 等作为分类器。基于表 6-2 所列的特征，获取训练集和测试集，使用分类器对训练集进行训练，获得社会化媒体语料的情感分类模型，并进一步优化模型参数；最后将测试集输入到情感分类模型中，实现测试集的情感分类。情感分类模型如图 6-2 所示。

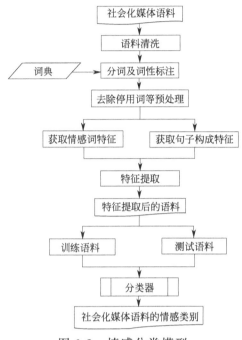

图 6-2　情感分类模型

面向社会化媒体语料的多级情感分类的基本流程包括数据输入、数据预处理、特征提取、参数选择、模型训练、模型评估，详细介绍如下。

步骤 1：数据输入。获取数据的途径主要有：搜集公开发布的数据集、下载国内外标准数据集、通过爬虫技术爬取网络资源建立数据集等。

步骤 2：数据预处理。数据预处理包括数据清洗、分词、去除停用词等。数据清洗是去除原始语料中的噪声干扰，如语料中的错行、无关符号与链接等。分词是将整句或整段文本逐词切分，以便于对词频、词性等进行统计。去除停用词（如"这个""在""吧""呢"等）旨在节省存储空间和提高算法的计算力。本书基于第二章构建的基础词典和情感词典，使用中科院 NLPIR 分词系统对社会化媒体语料进行分词和词性标注，再完成去除停用词等预处理。

步骤 3：特征提取。选择契合语料的关键特征有利于提升模型的健壮性，对模型改进与算法效率提升有重要意义。本书使用表 6-2 所列的情感特征来描述社会化媒体语料，将其转化为特征矩阵并作为分类器的输入特征。

步骤 4：参数选择。参数选择的优劣直接影响模型的学习效果。参数选择的方法主要有网格搜索、随机搜索、贝叶斯优化、启发式搜索等。本书的参数选择主要采用带交叉验证的网格搜索（grid search with cross validation）来实现，其思想为遍历所有可能的参数组合，比较各种参数下模型的准确率，以模型准确率最高的参数组合作为模型的最优参数。在搜索前要求人工给定折数 k（k 通常取值 5 或 10），实现多折网格搜索。

步骤 5：模型训练。按照 7：3 的比例划分训练集与测试集，用训练集进行模型训练，用测试集测试模型，得出分类结果与精确率。

步骤 6：模型评估。在机器学习过程中经常出现过拟合和欠拟合，为避免这些情况的发生，需要对模型进行客观评估。常见的模型评估方法有留出法、交叉验证法、留一法和自助法。本书采用交叉验证法进行模型评估。

步骤 1～步骤 3 是为了获得分类器的输入特征矩阵，步骤 4～步骤 6 是使用机器学习算法实现面向社会化媒体语料的多级情感分类的核心步骤，情感分类算法流程图如图 6-3 所示。

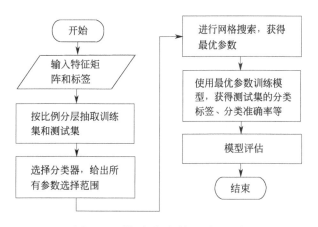

图 6-3 情感分类算法流程图

6.3 融合类序列规则和机器学习的多级情感分析

基于情感词典和规则的多级情感分析，基于机器学习的多级情感分析，通常将一条语料看作是一个词袋或一个句袋，没有考虑语料中文本的顺序和话语结构，因此往往导致不能得到满意的情感分析结果。一条社会化媒体语料通常长短不一，包含若干个句子，其情感分类一般由文本中句子的情感分类序列和句子间的话语关系来决定。

一条语料由单个或多个复句构成，在情感分析中可以由一系列标签表示。表 6-3 所列实例包含 3 个句子和它们的情感标签；第一个句子的情感标签是"喜欢"，第二个句子的情感标签是"高兴"，第三个句子的情感标签是"悲伤"；最后两个句子由一个转折连词"可是"相连接。基于情感词典的情感分析方法由于注重考虑情感词的数量或权重,将该语料的情感标签定义为"喜欢",忽略了语句情感表达的顺序和侧重;而基于情感序列和连词序列分析,可以将整条语料的情感标签看作"悲伤"。由此可见,段落级/篇章级的文本情感分析,需要考虑情感表达的顺序和逻辑,尤其是句子前后情感发生递进或反转的情况。基于此,本书提出融合类序列规则和机器学习的多级情感分析方法。

表 6-3 句子与情感标签对应实例

句子	情感标签
今天天气晴朗,阳光明媚[太阳]。	喜欢
以前我最喜欢这种天气了,可以尽情地欢笑。	高兴
可是我现在却怎么也高兴不起来[叹气]。	悲伤

6.3.1 关联规则

关联规则起源于购物篮分析(market basket analysis)问题,该问题的起源是沃尔玛超市从大量购物交易数据上发现了一个有趣的现象:与尿布最可能一起购买的商品竟然是啤酒。针对这一现象,沃尔玛超市进行了大量的实证研究,从这些研究中揭示了美国人隐藏的行为模式:在美国,一些年轻的父亲经常会被妻子要求在下班后为他们的小孩购买尿布,而这些父亲在购买尿布之后,又常常会顺便买一些他们喜欢的啤酒,从而构成了购买尿布与购买啤酒的关联关系。关联规则分析的目的是揭示两种事物之间的内在联系。

6.3.1.1 关联规则的相关概念

(1)项集

设 $I = \{x_1, x_2, \cdots, x_n\}$ 是项的集合。设与任务相关的数据集 $D = \{t_1, t_2, \cdots, t_n\}$ 是交易数据库事务的集合,其中每个事务 t 是 I 的非空子集,每一个交易都与一个唯一的标识符(transaction ID)对应,则项的集合称为项集;包含 k 个项的项集称为 k 项集,如集合 $I = \{x_1, x_2, \cdots, x_k\}$ 是 k 项集。

(2)项集支持度

项集 I 的支持度为该项集在所有交易事务数据库中出现的频次 m 与所有交易事务数量 N 的比值,其中 m 称为支持数。项集的最小支持度一般由外部设定,表示某一项集在整体交易事务数据库中最低的出现概率,可用于筛选频繁项集。项集支持度公式为:

$$s(I) = \frac{m}{N} \tag{6.2}$$

（3）频繁项集

如果项集 I 的支持度满足预定义的最小支持度 $min\text{-}s$，则项集 I 是频繁项集。当 k 项候选项集的支持度大于等于所设定的最小支持度 $min\text{-}s$ 时，则称该 k 项候选项集为 k 项频繁项集（frequent k-itemset）。支持度小于 $min\text{-}s$ 的 k 项候选项集称为非频繁项集。

（4）关联规则

1993 年，Agrawal 等人首先提出关联规则概念。关联规则是形如 $X{\rightarrow}Y$ 的蕴涵式，其中 X 和 Y 分别称为关联规则的先导（antecedent 或 left-hand-side，LHS）和后继（consequent 或 right-hand-side，RHS），规则 $X{\rightarrow}Y$ 表示先导 X 可推出后继 Y，X 为规则的条件，Y 为规则的结论。

（5）规则支持度与最小支持度

规则支持度 S 定义为事务数据库中包含 $X\cup Y$ 的事务占事务数据集的百分比；最小支持度定义为某一事务在整体意义上的最低重要程度。规则支持度通常由人工设置阈值：

$$S(X{\rightarrow}Y)=S(X\cup Y) \tag{6.3}$$

（6）规则置信度与最小置信度

规则置信度 C 定义为事务数据库中包含 $X\cup Y$ 的事务数与包含 X 的事务数之比；最小置信度定义为关联规则中先导与后继的最低相关性，代表两个事物之间可以互相推导的最低可能性。可人工设置置信度阈值：

$$C(X{\rightarrow}Y)=\frac{S(X\cup Y)}{S(X)} \tag{6.4}$$

（7）强关联规则

已知最小支持度和最小置信度，若某规则 R 的支持度和置信度均大于给定的最小阈值，则称该规则为强关联规则，否则称为弱关联规则。在实际事务数据集中，最小支持度和置信度阈值的设置直接影响挖掘出的强关联规则的有效性。若阈值设置过低，则可能引入大量无关规则，影响判断；若阈值设置过高，则可能导致有用但稀有的规则被过滤掉。

6.3.1.2　关联规则挖掘

Agrawal[1] 在 1993 年首先提出了最初的关联规则挖掘算法 AIS，但是该算法无论

---

[1] Agrawal R. Mining association rules between sets of items in large databases [C] // Proceedings of the ACM SIGMOD Conference on Management of Data，1993：207-216.

在运行速度还是在内存耗费情况上均表现较差。1994 年，在项目集格空间理论的基础上，Apriori 算法[②]被提出，至今 Apriori 算法仍然作为关联规则挖掘的经典算法被广泛采用，后续工作大多以优化 Apriori 算法为出发点进行研究，包括基于 Apriori 算法的优化、并行关联规则挖掘、数量关联规则挖掘以及关联规则挖掘理论的探索等。

Apriori 算法主要包括两个步骤：挖掘频繁项集和生成强关联规则。

（1）挖掘频繁项集

Apriori 算法挖掘频繁项集是基于如下事实：一个频繁项集的所有非空子项集均是频繁的，而一个非频繁项集的所有超集均不是频繁的。如图 6-4 所示，阴影中的项集为非频繁项集，由于 {2，3} 为非频繁项集，则其超集 {1，2，3}、{0，2，3} 和 {0，1，2，3} 均为非频繁项集；而 {0，1，2} 为频繁项集，则其子集 {0，1}、{0，2}、{1，2}、{0}、{1}、{2} 均为频繁项集。

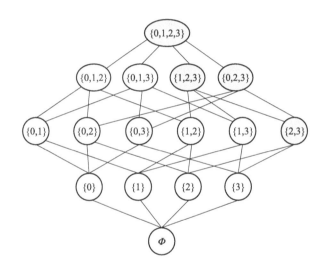

图 6-4　Apriori 算法依据图

Apriori 算法生成频繁项集的过程如图 6-5 所示，该过程包含了 Apriori 算法中的两个重要步骤：连接步和剪枝步。连接步采用自连接的形式，即当两个频繁项集有且仅有 $k-1$ 个项完全相同时，按照顺序连接起来。例如频繁项集 {a，b，c} 与 {b，c，d} 可以按顺序连接为 {a，b，c，d}；剪枝步则按照"非频繁项集的所有超集均非频繁"的原理过滤非频繁项集，首先找到"频繁 1 项集"的集合，根据剪枝原理从"频繁 1 项集"中生成"频繁 2 项集"，依此类推，直到不能找到"频繁 k 项集"。

❷ Agrawal R，Srikant R. Fast Algorithms for Mining Association Rules［C］// Proceedings of International Conference on Very Large Databases，1994：487-499.

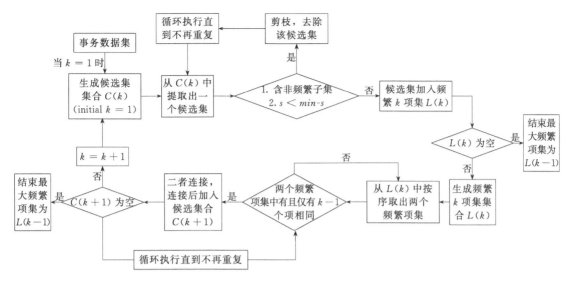

图 6-5　Apriori 算法生成频繁项集流程图

（2）生成强关联规则

关联规则是形如 $X{\rightarrow}Y$ 的蕴涵式，在获取所有频繁项集后，还需要判断该频繁项集对应的关联规则是否满足强关联规则的要求，即该规则的置信度是否大于用户预先设置的最小置信度阈值。具体步骤如图 6-6 所示。

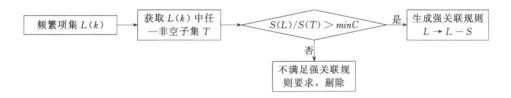

图 6-6　生成强关联规则流程图

基于 Apriori 算法挖掘强关联规则，这种方法广泛应用于用户购物行为分析等领域，但也存在明显缺点：

① 候选集数量过多，易造成内存不足；

② 需要多次扫描数据集，时间代价过大，导致算法效率低下。

因此，针对 Apriori 算法的优化提速成为关联规则数据挖掘研究的重点。2000 年 Jiawei Han 等人❶提出了基于 FP 树生成频繁项集的 FP-growth 算法，该算法只进行两次数据库扫描，且不使用候选集，直接将数据库压缩成一个频繁模式树，最后通过这棵树生成关联规则。其发现频繁项集的基本过程分为两步：构建 FP 树和从 FP 树

---

❶　Han J W，Pei J，Yin Y W. Mining Frequent Patterns without Candidate Generation［C］// Proceedings of the 2000 ACM SIGMOD Record International Conference on Management of Data，2000，29（2）：1-12.

中挖掘频繁项集。FP-growth 算法的一般流程如下：

步骤 1：首先扫描一遍数据集，得到所有 1 项集，过滤小于最小支持度的 1 项集，然后将原始数据集中的条目按项集中的降序进行排列。

步骤 2：第二次扫描，创建项头表（从上往下降序计数）以及 FP 树。

步骤 3：对于每个项集（可以按照从下往上的顺序）找到其条件模式基（conditional pattern base，CPB），递归调用树结构，删除不满足最小支持度阈值的项集。如果最终呈现单一路径的树结构，则直接列举所有组合，否则继续调用树结构，直到形成单一路径为止。

下面通过示例解释 FP-growth 频繁项集挖掘算法的过程。

（1）筛选满足条件的项

表 6-4 表示某一事务数据库，若设置项的最小支持数为 2，即各项在数据库中最少出现 2 次，则过滤后的各项按其支持数 Count 降序排序之后可生成表 6-5（项头表）。

表 6-4　事务数据库

TID	Items	TID	Items
1	$\{f, a, c, d, g, i, m, p\}$	4	$\{b, c, k, s, p\}$
2	$\{a, b, c, f, m\}$	5	$\{a, f, c, e, l, p, m, n\}$
3	$\{b, f, h, j, o\}$		

表 6-5　满足最小支持度的项及其支持数

Items	f	c	a	b	m	p
Count	4	4	3	3	3	3

（2）更新事务数据库

根据项头表，对原始事务数据库剔除非项头表内的项，并将每一事务内的项按照其支持数降序排列，其结果如表 6-6 所示。

表 6-6　经剔除和排序后的事务数据库

TID	Items	Ordered frequent items
1	$\{f, a, c, d, g, i, m, p\}$	$\{f, c, a, m, p\}$
2	$\{a, b, c, f, m\}$	$\{f, c, a, b, m\}$
3	$\{b, f, h, j, o\}$	$\{f, b\}$
4	$\{b, c, k, s, p\}$	$\{c, b, p\}$
5	$\{a, f, c, e, l, p, m, n\}$	$\{f, c, a, m, p\}$

（3）构建 FP 树

将经过剔除和排序后的事务数据库逐条按顺序插入树中，在插入时若存在两个共同的父节点，则对应的父节点计数加 1。图 6-7 所示为 FP 树构建事务 1 过程，剔除和排序后的事务数据集依次插入 FP 树中，可得到图 6-8 所示的整体 FP 树。

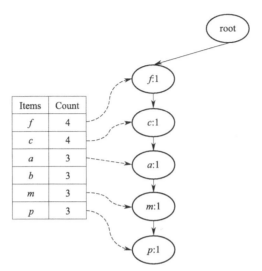

图 6-7　FP 树构建事务 1 过程

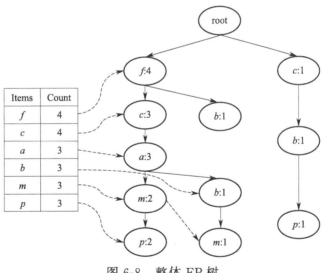

图 6-8　整体 FP 树

（4）挖掘频繁项集

FP 树构建完成之后，对于每一个元素项，分别获取其对应的条件模式基 CPB。条件模式基是以要挖掘的项作为结尾的所有路径集合，可以用来表示所查找的目标项与根节点的所有内容。例如，若目标项为 p，预设频繁项集的最小支持度为 0.4，即频繁项集的最小支持数为 2，则条件模式基为 $\{f:2, c:2, a:$

2，m：2}，然后递归得到频繁二项集 {f，p}、{c，p}、{a，p}、{m，p}，频繁三项集 {f，c，p}、{f，a，p} 等；最后得到最大的频繁项集——频繁五项集，为 {f，c，a，m，p}。至此，p 节点的所有满足最小支持度的频繁项集挖掘完毕。其他节点的频繁 k 项集挖掘方法与此相同。

6.3.1.3 序列模式挖掘

Apriori 算法和 FP-growth 算法通常讨论的是事务同时出现的情况，并不关注事务的时间和空间顺序。在实际情况中，事务发生的先后顺序和空间顺序常常具有很大的影响，例如，某一顾客购买了手机，有可能会在之后的一段时间内购买耳机；某件事在 A 地点发生了，有可能会导致在 B 地点发生。通常事务之间存在着一定时间和空间上的关联，事务之间发生的顺序也是关联规则需要考虑的部分，这些包含了时间或空间信息的事件被称为序列。Agrawal 和 Srikant[1] 最早提出了序列模式挖掘的概念，即从序列数据库中挖掘满足最小支持度的频繁子序列。

（1）序列模式相关概念

① 序列。序列 S 用于表示一系列具有时间和空间相对关系的有序事务。将与对象 A 有关的所有事件按时间或空间顺序排列，得到对象 A 的一个序列 S。序列的长度为序列中事务的个数。

② 子序列。对于序列 T 和 S，如果 T 中每个有序元素都是来源于 S 的元素，且保留了序列 S 中原有的顺序关系，那么 T 是 S 的子序列。子序列的挖掘是指在原始序列中去除一些元素，而不破坏其他元素之间的位置关系。序列与子序列的判断示例见表 6-7。

表 6-7 序列与子序列的判断示例

序列 S	序列 T	T 是否为 S 的子序列
<{2,4}{3,5,6}{8}>	<{2}{8}>	是
<{1,2}{3,4}>	<{1}{2}>	否
<{2,4}{2,4}{2,5}>	<{2}{4}>	是
<{2}{4}{5}>	<{4}{2}>	否

③ 频繁序列模式。序列模式中，每一序列都由可重复的项集有序排列构成，因此若某一序列模式在整体中出现的频次超过一定阈值，则可称之为频繁序列模式，频

---

❶ Agrawal R，Srikant R. Mining Sequential Pattern [C]//Proceedings of the 11th International Conference on Data Engineering，1995：3-14.

繁序列模式在整体训练集中具有普遍性。频繁序列挖掘的一种特殊情况是序列内各项集仅由单个项组成，此时频繁序列挖掘过程就是经过多次扫描寻找所有子项集的过程。实际情况中一个项集通常由两个或多个项组成，如项集 $a = \{x_1, x_2\}$，它的子项可以为 $\{x_1\}$、$\{x_2\}$、$\{x_1, x_2\}$，此时子序列的挖掘过程需全面考虑各项集可能包含的子项。频繁子序列挖掘是寻找满足最小支持度和置信度的强关联规则的基础。

（2）序列模式挖掘算法

序列模式的挖掘算法主要分为类先验方法和模式增长框架算法两种。二者相比，类先验方法专业门槛较低，计算简单，易于推广，而模式增长框架算法不会产生大量的候选集，因此算法效率较高，尤其是当最小支持度阈值设置较低时优势更加明显。

① 类先验算法。常用的类先验算法包括 AprioriAll、AprioriSome、Dynamic-Some、GSP 和 SPADE 等，本书重点介绍 AprioriAll 和 GSP 两种方法。

AprioriAll 算法是在 Apriori 挖掘频繁项集的基础上扩展到序列模式挖掘的一种算法，它基于宽度优先搜索的思想，在序列模式挖掘过程中利用前一步挖掘的频繁子序列模式作为候选序列模式集，并通过对序列模式数据库的扫描和统计计算出各候选序列模式的支持度，以确定其频繁性。AprioriAll 算法的主要步骤包括：

步骤 1：排序阶段（sort），使同一个顾客的所有交易事务相邻，从而形成购买事务序列，方便后期的查询处理。

步骤 2：发现频繁项集阶段（litemset），利用频繁项集挖掘算法获得所有的频繁项集，此时需要确定频繁项集的最小支持度，并通过连接步与剪枝步挖掘频繁项集。

步骤 3：序列转换阶段（transformation），包括两个工作：①通过最小支持度的判断删除所有的非频繁项集；②将所有频繁项集转换为所定义的整数值。

步骤 4：序列模式阶段（sequence），通过序列的最小支持度阈值筛选出所有频繁序列，从一个由频繁序列组成的种子集开始，利用这个种子集产生新的候选序列，筛选其中的频繁序列，并将这些频繁序列作为下一阶段的种子集。

步骤 5：最大序列阶段（maximal），当序列挖掘任务是找到满足条件的最大序列模式时，需要加入最大序列的判断步骤。在这一步骤中，非最大频繁序列模式会被删除。

GSP（generalized sequential patterns）是序列模式挖掘的经典方法之一，可以理解为加入了垂直列表数据库和哈希树概念的 Apriori 算法，依旧可以通过连接步和剪枝步完成挖掘计算。GSP 算法的一般流程如下：

步骤 1：根据输入序列找到所有长度为 1 的频繁模式 L_1，生成初始种子集，需要经过提前设置的最小支持度阈值判断。

步骤 2：根据长度为 i 的种子集 L_i，通过与 Apriori 类似的连接操作和剪切操作

生成长度为 $i+1$ 的候选序列模式 C_{i+1}，然后扫描数据库，计算每个候选序列模式的支持度，产生长度为 $i+1$ 的序列模式 L_{i+1}，生成新的种子集。具体的连接步与剪枝步方法如表 6-8 所示。

表 6-8　频繁序列模式挖掘中的连接步与剪枝步

连接步	如果去掉序列模式 S_1 的第一个项目与去掉序列模式 S_2 的最后一个项目所得到的序列相同,则将 S_1 与 S_2 进行连接,即将 S_2 的最后一个项目添加到 S_1 中
剪枝步	若某候选序列模式的某个子序列不是频繁序列模式,即序列支持度不满足最小支持度阈值,则此候选序列模式不可能是频繁序列模式,将它从候选序列模式中删除

步骤 3：重复执行步骤 2，直到没有新的频繁序列模式或新的候选序列模式产生为止。

GSP 算法本质上是 AprioriAll 算法的宽度优先型改进算法。在数据扫描过程中，可以通过设置时间参数来限制对应的挖掘范围：

a. 区间参数 T：是指时间序列模式的有效时间。当时间区间参数 T 为确定值时，序列模式挖掘将被限定在这一时间区间内。

b. 时间窗口 W：是指用户进行交易行为的有效时间。在同一时间窗口内发生的事件都可以认为是同时发生。假如设置 W 的数值等于 30 天，那么顾客在 30 天内先后购买商品 A 和商品 B 的行为被认为是同一交易事务，表示为 $\{(A,B)\}$，即认为顾客同时购买了商品 A 和商品 B。当 W 的值设为 0 时，顾客的每一次购买活动都是一个独立的交易事件，可表示为 $\{(A)(B)\}$。

c. 时间间隔：时间间隔包括最大时间间隔 maxgap 和最小时间间隔 mingap，可以用 [mingap, maxgap] 表示，意味着相邻事件发生的时间间隔必须处于最大间隔与最小间隔之间。假设顾客在购买了商品 A 的 25 天后购买了商品 B，那么当时间间隔设置为 [0, 30] 的情况下，顾客的活动就是满足要求的一条序列模式。

基于类先验的序列模式挖掘算法的主要思想见表 6-9。类先验方法的思路简单，易于实现，对于较短且简单的序列数据集具有一定的优势。但该类算法会产生大量的候选序列，且需要反复扫描数据库，因此会消耗大量的内存，时间耗费也长，效率较低，不适用于数据集序列十分复杂、最小支持度设置较低或序列长度较长情况下的序列模式挖掘。

表 6-9　基于类先验的序列模式挖掘算法主要思想

算法名称	主要思想	局限性
AprioriAll	与 Apriori 算法挖掘频繁项集过程类似,区别在于在生成候选序列集时需考虑时间或空间的顺序	数据量大或序列模式复杂的情况下,耗费大量的时间和内存

算法名称	主要思想	局限性
AprioriSome	AprioriAll 的改进算法,对序列分为前推与回溯两阶段分别计数,在序列模式较长或最小支持度阈值设置过小的情况下有明显的改善效果	占用内存较大,在回溯阶段可能出现内存不足的情况
DynamicSome	与 AprioriSome 算法类似,前推阶段只对长度为设定的变量 Step 的倍数的序列计数,在回溯阶段进行剪枝操作	效率较低,前推阶段可能会产生大量的候选序列
GSP	AprioriAll 算法的宽度优先型改进算法,引入时间约束和滑动窗口等条件,减少了候选序列数据量;在数据结构上使用哈希树存储,减小数据量的同时提高了搜索效率	难以处理数据规模较大的情况,且需要对数据集进行多次扫描,当序列模式较长时存在缺陷
SPADE	改进的 GSP 算法,引入垂直列表数据库,规避多次对数据集 D 进行全表扫描的问题	当最小支持度阈值设置过小时,会产生大量的候选序列集

② 模式增长框架算法。在序列模式挖掘算法的研究中,如何减少或者避免大量候选序列集的产生是重点,也是提高频繁序列模式挖掘效率的关键。基于这一问题,产生了基于序列的模式增长方法理论。基于序列的模式增长方法主要包括 FreeSpan 和 PrefixSpan 等,其中 PrefixSpan 方法在挖掘序列模式时无须产生候选序列集,且在整个挖掘过程中只需要扫描数据集两次,因此与类先验方法相比较,PrefixSpan 算法可以大大提高效率。总体而言,PrefixSpan 方法在提升效率和节约内存方面优势明显,但实现过程较为复杂。这里先给出 PrefixSpan 方法的几个相关定义:

a. 序列前缀(prefix)与序列后缀(postfix)。设有两个序列 S_1 和 S_2,其中 $S_1=<a_1,a_2,a_3,\cdots,a_n>$,$S_2=<b_1,b_2,b_3,\cdots,b_m>(1\leqslant n\leqslant m)$,若 S_1 和 S_2 满足 $a_i=b_i(1\leqslant i\leqslant n-1)$,$a_n\subseteq b_n$,$b_n-a_n$ 中所有项都排在 a_n 的所有项之后,则称 S_1 是 S_2 的序列前缀。序列后缀是 S_2 删除其序列前缀 S_1 后剩余的部分,若前缀中项集的最后一个项在后缀的第一个项集中,则用"_"表示。例如:序列 $S_1=<\{ab\}>$,$S_2=<\{abc\}ac>$,S_1 是 S_2 的序列前缀,$S_2'=<\{\_c\}ac>$ 是 S_2 关于序列 S_1 的序列后缀。

b. 投影序列(projection)。对于序列 S_1 和 S_2,如果 S_1 是 S_2 的子序列,则 S_1 关于 S_2 的投影 S_1' 必须满足:S_2 是 S_1' 的前缀,S_1' 是 S_2 的满足上述条件的最大子序列。例如 $S_1=<a\{abc\}\{ac\}d\{cf\}>$,以 $<aa>$ 为前缀的 S_1 的投影是 S_1 本身,以 $<\{bc\}>$ 为前缀的 S_1 的投影是 $<\{bc\}\{ac\}d\{cf\}>$。

c. 最大投影序列。对序列 S_1 和 S_2,设 S_1 是 S_2 的前缀,S_2' 是 S_2 关于其序列前缀 S_1 的投影序列,若所有 S_2 的子序列中不存在满足投影序列判定条件的 S_2' 的超序列,则说明 S_2' 是关于 S_2 的最大投影序列。例如:$S_1=<a\{ab\}>$,$S_2=<a\{abc\}$

$\{ac\}d\{cf\}>$，S_1 是 S_2 的序列前缀，S_2 关于 S_1 的最大投影序列 $S_2' = <\{\_c\}\{ac\}d$ $\{cf\}>$，虽然 $<\{\_c\}>$ 也是 S_2 关于 S_1 的投影序列，但并非是最大投影序列。

d. 投影数据库（projected database）。投影数据库指用给定的序列 S 作为前缀，对序列数据库 D 中的序列进行投影，得到的所有后缀的集合，记为 $D|S$。例如，表 6-10 所示的序列数据库，当以 $S_1 = <\{bc\}>$ 作为序列前缀时，对应序列投影数据库 $D|S_1$ 如表 6-11 所示。

表 6-10　原始序列数据库

序号	序列数据	序号	序列数据
1	$<a\{abc\}\{ac\}d\{cf\}a>$	3	$<\{bcd\}\{cf\}a>$
2	$<a\{ac\}\{dc\}>$	4	$<a\{bd\}\{ad\}d>$

表 6-11　以 S_1 为前缀的序列投影数据库

前缀	序号	原始序列数据	序列投影数据库 $D|S_1$
S_1	1	$<a\{abc\}\{ac\}d\{cf\}a>$	$<\{ac\}d\{cf\}a>$
	2	$<\{bcd\}\{cf\}a>$	$<\{\_d\}\{cf\}a>$

（3）利用 PrefixSpan 算法挖掘频繁序列模式示例

以表 6-10 所示的原始序列数据库为例，预先设置最小支持度阈值为 50%，利用 PrefixSpan 挖掘频繁序列模式的过程如下。

步骤 1：查找所有长度为 1 的序列模式。通过统计可以得出所有长度为 1 的序列模式为 $<a>$、$<b>$、$<c>$、$<d>$、$<f>$，其对应的支持度分别为 100%、75%、75%、100%、50%，均满足最小支持度阈值。

步骤 2：分割搜寻空间。将步骤 1 生成的所有长度为 1 的序列模式作为前缀，构建序列的投影数据库，如表 6-12 所示。

表 6-12　长度为 1 的序列模式对应的投影数据库

前缀	序列投影数据库
$<a>$	$<\{abc\}\{ac\}d\{cf\}a>$，$<\{ac\}\{dc\}>$，$<\{bd\}\{ad\}d>$
$<b>$	$<\{\_c\}\{ac\}d\{cf\}a>$，$<\{\_cd\}\{cf\}a>$，$<\{\_d\}\{ad\}d>$
$<c>$	$<\{ac\}d\{cf\}a>$，$<\{dc\}>$，$<\{\_d\}\{cf\}a>$
$<d>$	$<\{cf\}a>$，$<\{\_c\}>$，$<\{ad\}d>$
$<f>$	$<a>$

步骤 3：递归挖掘 n 项频繁序列。以 $<d>$ 为例，对其后缀进行计数，可以得到 $\{a：3，b：0，c：3，\_c：1，d：1，f：2，\{cf\}：2\}$，此时需要注意的是 "$c$" 与 "$\_c$" 是不同的，考虑最小支持度阈值的限制，可以保留的二项频繁序列有 $<da>$，$<dc>$，$<df>$，$<d\{cf\}>$。

之后，分别递归 $<da>$、$<dc>$、$<df>$、$<d\{cf\}>$ 的投影，此时 $<da>$ 的后缀 $\{\{\_d\}：1，d：1\}$ 不再满足最小支持度阈值，无法产生 3 项频繁序列模式。对于前缀 $<dc>$，可以得到满足条件的 $\{a：2\}$ 后缀；对于前缀 $<df>$，可以得到满足条件的后缀 $\{a：2\}$；对于前缀 $<d\{cf\}>$，可以得到满足条件的后缀 $<a：2>$。因此满足最小支持度的三项频繁序列有 $<dca>$、$<dfa>$、$<d\{cf\}a>$。此时，递归操作完成，无法挖掘出满足要求的四项频繁序列模式，对于 $<d>$ 的挖掘结束。其他长度为 1 的序列模式的递归操作类同。

步骤 4：输出所有满足条件的 n 项频繁序列模式。

PrefixSpan 算法不用产生候选序列，且投影数据库缩小很快，内存消耗比较稳定，进行频繁序列模式挖掘的时候效率很高。PrefixSpan 运行时的最大消耗在于递归构造投影数据库。如果序列数据集较大，项数种类较多，算法运行速度会有明显下降。因此 PrefixSpan 的改进算法主要集中在优化构造投影数据库，例如使用伪投影计数等。利用大数据平台的分布式计算能力也是加快 PrefixSpan 运行速度一个好办法，如 Spark 的 MLlib 就内置了 PrefixSpan 算法。

6.3.1.4　类序列规则挖掘

类序列规则的挖掘方法是在挖掘频繁序列模式的基础上，构建同时满足最小支持度和置信度的强关联规则的过程。表 6-13 给出一个类序列规则挖掘的实例。该例子包含 A、B、C 共 3 个类别，8 条序列。若提前设定最小支持度和最小置信度分别为 0.2、0.4，可以挖掘出的类序列规则包含：$(<\{f\}\{f\}\{d\}>\rightarrow A$，支持度 $=1/4$，置信度 $=2/3)$，$(<\{b\}\{b\}\{d\}>\rightarrow B$，支持度 $=3/8$，置信度 $=3/4)$，对于第一条类序列规则，序列 1 和 7 满足该规则，而序列 1、2、7 覆盖了这条规则；对于第二条类序列规则，序列 2、3、8 满足该规则，而序列 1、2、3、8 覆盖了这条规则。

表 6-13　类序列规则挖掘实例

序号	序列	类别
1	$<\{f\}\{b,f\}\{b\}\{d\}\{f\}>$	A
2	$<\{b\}\{b,f\}\{b,a\}\{f\}\{f,d\}>$	B

序号	序列	类别
3	$<\{b\}\{b,d\}\{d\}>$	B
4	$<\{f\}\{b\}\{n\}\{f\}>$	A
5	$<\{f,g\}>$	A
6	$<\{b,g\}\{g\}>$	C
7	$<\{f\}\{f\}\{d\}\{f,d\}>$	A
8	$<\{b\}\{b\}\{a\}\{d\}>$	B

6.3.2 社会化媒体语料中挖掘类序列规则

将整个社会化媒体语料转化为一个序列，包括训练数据集和测试数据集。语料项 I 包含了所有的情感标签和连词，语料中的每个句子表示为 1 个项集（包含 1 个或 2 个情感标签），每个连词也表示为一个项集，这样一条语料就被表示为一个项集的序列。分别采用基于情感词典和规则的情感分析方法、基于机器学习的情感分析方法，获取每个句子的 2 个情感标签，其优势在于用 2 个情感标签进行序列模式特征匹配，能提高性能。表 6-14 所示语料包含了 3 个句子，用基于情感词典和规则的情感分析方法获得句子的情感为"喜欢-高兴-悲伤"，用基于机器学习的情感分析方法获得句子的情感为"喜欢-喜欢-悲伤"，注意第 3 句的开始有个转折连词"可是"，最后将这条语料表示成如下序列：< {喜欢}，{高兴，喜欢}，{可是}，{悲伤} >。

表 6-14 序列转化过程示例

句子	基于情感词典和规则	基于机器学习
今天天气晴朗,阳光明媚[太阳]	喜欢	喜欢
以前我最喜欢这种天气了,可以尽情地欢笑	高兴	喜欢
可是我现在怎么也高兴不起来[叹气]	悲伤	悲伤

由于连词能反映出句子间的联系（如承接关系、转折关系、因果关系等），对整个语料的情感会有非常大的影响，因此，在序列中加入连词，对进一步提高段落级/篇章级情感分析的准确性具有重要作用。我们使用的连词（共 46 个）列表见表 6-15。

表 6-15 连词列表

关系	连词
并列关系	和,跟,与,既,同,及
承接关系	则,乃,就,便,于是,然后,说到,此外,像,如,一般,比方,接着
转折关系	却,虽然,但是,尽管,然而,而,偏偏,只是,不过,至于,致,不料,岂知
因果关系	原来,因为,由于,以便,因此,所以,是故,以致
递进关系	不但,不仅,而且,何况,并,且

构建社会化媒体语料的序列数据库的具体步骤如下：

步骤 1：对于测试集语料中的每个句子，同时利用基于情感词典和规则的情感分析方法、基于机器学习的情感分析方法来判别句子的情感。如果 2 种方法得到的情感相同，句子就得到一个情感标签，否则，句子将得到 2 个情感标签。对于训练集语料中的每个句子，直接使用人工标注的句子的情感标签。

步骤 2：根据每个句子的情感标签和句首的连词，将一篇语料转化为一个序列。

步骤 3：在训练集中，每条语料的情感标签联系一个相关序列，作为一个类。例如：已知表 6-14 中整篇语料的情感标签为"悲伤"，得到数据实例：(<｛喜欢｝,｛高兴,喜欢｝,｛可是｝,｛悲伤｝,悲伤>)，基于从训练集中构建的数据实例，用类序列规则挖掘算法挖掘出满足最小支持度和最小置信度的类序列规则，这些规则表示不同情感类别的特定模式。

在社会化媒体文本的多级情感分类中，往往面临不平衡数据问题（即不同类别的数据分布不均衡），如有些连词和情感出现频繁，而有些连词和情感出现较少，因此仅通过一个最小支持度阈值来生成类序列规则显然不合适。本书采用多最小支持度策略，即频繁项规则的最小支持度阈值较高，而罕见项规则的最小支持度阈值较小，从而实现包含罕见连词和情感的类序列规则的有效挖掘。

类序列规则挖掘算法流程图如图 6-9 所示。

6.3.3 社会化媒体语料的情感分类

从训练集中挖掘出类序列规则后，将每个规则 $X \rightarrow y$ 中的序列模式 X 作为一个特征。如果一条语料对应的模式（序列）包含 X，其相应的文本特征值置为 1，反之置为 0。除类序列规则特征外，还可使用情感词特征、句子结构特征等。最后采用机器学习算法（如 SVM、KNN、RF 等）进行模型训练和测试。具体实现步骤见表 6-16。

融合类序列规则和机器学习的多级情感分析算法的流程图如图 6-10 所示。

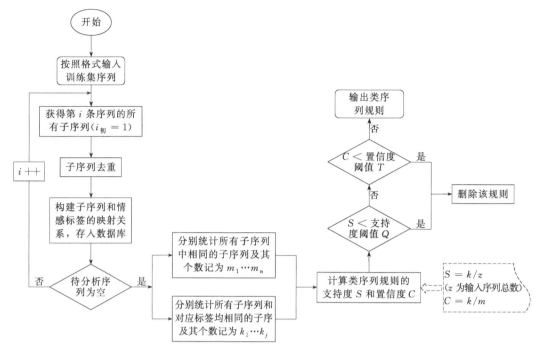

图 6-9　类序列规则挖掘算法流程图

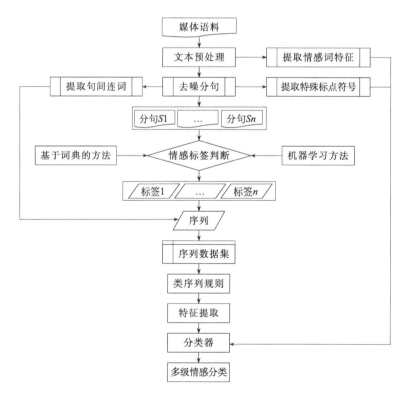

图 6-10　融合类序列规则和机器学习的多级情感分析算法流程图

表 6-16　融合类序列规则和机器学习的多级情感分析算法的步骤

步骤	内容
Step1	输入语料集 $D = \{a_1, a_2, \cdots, a_n\}$
Step2	统计每条语料 a_i 中 7 种类别情感词数,获取 a_i 的情感词特征
Step3	依次获取每条语料 a_i 中 7 种类别情感句子数、首句的情感极性、尾句的情感极性,进而获取 a_i 的句子构成特征
Step4	采用类序列规则挖掘算法,获取类序列规则特征
Step5	根据类序列规则特征、情感词特征、句子结构特征等训练分类器,得到每条语料的情感类别

6.4　社会化媒体文本多级情感分析的实例

6.4.1　实验设置

在已有的文本情感评测公开数据集中,针对多分类情感分析的社会化媒体数据并不多见,为保证语料来源的公开性,我们选取了中国计算机学会(CCF)2013 年和 2014 年主办的自然语言处理与中文计算会议(NLP&CC)中的评测语料公开数据集 NLP&CC2013 和 NLP&CC2014,综合考虑类序列规则挖掘算法的时空复杂度和计算机的运行速度,我们删除其中部分语料中的复句较多且无意义的文本。由于针对多种情感分类的公开数据集数量十分有限,因此我们爬取并标注了环球网 2020 年 2 月 27 日 22 点至 2020 年 2 月 28 日 14 点发布的"X 国副总统确诊新冠肺炎"这一事件的转发和评论内容 7784 条,由于评论数据的语境特殊,没有出现"高兴"这类情感的语料,仅标注"喜欢""愤怒""悲伤""恐惧""厌恶"和"惊讶"六类情感,经过去重和删除过短(少于 5 个字)的语料后,保留 2158 条文本。

三种语料情感分布情况见表 6-17。

表 6-17　三种语料情感分布情况

语料	各类情感分布(条)							
	高兴	喜欢	愤怒	悲伤	恐惧	厌恶	惊讶	无情感
NLP&CC2013	1059	1469	377	721	87	928	216	4760
NLP&CC2014	1395	2118	617	1116	144	1332	347	6362
X 国副总统确诊新冠肺炎	—	424	33	354	287	594	235	231

在上述 3 个语料上采用不同分类算法,分别从三个角度进行多级情感分类,进行三组对比实验,见表 6-18,以分析并验证本书提出的融合类序列规则和机器学习的多级情感分析方法的多级分类识别效果。

表 6-18　三组对比实验设置

实验名	实验详细描述
文本特征对比实验	经过文本预处理后,提取不同文本特征,比较传统文本特征(情感词特征、句子构成特征)与类序列规则特征对分类识别效果的影响,旨在验证本书提出的融合类序列规则和机器学习的多级情感分析方法的有效性
分类器对比实验	经过文本预处理后,提取不同文本特征,比较特定文本特征下不同分类器的分类性能,旨在对比单一分类器和集成分类器的分类效果
特征选择对比实验	经过文本预处理后,提取不同文本特征,比较特征选择前后的分类识别效果,旨在分析特征选择对不同分类器分类效果的影响

6.4.2　实验结果分析

6.4.2.1　文本特征对比实验

选择 SVM、KNN、RF、AdaBoost 作为分类器,分别以情感词特征、情感词＋句子构成特征、类序列规则特征、类序列规则＋情感词＋句子构成特征作为分类器的输入特征,在 3 个语料集上比较不同输入特征对分类性能的影响,实验结果分别见表6-19～表 6-21。其中以类序列规则特征、类序列规则＋情感词＋句子构成特征为输入特征,采用不同分类器的方法,属于本书提出的融合类序列规则和机器学习的多级情感分类方法,分类结果的对比图如图 6-11～图 6-13 所示,评价指标 $MacF1$ 和 $MicF1$

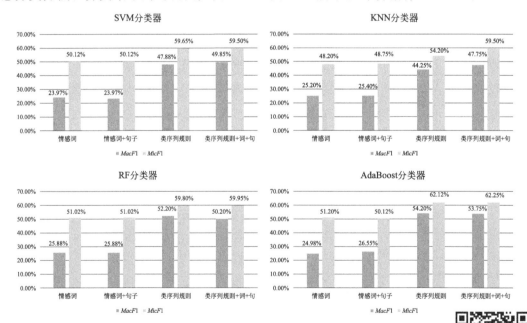

图 6-11　NLP&CC2013 上采用不同文本特征的分类结果对比

随着文本特征的变化均有相应改变。

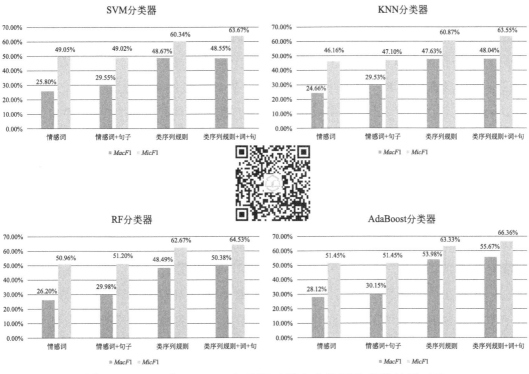

图 6-12　NLP&CC2014 上采用不同文本特征的分类结果对比

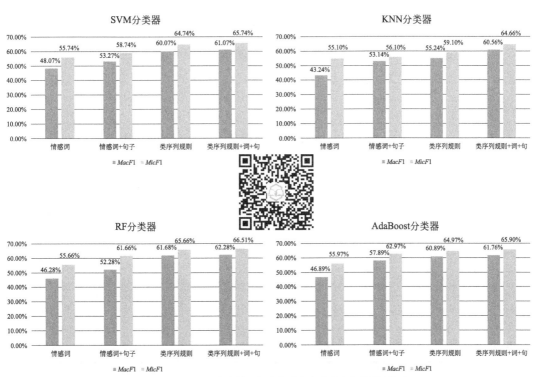

图 6-13　X 国副总统确诊新冠肺炎评论数据集上

采用不同文本特征的分类结果对比

从实验结果可以看出：

① 基于传统的情感词和句子特征的文本情感分类结果相对较差，在三个数据集上的表现情况均不理想，尤其是仅以情感词特征为文本特征的分类，其 $MacF1$ 和 $MicF1$ 均最低。以 NLP&CC2013 数据集为例，表 6-19 中，使用 SVM 分类器时，采用情感词特征和情感词＋句子特征，所得分类结果的 $MacF1$ 和 $MicF1$ 分别为 23.97％和 50.12％，对于数据集中的少数类不能正确分类，而采用基于类序列规则的文本特征时，其 $MacF1$ 和 $MicF1$ 分别提升至 47.88％和 59.65％，可以实现少数类"恐惧"的正确分类。

② 无论使用何种机器学习分类器，文本特征的质量都将直接影响分类识别效果，恰当的文本特征对分类结果会产生较大影响。在 NLP&CC2013 和 NLP&CC2014 数据集中，与基于情感词特征相比，基于情感词＋句子特征的文本情感分类的结果的 $MacF1$ 和 $MicF1$ 均有不同程度的提高，但提高程度并不明显，甚至出现了持平的情况。与基于情感词特征和情感词＋句子特征相比，基于类序列规则的文本情感分类效果明显提高，以随机森林分类器为例，后者较前者的 $MacF1$ 分别提高了 26.32％和 22.29％，$MicF1$ 分别提高了 8.78％和 11.71％。

在 X 国副总统确诊新冠肺炎评论数据集中，与基于情感词特征和情感词＋句子特征相比，基于类序列规则的文本情感分类结果也有提高，表明类序列规则特征在社会化媒体文本的多级情感分类上具有明显优势，其主要原因在于采用了融合类序列规则和机器学习的多级情感分类方法，综合考虑了文本的顺序和句子间的话语联系。

表 6-19　NLP&CC2013 上采用不同文本特征的分类结果

分类器	情感词		情感词＋句子		类序列规则		类序列规则＋情感词＋句子	
	$MacF1$	$MicF1$	$MacF1$	$MicF1$	$MacF1$	$MicF1$	$MacF1$	$MicF1$
SVM	23.97％	50.12％	23.97％	50.12％	47.88％	59.65％	49.85％	59.50％
KNN	25.20％	48.20％	25.40％	48.75％	44.25％	54.20％	47.75％	59.50％
RF	25.88％	51.02％	25.88％	51.02％	52.20％	59.80％	50.20％	59.95％
AdaBoost	24.98％	51.20％	26.55％	50.12％	54.20％	62.12％	53.75％	62.25％

表 6-20　NLP&CC2014 上采用不同文本特征的分类结果

分类器	情感词		情感词＋句子		类序列规则		类序列规则＋情感词＋句子	
	$MacF1$	$MicF1$	$MacF1$	$MicF1$	$MacF1$	$MicF1$	$MacF1$	$MicF1$
SVM	25.80%	49.05%	29.55%	49.02%	48.67%	60.34%	48.55%	63.67%
KNN	24.66%	46.16%	29.53%	47.10%	47.63%	60.87%	48.04%	63.55%
RF	26.20%	50.96%	29.98%	51.20%	48.49%	62.67%	50.38%	64.53%
AdaBoost	28.12%	51.45%	30.15%	51.45%	53.98%	63.33%	55.67%	66.36%

表 6-21　X 国副总统确诊新冠肺炎评论数据集上采用不同文本特征的分类结果

分类器	情感词		情感词＋句子		类序列规则		类序列规则＋情感词＋句子	
	$MacF1$	$MicF1$	$MacF1$	$MicF1$	$MacF1$	$MicF1$	$MacF1$	$MicF1$
SVM	48.07%	55.74%	53.27%	58.74%	60.07%	64.74%	61.07%	65.74%
KNN	43.24%	55.10%	53.14%	56.10%	55.24%	59.10%	60.56%	64.66%
RF	46.28%	55.66%	52.28%	61.66%	61.68%	65.66%	62.28%	66.51%
AdaBoost	46.89%	55.97%	57.89%	62.97%	60.89%	64.97%	61.76%	65.90%

表 6-22　NLP&CC2013 数据集使用 SVM 分类器的分类结果

情感类别	情感词特征			情感词＋句子特征			类序列规则特征		
	P	R	F_1	P	R	F_1	P	R	F_1
无情感	53%	91%	67%	54%	91%	68%	65%	92%	76%
高兴	37%	21%	27%	36%	21%	27%	70%	45%	55%
喜欢	23%	4%	6%	27%	4%	7%	70%	39%	50%
愤怒	38%	24%	29%	34%	26%	29%	64%	36%	46%
悲伤	40%	12%	18%	35%	10%	16%	73%	46%	57%
恐惧	0%	0%	0%	0%	0%	0%	26%	17%	20%
厌恶	26%	4%	7%	17%	2%	4%	52%	36%	43%
惊讶	23%	8%	11%	18%	8%	11%	88%	26%	40%

6.4.2.2 分类器对比实验

选择 SVM、KNN、CART、RF、AdaBoost 作为分类器，分别以情感词特征、情感词＋句子构成特征、类序列规则特征、类序列规则＋情感词＋句子构成特征作为分类器的输入特征，在 3 个语料集上比较不同分类器的分类识别效果，以分析同一文本特征下分类器的优劣，实验结果分别见表 6-23～表 6-25。以 AUC 作为评价多级情感分类结果的指标，单一分类器（SVM、KNN、CART）和集成分类器（RF、AdaBoost）在 3 个语料集上的多级分类结果对比图如图 6-14～图 6-16 所示。

表 6-23　NLP&CC2013 上采用不同分类器分类结果的 AUC 值

文本特征	分类器				
	单一分类器			集成分类器	
	SVM	KNN	CART	RF	AdaBoost
情感词特征	63.83%	69.40%	71.40%	77.13%	73.49%
情感词＋句子构成特征	72.80%	69.42%	72.10%	77.60%	76.56%
类序列规则特征	76.12%	74.69%	80.16%	80.33%	81.09%
类序列规则＋情感词＋句子构成特征	79.50%	78.65%	79.46%	83.20%	80.01%
均值	73.06%	73.04%	75.78%	79.57%	77.79%

表 6-24　NLP&CC2014 上采用不同分类器分类结果的 AUC 值

文本特征	分类器				
	单一分类器			集成分类器	
	SVM	KNN	CART	RF	AdaBoost
情感词特征	63.53%	69.07%	74.40%	77.22%	74.98%
情感词＋句子构成特征	71.00%	70.57%	74.13%	78.12%	74.43%
类序列规则特征	82.55%	78.58%	78.35%	82.83%	82.65%
类序列规则＋情感词＋句子构成特征	85.30%	83.65%	86.97%	86.36%	87.15%
均值	75.60%	75.47%	78.46%	81.13%	79.80%

表 6-25　X 国副总统确诊新冠肺炎评论数据集上采用不同分类器分类结果的 AUC 值

文本特征	分类器				
	单一分类器			集成分类器	
	SVM	KNN	CART	RF	AdaBoost
情感词特征	79.66%	78.50%	79.62%	83.96%	80.79%
情感词＋句子构成特征	83.66%	79.50%	83.62%	85.96%	84.79%

续表

文本特征	分类器				
	单一分类器			集成分类器	
	SVM	KNN	CART	RF	AdaBoost
类序列规则特征	82.66%	82.00%	82.68%	85.13%	84.14%
类序列规则＋情感词＋句子构成特征	85.66%	84.88%	83.98%	88.10%	84.44%
均值	82.91%	81.22%	82.48%	85.79%	83.54%

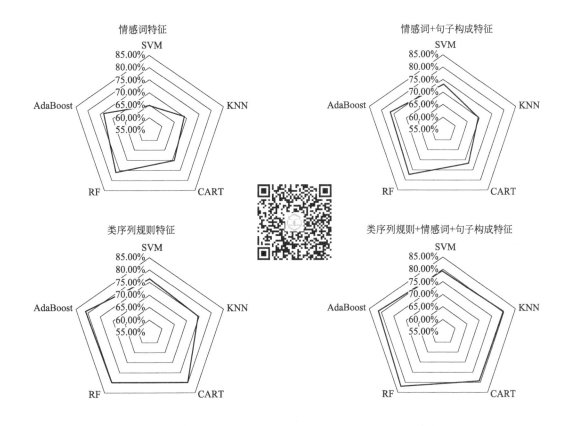

图 6-14　NLP&CC2013 上采用不同分类器的分类结果对比

在三组数据集中横向对比各文本特征下的 AUC 值，可以看出 AUC 平均值最高的均是随机森林（RF）分类器，分别为 79.57%、81.13% 和 85.79%；其次是 Ada-Boost 分类器，分别为 77.79%、79.80% 和 83.54%；最低的是 KNN 分类器，分别为 73.04%、75.47% 和 81.22%。以类序列规则＋情感词＋句子为文本特征为例，与单一分类器中最经典的 SVM 分类器相比，RF 分类器分类结果的 AUC 值分别提升了 3.7%、1.06% 和 2.44%，AdaBoost 分类器分类结果的 AUC 值分别提升了 0.51%、

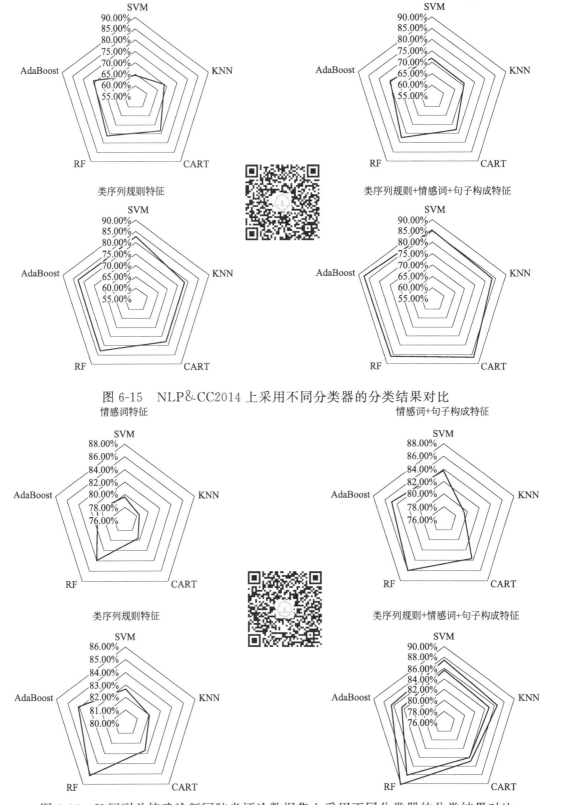

图 6-15　NLP&CC2014 上采用不同分类器的分类结果对比

图 6-16　X 国副总统确诊新冠肺炎评论数据集上采用不同分类器的分类结果对比

1.85% 和 −1.22%。针对 NLP&CC2013、NLP&CC2014 数据集，在四类文本特征下，按照分类器分类结果的 AUC 的均值由大到小的顺序排列，依次为 RF、AdaBoost、CART、SVM 和 KNN；针对 X 国副总统确诊新冠肺炎评论数据集，在四类文本特征下，按照分类器分类结果的 AUC 的均值由大到小的顺序排列，依次为 RF、AdaBoost、SVM、CART 和 KNN。由此可见，作为集成学习的分类器中 Bagging 和 Boosting 的两个代表，RF 和 AdaBoost 在文本情感分析中具有明显优势。

三组数据集在不同的文本特征下，也呈现出集成学习分类器优于单一分类器的效果。无论使用何种文本特征，三组数据集分类结果的 AUC 最高值均在 RF 和 AdaBoost 分类器中，其中 RF 分类器表现最为优异。四种文本特征对应的分类器分类结果的 AUC 的最高值与最低值之差，在 NLP&CC2013 数据集中分别为 13.30%、8.18%、6.40%、4.55%，在 NLP&CC2014 数据集中分别为 13.69%、7.55%、4.48%、3.50%，在 X 国副总统确诊新冠肺炎评论数据集中分别为 4.55%、4.13%、6.50%、4.65%。除了在 NLP&CC2013 数据集中使用类序列规则特征和在 NLP&CC2014 数据集中使用类序列规则特征＋情感词＋句子特征的两组实验，RF 分类器的 AUC 值均为最高，其次是 AdaBoost 分类器。在 X 国副总统确诊新冠肺炎评论数据集中，所有组的实验结果均是随机森林（RF）分类器最优。

作为单一分类器，SVM 分类器和 CART 分类器的分类效率相对较好。对于小规模数据集，SVM 分类器的分类效果相对更好一些，其 AUC 平均值为 82.16%；对于中型数据集，CART 分类器的分类效果更优；在同样的条件下，KNN 分类器更适用于数据量稍大的数据集，其在 NLP&CC2013 和 NLP&CC2014 上的 AUC 平均值分别为 73.04% 和 75.47%。

6.4.2.3　特征选择对比实验

选择 SVM、KNN、RF、AdaBoost 作为分类器，分别以类序列规则特征、类序列规则＋情感词＋句子构成特征作为分类器的输入特征，在 3 个语料集上比较特征选择前后的分类识别效果，分析特征选择对不同分类器分类效果的影响，实验结果分别见表 6-26～表 6-28。以 $MacF1$、$MicF1$ 作为评价多级情感分类结果的指标，分别采用 SVM、KNN、RF、AdaBoost 分类器在 3 个语料集上获得特征选择前后的多级分类结果对比图，如图 6-17～图 6-19 所示。

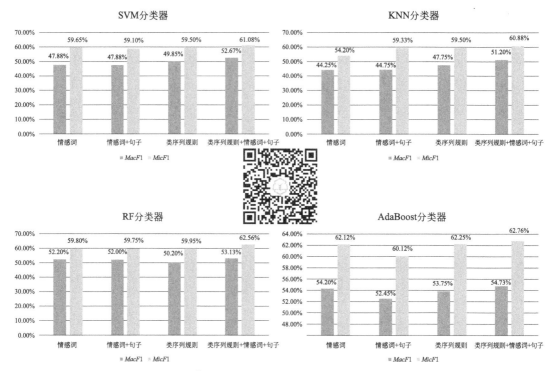

图 6-17　NLP&CC2013 上特征选择前后的分类结果对比

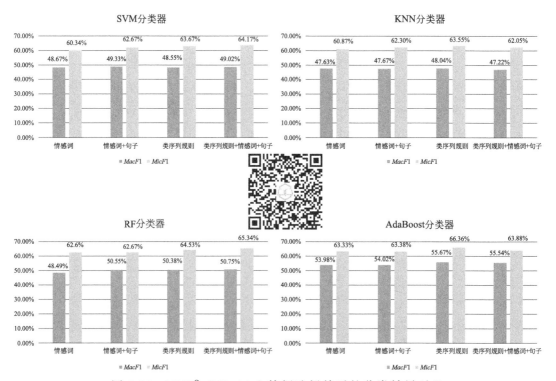

图 6-18　NLP&CC2014 上特征选择前后的分类结果对比

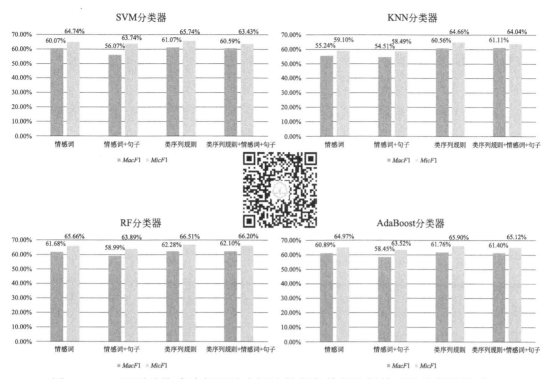

图 6-19　X 国副总统确诊新冠肺炎评论数据集特征选择前后的分类结果对比

由图表可看出，经过特征选择后的文本特征数据较之前的全部特征数据整体上大幅度减少，因而运行速度提升明显。具体来看，与选择全部特征相比，提取前 60％特征后的分类结果在 3 个数据集上有升有降。其中在 X 国副总统确诊新冠肺炎评论数据集上，4 个分类器分类结果的 $MacF1$ 均下降，表明特征提取仅选择前 60％的最有效特征、摒弃后 40％的特征，由于损失了部分特征，分类效果变差。在 NLP&CC2013 和 NLP&CC2014 数据集上，4 个分类器分类结果的部分 $MacF1$ 上升，尤其在 NLP&CC2013 上表现更明显。这是由于全部特征中存在可能导致分类效果下降的无效特征或谬误特征。表 6-29 列举了 NLP&CC2014 和 X 国副总统确诊新冠肺炎评论数据集特征选择删除示例，这些特征在训练集中均满足最小支持度和置信度阈值，但存在以下两个问题：

① 本研究采取的分级设置最小支持度的方法，对语料集中的少数类的最小支持度阈值设置较低，如"恐惧""惊讶""愤怒"三类，若挖掘出的规则的置信度也满足最小置信度阈值，则会保留这些类序列规则，而这一规则特征有时质量并不高，保留过多会增加数据量和计算量，且在分类效果上对测试集分类的准确性提升不大，此类冗余特征甚至可能导致负面影响，因此对这些较差的特征选择删除，只保留优质规则，从而可以达到提高分类效果的作用。

② 部分满足最小支持度和置信度的类序列规则在序列部分相同，而其对应的标签不同，这是由于多数类别标签可能对应多种情感表达序列模式，一些常见的序列模式本身普适性较强，因此可能对多个情感类别标签构成类序列规则，这样的规则常常不具备较强的指向性，属于容易产生歧义的特征，对情感分类结果可能具有负面影响。对于这类特征，通过计算特征与标签的相关性，选择得分较高的特征，尽可能消除部分歧义性特征，提高分类效果。

表 6-26　NLP&CC2013 上特征选择前后的分类结果

| 分类器 | 类序列规则 | | | | 类序列规则＋情感词＋句子 | | | |
| | 特征选择前 | | 特征选择后 | | 特征选择前 | | 特征选择后 | |
	$MacF1$	$MicF1$	$MacF1$	$MicF1$	$MacF1$	$MicF1$	$MacF1$	$MicF1$
SVM	47.88%	59.65%	47.88%	59.10%	49.85%	59.50%	52.67%	61.08%
KNN	44.25%	54.20%	44.75%	59.33%	47.75%	59.50%	51.20%	60.88%
RF	52.20%	59.80%	52.00%	59.75%	50.20%	59.95%	53.13%	62.56%
AdaBoost	54.20%	62.12%	52.45%	60.12%	53.75%	62.25%	54.73%	62.76%

表 6-27　NLP&CC2014 上特征选择前后的分类结果

| 分类器 | 类序列规则 | | | | 类序列规则＋情感词＋句子 | | | |
| | 特征选择前 | | 特征选择后 | | 特征选择前 | | 特征选择后 | |
	$MacF1$	$MicF1$	$MacF1$	$MicF1$	$MacF1$	$MicF1$	$MacF1$	$MicF1$
SVM	48.67%	60.34%	49.33%	62.67%	48.55%	63.67%	49.02%	64.17%
KNN	47.63%	60.87%	47.67%	62.30%	48.04%	63.55%	47.22%	62.05%
RF	48.49%	62.67%	50.55%	62.67%	50.38%	64.53%	50.75%	65.34%
AdaBoost	53.98%	63.33%	54.02%	63.38%	55.67%	66.36%	55.54%	63.88%

表 6-28　X 国副总统确诊新冠肺炎评论数据集特征选择前后的分类结果

| 分类器 | 类序列规则 | | | | 类序列规则＋情感词＋句子 | | | |
| | 特征选择前 | | 特征选择后 | | 特征选择前 | | 特征选择后 | |
	$MacF1$	$MicF1$	$MacF1$	$MicF1$	$MacF1$	$MicF1$	$MacF1$	$MicF1$
SVM	60.07%	64.74%	56.07%	63.74%	61.07%	65.74%	60.59%	63.43%
KNN	55.24%	59.10%	54.51%	58.49%	60.56%	64.66%	61.11%	64.04%
RF	61.68%	65.66%	58.99%	63.89%	62.28%	66.51%	62.10%	66.20%
AdaBoost	60.89%	64.97%	58.45%	63.52%	61.76%	65.90%	61.40%	65.12%

表 6-29　NLP&CC2014 和 X 国副总统确诊新冠肺炎评论数据集特征选择删除示例

序号	NLP&CC2014 数据集	X 国副总统确诊新冠肺炎评论数据集
1	＜(厌恶)(无情感)(喜欢)(喜欢)(厌恶)＞→愤怒	＜(无情感)(厌恶)(厌恶)＞→愤怒
2	＜(厌恶,无情感)(因此)(喜欢)＞→无情感	＜(无情感,恐惧)＞→无情感
3	＜(无情感)(无情感,惊讶)(但是)(愤怒)＞→厌恶	＜(无情感)(恐惧)(无情感)(无情感)＞→惊讶
4	＜(无情感)(无情感)(愤怒)(无情感)(无情感)(厌恶,无情感)(无情感)＞→惊讶	＜(喜欢,恐惧)(无情感)(惊讶)＞→惊讶
5	＜(无情感)(厌恶,无情感)(无情感)(悲哀,无情感)＞→悲哀	＜(厌恶)(喜欢)＞→恐惧/喜欢/厌恶
6	＜(无情感)(无情感)(无情感)(无情感)＞→惊讶/恐惧/喜欢/厌恶	＜(悲哀)(喜欢)＞→悲哀/喜欢
7	＜(无情感)(无情感)(无情感)(无情感)＞→恐惧/厌恶/喜欢	＜(无情感)(喜欢)(无情感)(无情感)＞→惊讶/无情感

第7章
社会化媒体信息网络

7.1 复杂网络

20 世纪 90 年代初，钱学森院士提出了"开放的复杂巨系统理论"，给出了复杂网络的初步定义："具有自组织、自相似、吸引子、小世界、无标度中部分或全部性质的网络称为复杂网络"[❶]，但是复杂网络并没有严格精确的定义，它可以被看作是大量真实复杂系统的拓扑抽象，能够描述现实世界中存在的大量复杂系统，网络的节点代表真实世界中的个体，网络的边表示个体之间的联系。基于复杂网络的视角研究复杂系统，已经成为包含数学、系统科学、物理学、经济学、计算机科学、社会科学等多学科交叉研究的热点。

复杂网络可以用由集合 V 和集合 E 组成的图 $G=(V,E)$ 描述，其中集合 V 中的元素是图 G 的节点（也称为顶点或点），集合 E 中的元素是图 G 的连接（也称为边或弧）。集合 E 是由集合 V 中元素的无序（有序）对构成的集合；如果连接边的节点偶对是有序的，则称 G 为有向图，其中的节点有序对被称为弧（arc）；如果连接边的节点偶对是无序的，则称 G 为无向图，其中的节点无序对被称为边（edge）。如果每条边都有相应的权值，则称 G 为加权图，否则称 G 为无权图，无权图可视为权重均为 1 的加权图。图 $G=(V,E)$ 可由邻接矩阵 A 完全描述。设 N 为节点数，邻接矩阵 A 是一个 $N \times N$ 的方阵，其元素为 a_{ij}，当节点 v_i 和节点 v_j 之间有边相连时，$a_{ij}=1$，否则 $a_{ij}=0$，邻接矩阵对角线上的元素

❶ 钱学森，许国志，王寿云. 论系统工程 ［M］. 长沙：湖南科学技术出版社，1988：7-22.

$a_{ii}=0$，因此无向图的邻接矩阵是对称矩阵。

7.1.1 复杂网络的拓扑参数

常用的描述复杂网络结构特点的拓扑参数包括平均路径长度（average path length）、度分布（degree distribution）、集聚系数（clustering coefficient）、中心性指标（包括度中心度、介数中心度、接近中心度以及特征向量中心度等）[1]。这些拓扑参数从不同角度刻画了复杂网络的拓扑结构，能够反映复杂网络的内在特征和功能。

7.1.1.1 无权网络的拓扑参数

（1）节点的度和度分布

度是描述网络局部特性的最基本、最重要的概念。节点 v_i 的度 k_i 定义为与节点 v_i 直接相连的边的数目：

$$k_i = \sum_{j=1}^{N} a_{ij} \tag{7.1}$$

无向图中的边没有方向，节点的度值是与其直接相连的边数，节点的度越大，表明节点在某种意义上越"重要"。有向图中，节点的度包括入度 k_i^{in}（即从节点 v_i 出发的连接边数）和出度 k_i^{out}（即指向节点 v_i 的连接边数），并且满足 $k_i = k_i^{in} + k_i^{out}$。

度分布是网络的重要统计特征之一，通常用分布函数 $P(k)$ 来描述，表示随机选择节点的度恰好为 k 的概率，反映网络中度为 k 的节点个数占节点总数 N 的比例。现实世界中，大多数复杂网络的度分布服从幂律分布：

$$P(k) \sim k^{-\gamma} \tag{7.2}$$

在双对数坐标下，幂律分布为一条斜率为 r 的直线。对于有向网络，需要考虑两种分布：$P(k^{in})$ 和 $P(k^{out})$。

（2）平均路径长度

平均路径长度 L 是指网络中任意节点对之间距离的平均值，表示为：

$$L = \frac{1}{N(N-1)} \sum_{i \neq j} d_{ij} \tag{7.3}$$

式中，N 为网络的节点数，d_{ij} 为节点 v_i 和节点 v_j 之间的最短距离。由于实际网络通常不是全连通图，不连通的节点对之间的距离 d_{ij} 无穷大，因此将平均路径长

---

[1] Hui Li. Topology Structure Analysis of Reply Networks on BBS Virtual Communities. ICIC Express Letters, Part B: Applications, 2012, 3 (2): 487-492.

度 L 修正为所有存在连通路径的节点对之间距离的平均值。

（3）集聚系数

集聚系数 C 描述的是网络中与同一节点相连的两个节点也相连的可能性，即网络中节点的聚集情况，是衡量网络集团化程度的重要参数。节点 v_i 的局部集聚系数 C_i 定义为节点 v_i 的相邻节点之间的实际连接数 E_i 与它们所有可能存在连接数的比值：

$$C_i = \frac{2E_i}{n_i(n_i-1)} \tag{7.4}$$

式中，n_i 为节点 v_i 邻居节点的个数。整个网络的集聚系数 C 是所有节点局部集聚系数 C_i 的平均值：

$$C = \frac{1}{N}\sum_{i=1}^{N}C_i \tag{7.5}$$

式中，N 为网络的节点数。C 是介于 0 和 1 之间的一个小数。

（4）度中心度

网络中节点 v_i 的度中心度用网络中与该节点直接相连的节点数目来衡量，即节点 v_i 的度 k_i，表示为：

$$C_D(i) = k_i \tag{7.6}$$

节点 v_i 的标准化度中心度表示为：

$$C_D'(i) = \frac{k_i}{N-1} \tag{7.7}$$

度中心度从节点所拥有的连接数这一简单、直观的角度分析节点的直接影响力，可以测量某个节点与其他节点发展交往关系的能力。

（5）介数中心度

节点 v_i 的介数中心度 $C_B(i)$ 定义为网络中所有最短路径中经过节点 v_i 的路径数占最短路径总数的比例：

$$C_B(i) = \sum_{m \neq n}^{N}\sum^{N}\frac{g_{mn}(i)}{g_{mn}} \tag{7.8}$$

式中，g_{mn} 为节点 v_m 和节点 v_n 之间存在的最短路径数，$g_{mn}(i)$ 为节点对 v_m 和 v_n 最短路径中经过节点 v_i 的路径数。

节点 v_i 的标准化介数中心度可以表示为：

$$C_B'(i) = \frac{2\sum_{m \neq n}^{N}\sum^{N}\frac{g_{mn}(i)}{g_{mn}}}{N^2 - 3N + 2} \tag{7.9}$$

式中，N 为该网络的总节点数。介数中心度反映了节点对网络中信息流动的影响，可以测量个体对资源控制的程度。在网络中，如果一个节点位于其他任意两个节点之间的最短路径上，可以认为该节点居于重要地位，具有控制其他节点之间交往的能力。

（6）接近中心度

节点 v_i 的接近中心度 $Cc(i)$ 定义为：

$$C_C(i) = \frac{N-1}{\sum\limits_{j=1}^{N} d_{ij}} \tag{7.10}$$

式中，d_{ij} 为节点 v_i 和节点 v_j 之间的最短距离。若两节点之间不存在路径，则两节点之间距离 d_{ij} 的值为无穷大，而无穷大的倒数为 0，则可以忽略网络中无任何路径相连的节点对，更加有效地计算。

接近中心度反映了节点到达网络其他节点所需路径的差异性，即一个节点通过网络到达其他节点的难易程度，也反映了节点通过网络对其他节点的间接影响力，利用信息在网络中的传播时间长短来确定网络节点的重要性，是衡量节点的中心性指标之一。

（7）特征向量中心度

假设网络 G 有 N 个节点，A 为网络的邻接矩阵，当节点 v_i 和节点 v_j 之间有相连边时 $a_{ij}=1$，无相连边时 $a_{ij}=0$，$\lambda_1, \lambda_2, \cdots, \lambda_N$ 为邻接矩阵 A 的特征值，特征值对应的特征向量为 $a=(e_1, e_2, \cdots, e_N)$，$\lambda e_i = \sum\limits_{j=1}^{N} a_{ij} e_j$，则特征向量中心度定义为：

$$C_E(i) = \lambda^{-1} \sum\limits_{j=1}^{N} a_{ij} e_j \tag{7.11}$$

特征向量中心度反映了一个节点的重要度不但要考虑该节点的邻居节点的数量，还考虑该节点每个邻居的重要度，即网络中每个节点被指定一个相对分值，在计算节点分值的贡献时，连到高分值节点比连到低分值节点的分值大。因此，节点可以通过两种方式提高自身重要度：一是连接很多其他重要的节点，二是高分值节点可以和大量一般节点相连，或者与少量其他高分值节点相连。

7.1.1.2　加权网络的拓扑参数

许多真实复杂网络在连接的容量和密度方面具有很大的异质性，社会网络中的个体之间存在弱和强的联系，这些系统用加权网络 $G^W = (V, E, W)$ 可更好地描述，加

权网络由点集 V、边集 E 和边的权集 W 组成，点集 V、边集 E 的元素个数分布记为 N 和 K，通常用边的粗细表示权重。G^W 常用一个 $N \times N$ 的权值矩阵来表示，其元素 w_{ij} 为连接节点 v_i 和节点 v_j 的边权，当节点 v_i 和节点 v_j 不相连时，$w_{ij}=0$，没有特别说明情况下认为对任意的 i 都有 $w_{ii}=0$。下面介绍的加权网络的拓扑参数是对无权网络中一些概念的扩展和补充，并将权与拓扑相结合。

（1）点权、入权、出权

为了描述加权网络，引入了边权和点权概念。边权 w_{ij} 是指节点 v_i 和节点 v_j 之间连接的权重；边权分布描述加权网络中任意选择一条连接边，其权重 w_{ij} 等于 w 的概率。加权网络中，节点 v_i 的度被推广为点权（也称点的强度）s_i，定义为：

$$s_i = \sum_{j=1}^{N} w_{ij} \tag{7.12}$$

点权整合了节点的度和与节点相连的边权的所有信息。在有向加权网络中，节点 v_i 的入权为指向该点的所有边的权重之和：

$$s_i^{in} = \sum a_{ji} w_{ji} \tag{7.13}$$

节点 v_i 的出权为由该点出发的所有边的权重之和：

$$s_i^{out} = \sum a_{ij} w_{ij} \tag{7.14}$$

点权、入权和出权之间的关系满足：

$$s_i = s_i^{in} + s_i^{out} \tag{7.15}$$

（2）加权平均路径长度

在加权网络中，两节点 v_i 和 v_j 之间的加权最短路径长 d_{ij} 定义为网络中所有从节点 v_i 到节点 v_j 的边的权重之和的最小值。网络的加权平均路径长度 L 是节点对之间加权最短路径长 d_{ij} 的平均值。在有向加权网络中，加权平均路径长度 L 不再简单计算经历的边数，还需考虑两点之间路径的方向以及有向边的权重。

（3）加权集聚系数

无权网络的集聚系数没有考虑到加权网络中节点 v_i 的邻居节点重要性的差异，即没有考虑边的权重。Barrat 等[1]和 Onnela 等[2]分别定义了加权网络中的加权集聚系数，由于前者仅考虑了三角形中两条边的权，而后者考虑了三条边的权，因此本书采

[1] Barrat A，Barthelemy M，Pastor-Satorras R，et al. The Architecture of Complex Weighted Networks [J]. Proceedings of the National Academy of Sciences of the United States of America，2004，101（11）：3747-3752.

[2] Onnela J P，Saramäki J，Kertész J，et al. Intensity and Coherence of Motifs in Weighted Complex Networks [J]. Physical Review E Statistical Nonlinear & Soft Matter Physics，2005，71（6）.

用后者计算加权集聚系数:

$$C_i^w = \frac{1}{k_i(k_i-1)} \sum_{j,k} (w_{ij}^n + w_{jk}^n + w_{ki}^n)^{\frac{1}{3}} \tag{7.16}$$

式中，k_i 表示节点 v_i 的度，$w_{ij}^n = w_{ij}/\max(w_{ij})$ 表示归一化权重。加权集聚系数既考虑了节点 v_i 的邻居闭三角形个数，又考虑了总相对权。

7.1.2 复杂网络的拓扑特性

结构决定功能是系统科学的基本观点。大量研究表明，网络的拓扑结构决定了网络所拥有的特性和网络中节点的重要度。复杂网络表现出与规则网络和随机图模型不同的拓扑特性，如小世界（small world）特性、无标度（scale free）特性、社团结构（community structure）特性[1]和网络抗毁性[2]等。

（1）小世界特性

复杂网络的小世界特性是指网络中任何两个节点之间存在相对较短的"快捷距离"，揭示了客观世界许多复杂系统最为有效的信息传递方式和传导路径，例如在社会关系网络中，互不认识的两个人可以通过朋友圈找到对方。"小世界"问题的研究可以追溯到 20 世纪 60 年代美国哈佛大学的社会心理学家 Milgram[3] 提出的"六度分离"理论。1998 年，Watts 和 Strogatz[4] 的经典文章中提出小世界模型，认为小世界网络是既具有像随机网络一样小的平均路径长度，又具有像规则网络一样相对大的集聚系数的网络。衡量小世界特性的主要拓扑参数为平均路径长度 L 和集聚系数 C。当网络的集聚系数 C 远远大于与之同等规模的随机网络的集聚系数 C_{rand}，而且二者的平均路径长度 L、L_{rand} 相差不大时，表明该网络具有小世界特性。大量实验研究证实，许多实际网络都具有小世界特性，这对于现实世界中信息传播、舆论控制等的动力学研究具有深刻的启示意义。

（2）无标度特性

当网络中节点的度分布服从 $P(k) \sim k^{-\gamma}$ 的幂律分布时，称网络具有无标度特性，由于这类网络幂律分布没有明显的可度量特征，因此称为无标度网络。1999

---

❶ 李慧，杨青泉，王慧慧. 一种基于局部扩展优化的重叠社区发现算法［J］. 计算机工程与科学，2018，40 （12）：2258-2264.

❷ Li H. Error and Attack Tolerance of BBS Virtual Community as a Scale-free Network［C］. IEEE Joint International Information Technology and Artificial Intelligence Conference. 2014：375-379.

❸ Milgram S. The Small World Problem［J］. Psychology today，1967，2（1）：60-67.

❹ Watts D J，Strogatz S H. Collective Dynamic of "small-world" Networks［J］. Nature，1998，393（6684）：440-442.

年，基于许多实际网络的度分布具有幂率分布的事实，Barabási 和 Albert❶从动态的、增长的观点研究了复杂网络具有幂律度分布的形成机理，提出一个无标度网络模型——BA 模型，其度分布模拟如图 7-1 所示，它以节点度的分布函数作为无标度网络的特征。大量实证研究表明，许多真实网络的节点度分布服从幂律分布，属于无标度网络。

无标度网络具有以下特点：

① 幂律分布曲线的尾部下降相对缓慢，这使得在无标度网络中存在极少节点拥有大量连接，而众多节点拥有少量连接的现象。

② 由于节点的度分布遵循幂律分布，随机删除节点（即使是大比例地随机删除）几乎不会对网络结构产生较大影响；但当有选择地删除最大度值的节点时，将导致网络结构产生巨大变化。

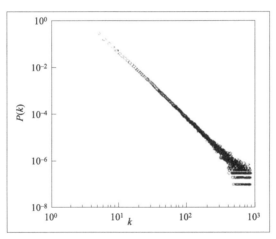

图 7-1　BA 模型度分布模拟图

（3）社团结构

除了小世界特性、无标度特性外，国内外学者越来越重视复杂网络的社团结构特性研究，力图揭示错综复杂的网络中相对独立又互相交错的社团结构。研究表明，现实世界的复杂网络具有异构性，即相同类型的节点之间连接紧密，而不同类型的节点之间则连接稀疏。由同一类型的节点以及节点之间的边构成的子图称为网络中的社团。显然，社团结构内部节点之间相互连接紧密，社团结构之间节点相互连接稀疏。

采用 Newman 等人定义的模块性指标 Q 来寻找复杂网络的社团结构，假定将网络划分为 k 个社团，定义一个 $k \times k$ 维的对称矩阵 $E = (e_{ij})$，其中 e_{ij} 表示网络中连接

---

❶　Barabási A L，Albert R，Schiffer P. The Physics of Sand Castles：Maximum Angle of Stability in Wet and Dry Granular Media ［J］. Physica A：Statistical Mechanics and its Applications，1999，266（1-4）：366-371.

第 i 个社团和第 j 个社团的节点的边占网络中所有边的比例，则模块性指标 Q 定义为：

$$Q = \sum_i (e_{ii} - a_i^2) = Tre - \| e^2 \| \tag{7.17}$$

式中，$Tre = \sum_i e_{ii}$ 为矩阵中对角线上各元素之和，表示网络中连接社团内部节点的边占网络中所有边的比例；$a_i = \sum_j e_{ij}$ 表示与第 i 个社团中的节点相连的边占网络中的所有边的比例。Q 的最大值为 1，Q 越大（越接近 1），表明网络的社团结构越明显。实际网络中，Q 通常取值为 $0.3 \sim 0.7$。在进行社团划分时，分别计算不同划分方案的模块性指标 Q，找到 Q 值最大时对应的社团划分，即得到最佳或者相对最佳的社团结构。

（4）网络抗毁性

网络抗毁性是指网络遭受攻击时表现出的可靠性[1]。常用的攻击策略有随机攻击和蓄意攻击两种。随机攻击是指随机删除网络中的节点，分析攻击前后网络结构的变化，以测试网络的容错程度，也称为网络的鲁棒性分析；蓄意攻击是分别计算节点的度 k、介数中心度 C_B、接近中心度 C_C，按照从大到小的顺序对所有节点排序，选取并删除网络中的重要节点，分析攻击前后网络结构及性能指标的变化，以测试网络的坚固程度，也称为网络的脆弱性分析。在复杂网络中，网络抗毁性分析在一定程度上反映了节点在网络中的重要性及重要程度。

采用平均路径长度 L、最大连通子图大小 S 与全局效率 E 作为网络抗毁性指标，计算移除节点前后网络结构的变化。最大连通子图大小 S 是指连通子图的节点数占网络节点总数的比例：

$$S = \frac{n}{N} \tag{7.18}$$

式中，n 为最大连通子图的节点个数，N 为网络的节点总数。S 越大，网络越密集。

全局效率 E 定义为：

$$E = \frac{1}{N(N-1)} \sum_{i \neq j} \frac{1}{d_{ij}} \tag{7.19}$$

式中，N 为网络的节点数，d_{ij} 为节点 v_i 和节点 v_j 之间的最短距离。当网络的全局效率 $E=1$ 时，说明网络中任意两节点相互连接，此时网络连通性最好，效率最高。全局效率 E 能有效度量网络的连通性，E 越大，网络的连通性越强。

---

[1] Li H. Attack Vulnerability of Online Social networks ［C］. 2018 37th Chinese Control Conference（CCC 2018），2015：1051-1056.

（5）网络的节点度相关性

Paster-Satorras 等人用度为 k 的节点连接到度为 k' 的节点的条件概率 $P_c(k'|k)$ 来表示网络的节点度相关性。若 $P_c(k'|k)=P_c(k')$，说明网络节点度之间没有相关性；若条件概率明显依赖于度 k，则说明网络节点度之间存在相关性。网络的节点度相关性反映了网络中高度值节点是偏向于与其他高度值节点相关联，还是偏向于与低度值节点相关联；可以通过计算网络中每个节点的邻居节点平均度来衡量。设节点 v_i 的度为 k，其邻居节点平均度 $<k_n>$ 可以表示为：

$$<k_n>=\sum_{j\in O_i}k_j/k \tag{7.20}$$

式中，k_j 表示节点 v_i 邻居节点的度，O_i 为节点 v_i 的邻居节点集合。若 $<k_n>$ 与节点度 k 正相关，说明网络具有同配性，称为同类混合网络；若 $<k_n>$ 与节点度 k 负相关，说明网络具有异配性，称为非同类混合网络；若 $<k_n>$ 与节点度 k 不相关，说明网络不具有节点度相关性。

7.2 情感词共现网络

筛选情感词和分析情感词之间的关联是情感计算的基本内容之一。一般来说，英文语法较为规范和简单，而且单词之间天然存在空格分隔，在进行情感词分析时能够减少一定量的误差，而中文语法相对复杂，词语之间无明显界限，加之网络评论语言措辞的随意性，中文的情感分析要比英文困难得多。

近年来的研究表明，语言学各个领域都具有复杂网络的特性。当前，相关学者已经在词汇共现网络、词法网络以及语义网络等方向展开研究，在语言学领域不同方面的复杂网络特征研究上已经取得一定的成果，他们大多以情感词为着手点。结合复杂网络特征分析的情感倾向分类研究方法能够在很大程度上优化算法和完善情感词典，提高算法的准确性，因此本书结合情感词共现网络的统计学特征进行研究。

7.2.1 情感词共现网络的构建

在社会化媒体中，网民使用情感词陈述观点时，往往具有一定的持续性，如果对某一话题持有积极态度，往往会连续使用褒义（正向）词汇，如果对某一话题持有消极态度，通常会连续使用贬义（负向）词汇。因此，根据情感词在语料中出现的位置，分析情感词之间的共现关系，有助于深入探讨网民的情感状态。本书从复杂网络的视角出发，基于社会化媒体语料构建情感词共现网络，并深入探讨其网络结构特性。

　　社会化媒体语料中，如果两个情感词共同出现在特定文本单元（如特定词语间隔、句子、段落或篇章等）中，则认为这两个情感词在语义上具有一定程度的相互关联，共现的频率越高，表明其相互关联越紧密。基于情感词成对出现的关系构成的网络称为情感词共现网络，用 $G(V, E)$ 表示，其中 V 为网络中的节点集，即情感词；E 为网络中的边集。当某个情感词与另外一个情感词在特定文本单元中同时出现时，表明这对情感词之间存在共现关系，则在情感词对应的节点间用线相连，共现的次数为边的权值。显然，情感词共现网络是一个典型的无向加权网络，反映了文本中情感词之间的共现关系。

　　情感词共现网络的构建主要分为情感词集的获取和邻接矩阵的建立。由于社会化媒体源语料通常包含网址、特殊符号、颜文字、话题等字符、符号，这些字符、符号无实际意义，因此首先需要对源语料进行预处理，包括数据清洗、分词、词性标注等。预处理后对分词结果进行词性筛选和词频过滤，根据预设的阈值选择部分词性的词汇作为候选情感词集，再经过停用词过滤后获得情感词集，其中的每个词汇对应情感词共现网络中的一个节点。获取情感词集后，以句子或特定间隔为截取窗口，计算任意两个情感词出现在同一个句子或特定间隔中的次数，构建情感词共现网络，并生成该网络对应的邻接矩阵 A。当 A 中元素 $a_{ij}=1$ 时，表明情感词 w_i 与情感词 w_j 存在共现关系；当 $a_{ij}=0$ 时，表明情感词 w_i 与情感词 w_j 不存在共现关系。

　　2016 年 3 月，一条来自知乎的"魏则西事件"的新闻引起了网友的广泛关注，并由此形成了热点话题。本研究数据来源于 2016 年 4 月 28 日—2016 年 5 月 30 日"魏则西事件"评论信息，原始语料共 29179 条。在"魏则西事件"评论信息中，选取以下七条评论语句：

　　语句 1——"很难过，这竟然是我们生活社会的现实，除了可悲已无法也不能言语了。"

　　语句 2——"魏则西的死没有让我落泪，但是在回顾百度的创业的昂扬时，几近哽咽。"

　　语句 3——"魏则西，一个刚刚绽放的青春花蕾就凋谢了，我们祝他天堂安息！"

　　语句 4——"愿天堂没有病痛，愿天堂有你想要的美好。"

　　语句 5——"魏则西，看到你离去的新闻照片和你曾经写过的知乎回答，很难过，眼泪直流。愿你在天堂里快乐。"

　　语句 6——"十年青春苦读医书倘若一朝真的太难过了。"

　　语句 7——"魏则西虽然死于癌症，但他的死却让我们感到可悲。"

在上述 7 条语句中，存在 17 个情感词——"难过""竟然""可悲""死""落泪""昂扬""哽咽""绽放""青春""凋谢""天堂""安息""愿""病痛""美好""离去""快乐"。七条评论语句生成的情感词共现网络如图 7-2 所示。

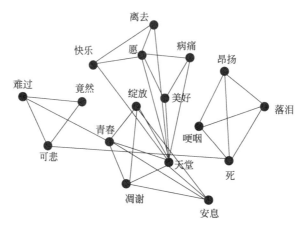

图 7-2 "魏则西事件"的七条评论语句生成的情感词共现网络

7.2.2 情感词共现网络的拓扑结构

针对"魏则西事件"评论信息每一条语料，使用中科院计算所的 NLPIR 分词系统进行分词和词性标注。经过数据清洗、词性筛选、词频过滤、停用词过滤等预处理后，获得由 1069 个情感词组成的情感词集；然后以句子为截取窗口，统计 1069 个情感词中任意两个情感词在同一语句中共现的次数，构建情感词共现网络（emotional word co-occurrence network，EWCN），如图 7-3 所示。进而生成邻接矩阵 A，当情感词 w_i 与情感词 w_j 存在共现关系时，$a_{ij}=1$，边 e_{ij} 的权重为其共现次数 n；反之，$a_{ij}=0$。

采用复杂网络的理论及方法，计算情感词共现网络的拓扑特性参数，如平均路径长度、集聚系数、度及度分布、介数中心度、接近中心度、特征向量中心度等，进而重点分析情感词共现网络的拓扑结构特性，包括小世界特性、无标度特性、社团结构特性和网络抗毁性等。

（1）情感词共现网络的小世界特性

通过计算可得，情感词共现网络 EWCN 的集聚系数 $C=2.385$，平均路径长度 $L=1.915$，与之相同规模的随机网络的集聚系数 $C_{rand}=0.091$，平均路径长度 $L_{rand}=1.525$。显然，情感词共现网络 EWCN 的集聚系数 C 远远大于与之同等规模的随机网络的集聚系数 C_{rand}，而且二者的平均路径长度 L、L_{rand} 相差不大，表明情感词共现网络 EWCN 具有小世界特性。可以看出，任意情感词对的共现平均需要一次中转，

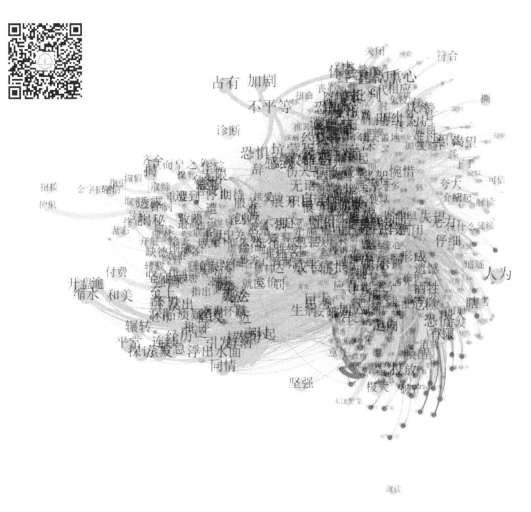

图 7-3　"魏则西事件"的情感词共现网络

情感词之间具有明显的直接或间接共现关系。

图 7-4 是节点度与集聚系数的关系图（在双对数坐标系下），其中大部分节点

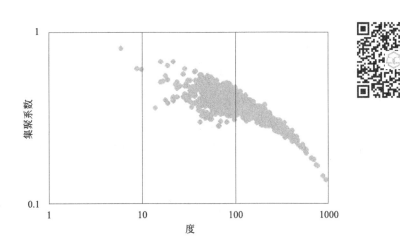

图 7-4　节点度与集聚系数的关系图

具有较小的度和较大的集聚系数。在 1069 个节点中，度值介于 10 到 100 之间的节点共 774 个，约占 72.4%，且集聚系数都比较大，而集聚系数较大的节点，其度值相对偏低或居中。因此，共现能力较强的情感词，其邻居节点所代表的词语较少出现在同一语句中；而共现能力居中的情感词，其邻居节点所代表的词语较多出现在同一语句中。

（2）情感词共现网络的无标度特性

图 7-5 是情感词共现网络的节点度分布图，在双对数坐标系下近似为一条下降的直线，呈现明显的"重尾"效应，节点的度服从幂律分布，因此情感词共现网络具有典型的无标度特性。该网络中大部分节点的度值较小，因此大多数情感词与其他情感词之间具有较少的联系，小部分情感词与其他情感词联系较为紧密，即只有少数节点的度值很大，这是网络中的重要节点，拥有较大的权力或威望。

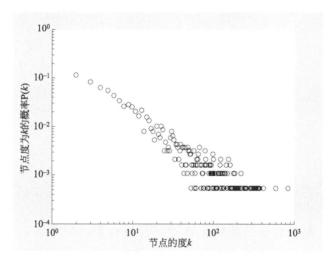

图 7-5　情感词共现网络的节点度分布图

（3）情感词共现网络的社团结构特性

图 7-6 是情感词汇共现网络的社团结构，根据模块度的大小，将同一社团的节点填充相同颜色，得到颜色突出显示的社团呈现结果。图中分别展示了 6 个社团的可视化分布图，可以明显看出网络的分区情况。各社团的节点个数如图 7-7 所示。

表 7-1 列举了各社团中特性参数值较高的节点及其情感极性，情感极性的判断依据是大连理工大学的情感词汇本体库对情感词的极性分类，以及情感词在原始语料情境中的情感倾向。由于各社团中情感倾向为贬义（负向）的特性参数值较高的情感词

数量总体上多于情感倾向为褒义（正向）的情感词数量，因此可以基本判定本实验语料的情感倾向偏于贬义（负向）。

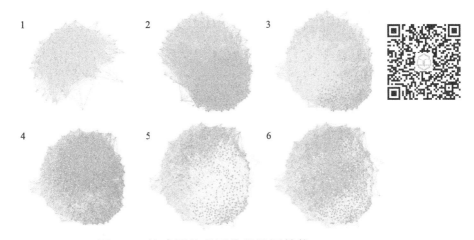

图 7-6　情感词共现网络的社团结构

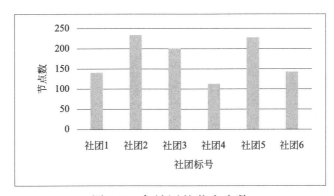

图 7-7　各社团的节点个数

表 7-1　各社团中特性参数值较高的节点及其情感极性

社团	特性参数	情感词示例
社团 1	度	死（−1）、医（−1）、关注（1）、成为（0）、可能（0）
	接近中心度	死（−1）、医（−1）、关注（1）、成为（0）、可能（0）
	介数中心度	死（−1）、医（−1）、关注（1）、成为（0）、可能（0）
	集聚系数	喊冤叫屈（−1）、分成（0）、变色（−1）、大名鼎鼎（−1）、平息（0）
社团 2	度	监管（−1）、搜索（0）、相关（0）、需要（−1）、存在（−1）
	接近中心度	监管（−1）、搜索（0）、相关（0）、需要（−1）、存在（−1）
	介数中心度	监管（−1）、搜索（0）、相关（0）、需要（−1）、存在（−1）
	集聚系数	付费（0）、姑息（−1）、缺德（−1）、参考（0）、体制改革（1）

社团	特性参数	情感词示例
社团3	度	不能(－1)、恶(－1)、承包(0)、骗(－1)、所谓(－1)
	接近中心度	不能(－1)、恶(－1)、承包(0)、骗(－1)、所谓(－1)
	介数中心度	不能(－1)、恶(－1)、承包(0)、骗(－1)、所谓(－1)
	集聚系数	金字招牌(1)、没钱(－1)、丢(－1)、何止(－1)、招揽(－1)
社团4	度	不会(－1)、治疗(－1)、治(0)、看病(0)、发现(1)
	接近中心度	不会(－1)、治疗(－1)、治(0)、看病(0)、发现(1)
	介数中心度	治疗(－1)、不会(－1)、治(0)、看病(0)、发现(1)
	集聚系数	就读(0)、辗转(－1)、杀死(－1)、采用(0)、依赖(－1)
社团5	度	知道(0)、希望(1)、真的(0)、相信(1)、死亡(－1)
	接近中心度	知道(0)、希望(1)、真的(0)、相信(1)、死亡(－1)
	介数中心度	知道(0)、希望(1)、真的(0)、相信(1)、健康(1)
	集聚系数	露出(0)、无法想象(－1)、经年累月(－1)、说起(0)、陪(0)
社团6	度	没有(0)、报道(0)、民营医院(－1)、出现(－1)、曝光(－1)
	接近中心度	没有(0)、报道(0)、民营医院(－1)、出现(－1)、曝光(－1)
	介数中心度	没有(0)、报道(0)、民营医院(－1)、出现(－1)、曝光(－1)
	集聚系数	美容(0)、引进(0)、观察(－1)、开盘(－1)、触目惊心(－1)

（4）情感词共现网络的抗毁性

网络抗毁性是衡量网络稳定性的物理量。为了客观地测量情感词共现网络的抗毁性，需要研究情感词共现网络遭受蓄意攻击和随机攻击时，平均路径长度 L、最大连通子图大小 S 及网络全局效率 E 的变化规律，并深入分析攻击结果。

分别以节点的度中心度 k、介数中心度 C_B、接近中心度 C_C 为排序指标，按照从大到小的顺序依次选择并删除最重要节点，实现3种蓄意攻击，分别记为蓄意攻击1、蓄意攻击2和蓄意攻击3。蓄意攻击和随机攻击对平均路径长度的影响如图7-8所示。蓄意攻击时网络的平均路径长度 L 呈现先缓慢增长后急剧增长的趋势，当删除节点数超过节点总数的60%后，网络中不能连接的节点数激增，平均路径长度明显上升，网络的连通性急剧下降；3种蓄意攻击中，以度中心度和介数中心度为指标的蓄意攻击对网络的破坏效果更明显。与蓄意攻击相比，随机攻击对网络平均路径长度 L 的影响很小，表明该网络具有良好的鲁棒性，容错能力较强。

蓄意攻击和随机攻击对最大连通子图大小的影响如图7-9所示。进行3种蓄意攻击时最大连通子图大小 S 呈现先缓慢下降后急剧下降的趋势；当删除节点数超过节点总数的60%左右时，最大连通子图大小 S 下降幅度明显加大，网络的连通性急剧下降；3 种蓄意攻击中，以介数中心度为指标的蓄意攻击对网络的破坏效果更明显。与蓄意攻击相比，随机攻击对最大连通子图大小 S 几乎没有影响，随机删除节点后的新网络仍能形成连通子图，表明该网络具有良好的鲁棒性。

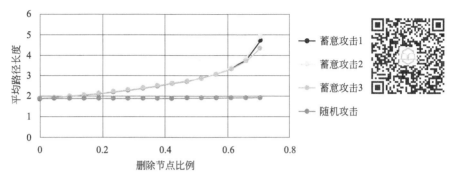

图 7-8 蓄意攻击和随机攻击对平均路径长度的影响

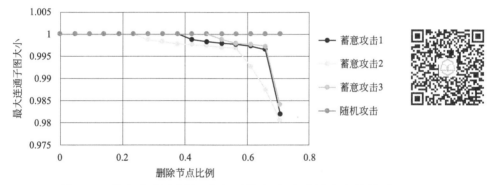

图 7-9 蓄意攻击和随机攻击对最大连通子图大小的影响

蓄意攻击和随机攻击对网络全局效率的影响如图 7-10 所示。进行 3 种蓄意攻击时网络全局效率 E 呈现明显的下降趋势，网络的连通性变差；与蓄意攻击相比，随机攻击对网络全局效率 E 影响不明显，随机删除节点时网络仍能保持良好的连通性，表明该网络具有较强的容错能力。

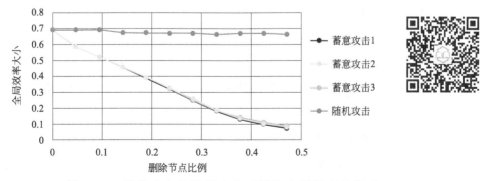

图 7-10 蓄意攻击和随机攻击对网络全局效率的影响

（5）情感词共现网络的度相关性分析

图 7-11 是情感词共现网络中节点度与邻居节点平均度之间的关系图，从整体上看，随着节点度值的增加，其邻居节点的平均度值减小，说明度值较高节点的邻居节点的度值普遍较低，该网络属于非同类混合网络，具有异配性，高共现能力的情感词倾向于与低共现能力的情感词互相联系。

基于复杂网络理论，将社会化媒体语料中情感词之间的共现关系抽象成网络形式，即以情感词为节点，以情感词共现关系为边，建立情感词共现网络，进而对网络拓扑结构特性进行研究，主要结论如下：

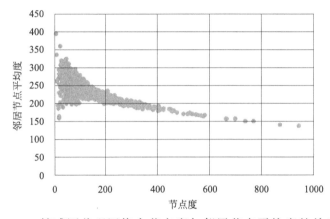

图 7-11　情感词共现网络中节点度与邻居节点平均度的关系图

① 社会化媒体语料中的情感词共现网络是一个典型的小世界网络，任意两个情感词之间的共现关系平均需要一次过渡，情感词之间具有明显的直接或间接共现关系。

② 社会化媒体语料的情感词共现网络的度分布具有无标度特性，网络中大多数节点的度值较小，仅有少数节点的度值较大并在网络中起主导作用，表明社会化媒体中用户表达的情感因素相对集中。

③ 社会化媒体语料的情感词共现网络存在明显的社团结构。社团内部节点之间的联系较为紧密，而社团之间节点的联系较为稀疏。

④ 随机攻击（即随机删除节点）对情感词共现网络的平均路径长度 L、最大连通子图大小 S 及网络全局效率 E 几乎没有影响，表明该网络具有良好的鲁棒性，容错能力较强。

⑤ 蓄意攻击（即分别删除度、介数中心度、接近中心度最大的重要节点）对情感词共现网络的平均路径长度 L、最大连通子图大小 S 及网络全局效率 E 影响显著，表明该网络具有较弱的抗攻击能力，蓄意攻击易致网络崩溃。

⑥ 情感词共现网络中度值较大的节点更倾向于与度值较小的节点相连，说明该网络属于非同类混合网络。

7.3　媒体信息传播网络

随着科学技术的迅速发展，社会化媒体形式越来越多样，内容越来越丰富。这里以典型的社会化媒体 BBS（Bulletin Board System）论坛为研究对象，构建媒体信息传播网络，采用复杂性科学和社会学的理论及方法，分析媒体信息传播网络的拓扑结构；采用复杂网络的理论及可视化技术直观展示用户之间的关系，分析信息传播网络的结构特性。通常 BBS 论坛指整个讨论区，版块属于论坛的子区域，版块中的话题称为帖子（包括原始发帖和回复帖）。BBS 用户最直接的交互方式为"回复→发帖"，通过这种交互可以建立用户之间的相互回复关系，基于回复关系构成的网络称为话题回复网络，当某位用户回复其他用户的发帖时，表明这两位用户之间存在回复关系，则在用户之间用箭线连接，箭头由回复用户指向被回复用户。构建网络时，假设不存在自环，即忽略用户回复自己帖子时形成的自环，因此话题回复网络是典型的媒体信息传播网络。

7.3.1　媒体信息传播网络的构建

我们选取新浪论坛的婚姻家庭版块、婆媳关系版块和豆瓣网的精选小组为研究对象，因为其用户数量多、交互性强、回复及跟帖量大、讨论内容丰富、持续时间长，具有一定的代表性。首先通过网络爬虫抓取新浪论坛的婚姻家庭版块、婆媳关系版块和豆瓣网人文经典阅读小组中的话题回复信息，包括小组话题链接、话题名、发帖人、发帖人链接、回帖人、最后回应时间，以及每个话题里的发帖、回帖、发帖人信息和回帖人信息、发帖和回帖的上下级关系、每个话题的推荐数和喜欢数，建立话题回复库；提取话题标题、话题内容、发帖人 ID、发帖时间、回帖人 ID、回帖时间等信息，进行数据预处理，并构建话题回复网络，如图 7-12 和图 7-13 所示。各版块的基本信息见表 7-2。

表 7-2　各版块的基本信息

版块	时间	用户数	帖子数	主题帖数
婚姻家庭	2012 年 4 月—2012 年 9 月	4691	65536	5712
婆媳关系	2011 年 9 月—2012 年 9 月	8912	41249	2667
人文经典阅读小组	2014 年 2 月—2016 年 5 月	6260	16833	2375

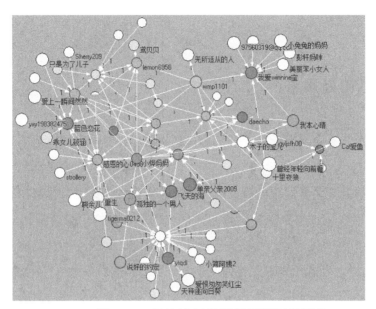

图 7-12　新浪论坛的局部话题回复网络

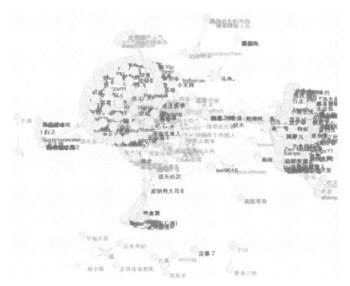

图 7-13　豆瓣网人文经典阅读小组的话题回复网络

7.3.2　媒体信息传播网络的拓扑结构

　　新浪论坛的婚姻家庭版块、婆媳关系版块和豆瓣网人文经典阅读小组话题回复网络的主要拓扑参数见表 7-3。表中，集聚系数描述了与同一用户有回复关系的两位用户之间也有回复关系的可能性，该值越大，表明豆瓣回复网络中的用户是朋友的可能性越大，体现了明显的聚类效应；平均路径长度代表连接任意两位用户的最短回复链中的平均用户个数。例如豆瓣网人文经典阅读小组话题回复网络的平均路径长度是3.709，说明在豆瓣网中平均经过 4 个人就能使 6260 名用户之间建立联系。

表 7-3　话题回复网络的拓扑参数

网络	用户数	帖子数	集聚系数	平均度	平均路径长度	度分布指数
婚姻家庭	4691	52435	0.182	4.336	3.759	1.815
婆媳关系	8912	41249	0.153	6.899	3.894	1.588
人文经典阅读	6260	16833	0.113	3.862	3.709	2.122

下面分别分析小世界特性、无标度特性、社团结构特性这三个典型的复杂网络拓扑结构特性。

（1）话题回复网络的小世界特性

由表 7-3 可知，人文经典阅读小组话题回复网络的集聚系数 $C = 0.113$，平均路径长度 $L = 3.709$，而同等规模的随机网络的集聚系数 $C_{rand} = 0.00061703$，平均路径长度 $L_{rand} = 6.4699$，显然，话题回复网络的集聚系数远远大于同等规模的随机网络的集聚系数，而二者的平均路径长度相差不是很大，表明话题回复网络具有小世界特性。同理，婚姻家庭版块和婆媳关系版块的话题回复网络也具有小世界特性。

（2）话题回复网络的无标度特性

从图 7-14 可看出，人文经典阅读小组话题回复网络的度分布曲线具有明显的重尾效应，具有服从幂律分布的典型特点，对应的度分布指数 $\gamma = 2.122$，体现了很好的无标度特性。由于度分布指数 γ 介于 2～3 之间，说明人文经典阅读小组话题回复网络中存在少数的高度值节点，大部分节点度值较低，并且高度值节点的数量会随着网络规模的增长而增加的速度变慢。同理，婚姻家庭版块和婆媳关系版块的话题回复网络的度分布曲线也服从幂律分布，具有无标度特性。

（3）话题回复网络的社团结构特性

实际的复杂网络具有明显的社团结构特性，即社团内节点之间连接紧密，而各个社团之间连接较为松散。为了便于清晰展示，仅采用 2015 年 5 月人文经典阅读话题小组的话题回复数据，生成话题回复网络，如图 7-15 所示，通过 FR（fruchterman reingold）算法自动布局，实现话题回复网络中社团结构的二维或三维可视化。

从图 7-15 中可以看出，该话题回复网络具有明显的社团结构，不同颜色代表不同的社团，共有 8 个社团，其中较大的社团有 2 个。社团内的成员联系密切，网络密度较大；社团间的联系稀疏，网络密度较小。社团间通常由个别节点（如图中单个橘色节点、粉色节点、绿色节点等）连接。图中灰色小群落或节点是用户群落中的互动较少的节点或孤立节点，大都处于集聚中心的外延。社交网络中普遍存在大量的外延节点，虽处于外延，但是其作用却不能忽视，用户可以通过一些外延节点获取社交范围之外的信息，同时也将自己的信息通过外延节点传递到其他的社交圈。

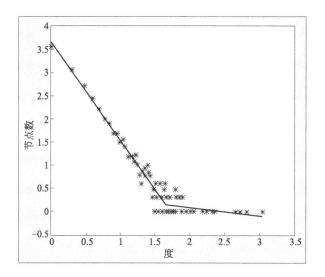

图 7-14　人文经典阅读小组话题回复网络的度分布指数

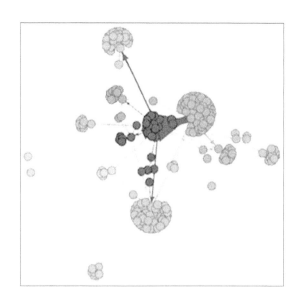

图 7-15　2015 年 5 月人文经典阅读小组话题回复网络的拓扑结构图

7.3.3　媒体信息传播网络的用户互动行为

树状 BBS 论坛可以清晰表示主题帖和回帖之间的隶属关系，使用户快速地掌握该主题帖的讨论状态。以新浪论坛帖子为例，如图 7-16 所示，其呈现出典型的树形结构，其中树根为主题帖，回复帖在被回复帖的下一行缩进显示。

采用主题树能有效展示树状论坛的帖子结构。主题树中每个节点代表一篇帖子，位于根位置的节点是主题帖，是主题的发起人，其他叶子节点是回帖，有向弧线代表回复方向，属于后续用户的互动过程。图 7-17 中，横向表示层级，纵向表示该层级的回复，其中节点 B 指向节点 A 的有向弧线代表 B 对 A 的回复。

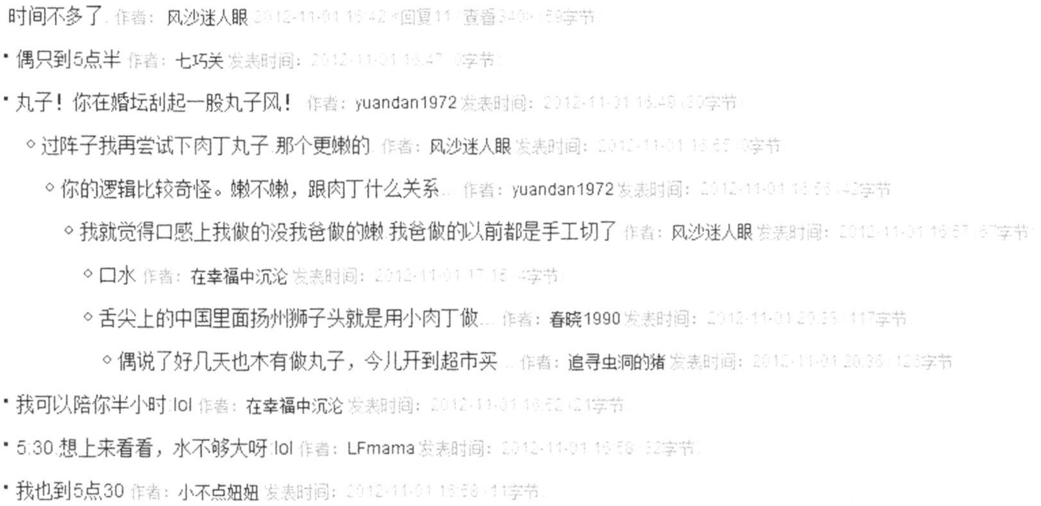

时间不多了. 作者：风沙迷人眼 2012-11-01 18:42 <回复11 查看340> 58字节

· 偶只到5点半 作者：七巧关 发表时间：2012-11-01 18:47 7字节

· 丸子！你在婚坛刮起一股丸子风！ 作者：yuandan1972 发表时间：2012-11-01 18:49 30字节

　◇过阵子我再尝试下肉丁丸子 那个更嫩的 作者：风沙迷人眼 发表时间：2012-11-01 18:55 0字节

　　◇你的逻辑比较奇怪。嫩不嫩，跟肉丁丸什么关系 作者：yuandan1972 发表时间：2012-11-01 18:56 42字节

　　◇我就觉得口感上我做的没我爸做的嫩 我爸做的以前都是手工切了 作者：风沙迷人眼 发表时间：2012-11-01 18:57 62字节

　　　◇口水 作者：在幸福中沉沦 发表时间：2012-11-01 17:16 4字节

　　　◇舌尖上的中国里面扬州狮子头就是用小肉丁做... 作者：春晓1990 发表时间：2012-11-01 20:33 117字节

　　　　◇偶说了好几天也木有做丸子，今儿开到超市买 作者：追寻虫洞的猪 发表时间：2012-11-01 20:36 123字节

· 我可以陪你半小时 lol 作者：在幸福中沉沦 发表时间：2012-11-01 18:52 21字节

· 5.30 想上来看看，水不够大呀 lol 作者：LFmama 发表时间：2012-11-01 18:59 32字节

· 我也到5点30 作者：小不点妞妞 发表时间：2012-11-01 18:59 11字节

图 7-16　新浪论坛帖子的树形结构

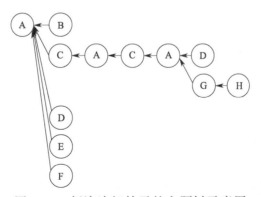

图 7-17　新浪论坛帖子的主题树示意图

我们从微观角度出发，以典型 BBS 论坛为研究对象，以话题回复网络为基础，结合论坛数据的统计特性，建立网络论坛的主题特征向量；基于主题树，引入主题深度、主题广度、主题综合深度系数等参数，综合分析用户的互动行为。为准确描述用

户在树形模式的虚拟社区中的互动特性，提出一种基于主题树的用户互动行为分析方法，并应用于国内典型网络社区，开展实证研究。

7.3.3.1 基于主题树的用户互动行为分析

基于主题树的用户互动行为分析的思路为：在分析论坛数据统计特性和话题回复网络拓扑结构特性的基础上，抽取主题特征向量，计算主题综合深度系数，进而实现BBS论坛用户互动行为的分类。

（1）主题特征向量

根据论坛数据的统计特性和话题回复网络的拓扑结构特性，选取低层回帖用户数（V_1）、高层回帖用户数（V_2）、高层回帖层级数（V_3）、主题序号（V_4），组成主题特征向量。分析抓取的论坛数据，并进行统计，获得每个主题的特征值，每个主题帖表示为一个4元组：$X_i = \{V_1, V_2, V_3, V_4\}$。

（2）主题深度评估

通过计算主题广度系数 W 和主题综合深度系数 D，综合评估每个主题的广度和深度，具体计算步骤如下：

① 将帖子序列化，根据回复关系确定层次。

② 计算主题总层数 L，主题帖所在的层级记为第0级。

③ 找出第1层回帖，计算发帖人 ID 数（回帖多于1次的 ID 不重复计算），并记为主题广度系数 W。如果没有回帖，则 $W=0$，结束计算。

④ 计算高层（第2层及其以上层级）数 $l = L-1$。如果没有高层回帖，则结束计算。

⑤ 计算高层回帖中出现的所有 ID 数（回帖多于1次的 ID 不重复计算）。

⑥ 计算高层回帖中出现的新 ID 数 n。

⑦ 计算高层回帖中出现的老 ID 数 o（即在第1层中出现过的用户 ID 数）。

⑧ 计算高层回帖数 r。

⑨ 计算主题综合深度系数 $D(o, n, r, l)$。如计算被终止，则记 $D(o, n, r, l) = 0$。

显然，主题广度系数 W 的取值区间为 $[0, +\infty)$，$W=0$ 表示主题帖没有被回复。o、n、r 和 l 的取值区间为 $[0, +\infty)$。主题综合深度系数 $D(o, n, r, l) = 0$，即 D 中四个指标全为0，表示主题帖没有高层回帖，否则 o 和 n 不全为0。

（3）BBS 论坛用户互动行为分类

① 无互动行为：即用户所发表的主题帖没有得到任何回复，此时主题广度系数

W 与主题综合深度系数 D 取值均为 0。

② 单向互动行为：即帖子的回复关系呈现单向回复状态，说明参与主题讨论的用户在发表自己的观点后便脱离讨论，不再进行关注，其互动关系呈单向交流状态。此时 $o+n=r$。

③ 单中心互动行为：即互动中心是主题帖的发表者。此时主题综合深度系数 D $(o, n, r, l) \neq 0$，主题广度系数 W 取值较大。

④ 多中心互动行为：即主题中存在两个以上的用户处于中心位置，其他用户的回复也围绕这些中心展开。此时主题综合深度系数 $D (o, n, r, l) \neq 0$ 且取值较大。

⑤ 两两互动行为：即多用户参与的主题互动过程中两两回复较多，其互动关系仅在两个用户之间确立，此时所涉及的话题往往是两者特有且共同感兴趣的话题。

7.3.3.2 实证研究

实证研究数据来源于 2012 年 5 月至 2012 年 8 月新浪论坛婚姻家庭版块和婆媳关系版块，主题帖数分别为 4894 和 461，用户数分别为 4011 和 2220。

(1) 主题广度系数 W 和主题综合深度系数 D 的关联性分析

将帖子按照回复数排序，定义排名前 10 的帖子为热帖，见表 7-4。可以看出，主题广度系数 W、高层回帖数 r、高层数 l 之间没有关联性，即当主题广度系数 W 值较大时，高层回帖数 r 和高层数 l 不一定大；同样，当高层数 l 值比较大时，主题广度系数 W 和高层回帖数 r 的值也不一定大。

表 7-4　婚姻家庭版块和婆媳关系版块热帖排行

婚姻家庭版块						婆媳关系版块					
o	n	r	l	W	帖子序号	o	n	r	l	W	帖子序号
3	22	29	3	228	725	18	7	70	11	79	363
8	48	64	5	163	1026	24	17	60	7	88	141
1	7	8	3	102	3672	17	17	65	14	60	136
4	4	19	5	80	1964	0	10	10	2	96	61
1	3	4	2	100	2839	1	6	7	3	81	165
5	8	15	4	88	3367	2	7	12	3	75	310
15	11	38	5	61	3129	2	4	6	2	77	307
5	6	11	2	77	1765	8	1	30	6	34	47
5	8	52	6	25	2104	4	2	6	3	73	353
7	7	44	12	39	1615	6	4	12	3	54	301

（2）主题分布

按照版块中每个帖子的主题综合深度系数 $D(o, n, r, l)$ 和主题广度系数 W，回复网络的主题分布见表 7-5。其中，在婚姻家庭版块中，大量的主题回帖层级是大于 1 的，说明社区用户在高层回帖中互动频繁；而在高层回帖中老用户的 ID 数要远远大于新用户，老用户与新用户之间的互动也较少，表明该社区中老用户比新用户活跃，彼此之间的互动也较为频繁。在婆媳关系版块中，$l=1$ 的帖子数大于 $l>1$ 的帖子数，说明用户对主题的直接关注较多，对主题的深入讨论较少；高层级的回帖中新用户的 ID 数大于老用户，新老用户之间的互动也较多，表明新用户的活跃程度较高，在注册该版块之后能够积极参与主题讨论。

表 7-5 　基于 D 和 W 的主题分布

版块	主题数	$D=0$	$D\neq 0$					
			$l=1$			$l>1$		
			$W=1$	$1>W>10$	$W\geq 10$	$o>0, n=0$	$o=0, n>0$	$o>0, n>0$
婚姻家庭	4894	516	367	626	13	2307	172	893
婆媳关系	461	80	66	158	15	34	56	52

（3）用户互动行为分析

以新浪论坛婚姻家庭版块和婆媳关系版块 2012 年 5 月至 2012 年 8 月的帖子为数据来源，计算每个帖子的主题综合深度系数 D，将该版块的用户互动行为分为五类，其主题分布见表 7-6。在两个版块中，无互动行为、单向互动行为和两两互动行为在主题互动中占大多数（分别占 63.92％和 74.19％），说明社区中的大部分主题不能引起较多用户的关注。单中心互动行为和多中心互动行为所占比例较少，表明能够引起社区用户进行激烈讨论、频繁交流的主题在社区中并不多，且这类主题帖大部分是精华帖或是热帖。

表 7-6 　基于互动模式的主题分布

版块	无 互动行为	单中心 互动行为	多中心 互动行为	两两 互动行为	单向 互动行为
婚姻家庭	516	1006	760	1698	914
婆媳关系	80	239	37	23	82

针对两个版块的话题回复网络，详细分析用户互动行为如下。

① 无互动行为模式。选择婚姻家庭版块第 2 号主题帖，$D(o, n, r, l)=0$，$W=0$，属于典型的无互动行为模式，如图 7-18 所示，仅有一个节点（ID 为 3957）的

用户，表明用户发表的主题帖没有得到任何关注，不能引起其他用户的讨论兴趣。

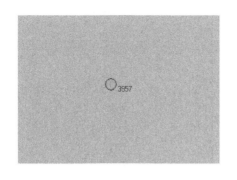

图 7-18　无互动行为模式

② 单向互动行为模式。如图 7-19 所示，选择婚姻家庭版块第 2610 号主题帖和婆媳关系版块第 290 号主题帖。对于婚姻家庭版块第 2610 号主题帖，$D(o, n, r, l) = (0, 8, 8, 5)$，$W = 3$；对于婆媳关系版块第 290 号主题帖，$D(o, n, r, l) = (20, 43, 63, 23)$，$W = 4$。每个节点的回复关系都是单向连接，$o + n = r$，即帖子中新用户的个数加上老用户的个数等于高层回帖数，说明参与这种帖子讨论的用户在该主题中只发过一个帖子，之后对这个帖子再也没有进行关注，且用户与用户之间也没有交流。这种主题具有时效性，只能够引起一时的关注，且主题不具争议性，不能引起用户之间的讨论。

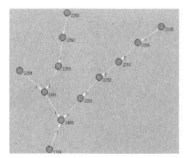

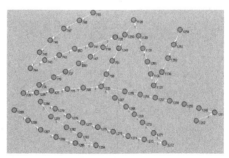

(a) 婚姻家庭版块2610号主题帖　　　　(b) 婆媳关系版块290号主题帖

图 7-19　单向互动行为模式

③ 单中心互动行为模式。分析主题综合深度系数 D 的值，如果 $l = 1$，则当前主题不存在 2 层及以上的回帖，表明该主题只具有广度上的讨论意义，而没有值得探讨的深度。若主题广度系数 W 的值很大，说明这是个能够引起其他用户关注，但内容不值得深入讨论的主题。选择婚姻家庭版块第 683 号主题帖，$D(o, n, r, l) = (0, 0, 0, 1)$，$W = 16$，如图 7-20 (a) 所示，从图中可以看出所有用户都指向 ID 号为 3605 的发帖者，表明该主题引起了一部分用户的关注，形成以发帖者为中心的单中心互动。如果 $l > 1$，主题广度系数 W 取值较大时，则该主题帖有可能是热帖，表

明该主题引起了其他用户的广泛关注及深入讨论。选择婆媳关系版块第 136 号主题帖，$D(o,n,r,l)=(17,17,65,14)$，$W=60$，如图 7-20（b）所示。

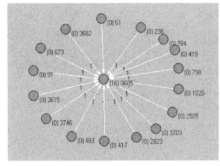
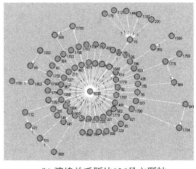

(a) 婚姻家庭版块683号主题帖　　　　(b) 婆媳关系版块136号主题帖

图 7-20　单中心互动行为模式

④ 多中心互动行为模式。选择婚姻家庭版块第 1026 号主题帖，$D(o,n,r,l)=(8,4,64,5)$，$W=163$，如图 7-21 所示。从图中可知，随着讨论的深入，在高层回复中该主题帖出现了新的互动中心，形成了以节点 3251 与节点 3378 为中心的互动模式；但进一步分析可发现，高层参与讨论的用户互动较少，用户与用户之间的互动通常在 1～2 次。该主题帖的主题广度系数 W 较大，主题受众面广，参与人数众多，得到的关注多，是一个典型的热帖。

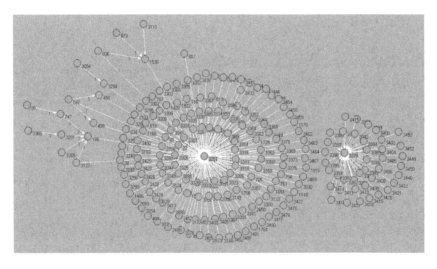

图 7-21　多中心互动行为模式

BBS 论坛中还存在一些高层互动频繁的主题帖，如图 7-22 所示。其中对于婚姻家庭版块第 3105 号主题帖，$D(o,n,r,l)=(10,0,71,11)$，$W=5$；对于婆媳关系版块第 283 号主题帖，$D(o,n,r,l)=(6,1,44,9)$，$W=13$。从 D 值中可以看出在帖子高层回复中用户数少，但是高层回帖数多，说明用户在高层互动频繁，帖子有可能出现了新的互动中心，脱离原主题。如图 7-22（a）所示，节点 171 是发帖人，但是与节点 70、54 的用户相连的节点也比较多，形成了以节点 171、70、54 为中心的互动，由于节点 70 和 54 的用户不是主题的发起者而是回复者，表明以节点 70 和 54 为中心的互动可能偏离了原主题中心，产生了新的互动中心。从图 7-22（b）中也可以看出，除了以 ID 为 1265 的发帖者为中心的互动以外，该主题还形成了 ID 为（929，1265）、（1265，1326）等用户为中心的两两互动中心，同时还存在以（27，421，1265）、（121，772，1265）和（129，1265，1328）为中心用户之间相互互动的情况。

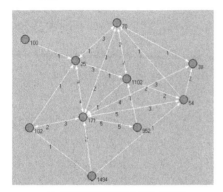  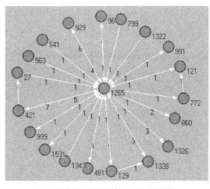

(a) 婚姻家庭版块第3105号主题帖　　　　(b) 婆媳关系版块第283号主题帖

图 7-22　高层互动频繁的主题帖

⑤　两两互动行为模式。如图 7-23 所示，选择婚姻家庭版块第 1617 号主题帖，$D(o，n，r，l)=(2，1，23，12)$，$W=4$；选择婆媳关系版块第 217 号主题帖，$D(o，n，r，l)=(1，1，7，8)$。在高层回复中用户只有两三个，但是高层回帖数和主题帖层数却相对较大，说明在高层回复中只有一个用户反复发帖，或是发帖者与回复者之间频繁互动。图 7-23（a）中，节点 91、节点 70 和节点 2916 之间两两互动频繁，且在活动过程中没有其他用户加入，虽然这类帖子的主题帖数较大，在树状结构论坛中占取的版面也大，但是这类帖子并没有引起其他用户的广泛关注。

综上所述，围绕主题发布用户展开的主题通常具有稳定的中心，而围绕回复用户甚至是未直接回复主题的新用户展开的主题往往偏离中心，在统计数据上突出的主题并不一定在互动意义上具有很高的价值。如 W 值很大，但 $D=0$，可能受众面广，但缺乏深度，甚至只有关注而没有互动；再如 $o=0$，$n>0$，存在偏离主题发布者的新中心，在实际互动效果上，可能很多主题回帖数并不突出，但对于直接回复者却存在稳定的互动中心。

在网络监管中，管理员经常需要掌握主题互动的强度、广度，新老用户参与的程度以及互动状态，从而选择不同的监管策略。例如对短时间内发育广度很小但深度很高的主题，或深度很小但广度很大的主题进行重点监视，并进一步根据指标判断，来决定应当重点推荐还是予以控制和处理。在社区数据规模很大，无法——构建社会网络矩阵和社会网络互动图的情况下，根据现有的统计数据，采用以上主题树、主题广度系数和主题综合深度系数预测用户互动行为，再进行重点分析，不失为一种高效可行的方法。

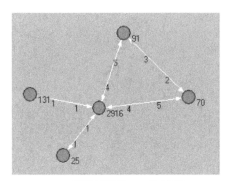 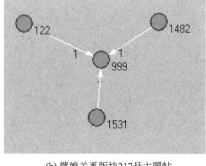

(a) 婚姻家庭版块1617号主题帖　　　(b) 婆媳关系版块217号主题帖

图 7-23　两两互动行为模式

7.4　基于拓扑势的关键用户识别

复杂网络系统的非同质拓扑结构，决定了网络中节点的重要度不同，大部分节点属于普通节点，仅有极少数节点是网络的关键节点。与普通节点相比，复杂网络的关键节点对网络的结构与功能具有更明显的影响。大多数复杂网络具有小世界特性和无标度特性，因此其面对攻击时具有"鲁棒而脆弱"的双重特性。理论研究和现实网络应用表明，只要找出网络中 10% 以内的重要节点，使其同时失去功能，即可导致整个网络瘫痪，因此，节点重要度研究和关键节点识别已成为近年来复杂网络的研究热点之一，对网络信息监测和舆情分析等具有重要的理论意义及实际应用价值。例如，找出通信网络和交通网络中承受流量最大的节点，采取相应策略合理规划通信或交通路线，能有效解决拥塞问题；发掘并保护电力网络中的重要供电单元、母线，可以有效预防由连锁故障引起的大范围停电事故；通过数据分析方法定位恐怖组织关系网络中的关键人物，集中火力对其进行布控和打击，有利于快速消灭恐怖组织；发掘各种社会关系网络中活跃度最高或影响力最大的人物，能有效地控制恶意信息、传播重要信息。

7.4.1　节点重要度评估

节点重要度评估最早源于图论中的方法，它利用数据挖掘技术和复杂网络理论对网络拓扑图进行研究。在社会化媒体网络中，节点重要度是节点的活跃性、影响力、地位及其他因素的综合。目前对节点重要度评价指标的研究已经取得了许多进展，主要从复杂网络理论和节点重要度排序算法两种角度分析节点的重要度。在复杂网络理论中，节点重要度等价于该节点在网络中的中心性值，如度中心度、介数中心度、接近中心度和特征向量中心度等。在节点重要度排序算法中，利用节点的各种属性和一些算法，如 PageRank 算法、HITS 算法、拓扑势算法等衡量节点重要度。对于复杂网络，为了能够更合理地评估节点重要度，在指标选取上应增加相关理论依据，针对不同网络的不同应用需求选择适当的节点重要度评估指标，减少主观判断。为满足全面性选取指标要求，我们选取中心性分析方法（点权、介数中心度、接近中心度、特征向量中心度等）、PageRank 算法、HITS 算法等网络链接分析方法以及改进的有向拓扑势算法来评估网络中的重要节点❶。节点重要度指标说明见表 7-7。

表 7-7　节点重要度指标说明

节点指标	说明
点权	节点 i 的强度与其连边的权重之和
介数中心度	经过节点 i 的最短路径数占所有最短路径数的比例
接近中心度	节点 i 到其他所有节点的距离的平均值的倒数
特征向量中心度	节点 i 的重要性取决于邻节点的数量和邻节点的质量
PageRank 算法	节点 i 的重要性由 PageRank 值（即邻节点的数量和质量）决定
HITS 算法	节点 i 的重要性由该点的 Authority 值和 Hub 值决定
拓扑势算法	节点 i 受其固有属性和近邻节点的共同影响

7.4.1.1　中心性分析

复杂网络的中心性研究起源于社会网络中对个体重要度的研究，"中心性"是社会学网络分析的重点之一，能分析实际网络中的个体或组织所处的地位及权力影响，也被证实是研究复杂网络结构的一种非常有价值的方法。

目前中心性度量指标主要有点权、度中心度、介数中心度、接近中心度、特征向

❶　李慧. 融合拓扑势的有向社交网络关键节点识别模型［J］. 小型微型计算机系统，2021，42（7）：1492-1499.

量中心度等[1]，这些指标均能反映网络中各节点的相对重要度，侧重于从某个角度挖掘网络中的关键节点。节点的点权大，表明该节点与其他节点有较多直接联系，一般处于网络的中心位置，即朋友越多，越显示出节点的重要度。节点的介数中心度用于描述节点在最短路径的比例，如果一个点在其他点的最短路径上，则该点的介数中心度就高，对信息的控制程度就高。接近中心度依据某节点是否受制于其他节点来确定其在信息传播时的独立性和有效性，某节点越靠近网络中其他各节点，越有可能是网络的中心点。特征向量中心度把与特定节点相连的近邻节点的中心性考虑进来，进而度量该节点的中心性。

结合网络中节点之间的互动关系或话题回复关系，通过分析每个节点的各种中心度，找出哪些节点在网络中处于核心位置，哪些节点在信息传播过程中的"权利"更大，可以在传播信息时能更大程度上影响整个网络。

7.4.1.2 PageRank 算法

PageRank 算法由 Google 公司创始人 Larry Page 和 Sergey Brin[2]提出，用来定义网页在搜索结果中的排序。PankRank 算法中用 PankRank 值表示网页的重要度，PankRank 值越高，说明该网页越重要。每个网页最初具有相同的 PankRank 值，PankRank 的最终值取决于被链接网页的数量，同时也考虑到被链接网页的质量。若一个网页被很多重要网页所链接，那么这个网页相对也就更重要，重要度增加，由此经过一系列的迭代，得到最终的 PankRank 值。PankRank 值的迭代计算公式如下：

$$PR（p_i）=\frac{1-q}{N}+q\sum_{p_j\in M(p_i)}\frac{PR（p_j）}{L（p_j）} \tag{7.21}$$

式中，N 代表网络中网页的总数量，$L（p_j）$ 是 p_j 的链出网页的数量，$M（p_i）$ 是 p_i 的链入网页的数量，q 是阻尼系数，取值在 0～1 之间，一般取 0.85。当所有网页的 PankRank 值达到收敛状态，即两次计算结果的差值小于某个很小的阈值时，迭代计算结束。

7.4.1.3 HITS 算法

HITS（hypertext-induced topic search）算法于 1998 年由康奈尔大学的

---

❶ Li Hui. Centrality Analysis of Online Social Network Big Data [C]. 2018 IEEE 3rd International Conference on Big Data Analysis (ICBDA 2018)：38-42.

❷ Page L，Brin S，Motwani R，et al. The PageRank Citation Ranking：Bring Order to the Web [R]. Stanford University. 1998：100.

Jon Kleinberg 博士[1]提出，是一种重要的网页权重排序算法。HITS 算法在计算每一个网页的权重时考虑其 Hub 值与 Authority 值，其中网页的 Hub 值为该页面所指向的所有网页的 Authority 值之和，Authority 值为所有指向该页面的网页的 Hub 值之和。在 Internet 网中，若某一未知网页被大量具有高权威性的网页同时指向，那么其有可能为高权重网页，具有高权重值的页面易于链接其他高权重网页。

HITS 算法的主要步骤如下：给定一个查询，得到一个基于搜索引擎的 Web 集合，即根集 R，然后构建基集 S，使其包含 R 所指向的网页集合以及指向 R 的网页集合。基集 S 当中的每个页面 i 有两个值：Authority 值（a_i）和 Hub 值（h_i），将所有页面的 a_i 和 h_i 的初始值设为 1，则 h_i 和 a_i 的迭代计算公式为：

$$a_i = \sum_{j \in B(i)} h_j$$
$$h_i = \sum_{j \in F(i)} a_j \tag{7.22}$$

式中，$B(i)$ 为入链页面集，$F(i)$ 为出链页面集。

每次计算后，要对 a_i 和 h_i 做规范化处理，并且分别输出一组具有较大 Authority 值的页面和具有较大 Hub 值的页面。

7.4.1.4　拓扑势算法

根据数据场理论，势场系统可看作包含 n 个相互关联的节点的网络，其中每个节点周围存在一个拓扑场，对场中的所有节点产生一定的拓扑势，其拓扑势值随网络距离的增长而快速衰减；节点拓扑势反映了节点受自身及其近邻节点共同影响的程度，根据势值可细分复杂网络中节点的重要度，势值大小决定了网络拓扑中某节点受自身及近邻节点共同影响的强度。

给定无向网络 $G = (V, E)$，$V = \{v_1, v_2, \cdots, v_n\}$ 为节点的非空有限集，$E \subseteq V \times V$，为边的非空有限集，节点 v_i 的拓扑势为：

$$\varphi(v_i) = \sum_{j=1}^{N} \left(m_j \times e^{-\left(\frac{d_{ji}}{\sigma}\right)^2} \right) \tag{7.23}$$

式中，N 为网络中的节点数；$m_j \geq 0$，代表节点 v_j 的质量，可映射为实际网络中的固有属性；d_{ji} 表示节点 v_j 到节点 v_i 的最短路径长度；σ 为影响因子，用于控制节点的影响范围，可根据节点拓扑势熵进行优选。无向网络 $G = (V, E)$ 的拓扑势熵为：

---

[1]　Kleinberg J，Papadimitriou C，Raghavan P. A Microeconomic View of Data Mining [J]．Data Mining and Knowledge Discovery，1998，2（4）：311-324.

$$H = -\sum_{i=1}^{N} \frac{\varphi(v_i)}{Z} \log_2\left(\frac{\varphi(v_i)}{Z}\right) \qquad (7.24)$$

式中，$Z = -\sum_{i=1}^{N} \varphi(v_i)$ 为标准化因子。

势熵的大小反映了节点位置差异性不确定程度的强弱，当网络中所有节点的拓扑势相等时，节点位置差异性的不确定程度最大，势熵最大；当网络中每个节点的拓扑势均不相同时，不确定性最小，势熵最小。图 7-24 所示是海豚网络中影响因子 σ 和所对应的拓扑势熵 H 的关系曲线，随着影响因子 σ 的单调递增，势熵 H 先减后增，在两端达到极大值，中间存在一个极小值（即最优影响因子 σ'），此时节点拓扑势分布最不均匀，不确定性最小。根据高斯势函数"3σ"规则，每个节点的影响范围是以该节点为中心，半径近似为 $3\sigma/\sqrt{2}$ 的邻域；当 $0 < \sigma < \sqrt{2}/3$ 时，节点间互不影响，所有节点的势值均为 1；当 $\sqrt{2}/3 \leqslant \sigma < 2\sqrt{2}/3$ 时，每个节点只影响一跳邻居节点，任意节点的入度、出度拓扑势近似相差一个比例常数；当 $\sqrt{2}/3 \leqslant \sigma < \sqrt{2}$ 时，每个节点影响两跳以内的可达节点，意味着每个节点的重要度不仅受一跳邻居的影响，还受到两跳邻居的影响。在得到最优影响因子 σ' 后，依据节点的拓扑势值可知网络连接密集区域内的节点具有较高的拓扑势，而拓扑势值最大的节点附近连接也最密集，可以视拓扑势较大的节点为代表节点，而具有相对较小的拓扑势值的节点因连接稀疏，位于边界。

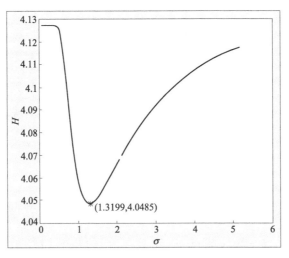

图 7-24　海豚网络中 σ 和 H 的关系曲线

可在拓扑势公式的基础上加入入度和出度，将无向拓扑势拓展为有向拓扑势。设有向加权网络 $G = (V, E, W)$，V 为节点集，E 为有向边集，W 为有向边的权重集合，节点 v_i 的入度拓扑势 $\varphi_{in}(v_i)$ 和出度拓扑势 $\varphi_{out}(v_i)$ 分别定义为：

$$\varphi_{\text{in}}\ (v_i)\ =\ \sum_{j=1}^{N}(m_j \times e^{-(\frac{dw_{ji}}{\sigma})^2}) \tag{7.25}$$

$$\varphi_{\text{out}}\ (v_i)\ =\ \sum_{j=1}^{N}(m_i \times e^{-(\frac{dw_{ij}}{\sigma})^2}) \tag{7.26}$$

其中，dw_{ji} 为在有向边的权重影响下节点间的最短距离，m_j 为节点 v_j 的固有属性。在实际网络中，边权重越大，节点间的联系越密切，距离越小。设节点 v_j 到节点 v_i 的最短路径为 $e_1 \rightarrow e_2 \rightarrow \cdots \rightarrow e_m$，$d_r$ 为第 r 段的距离长度，w_r 为对应边 e_r 的权重，则：

$$dw_{ji} = \sum_{r=1}^{m} \frac{d_r}{w_r} \tag{7.27}$$

根据影响因子 σ 确定的影响范围 l 不再针对节点间的跳数，而是针对 dw_{ji}，即 $dw_{ji} \leqslant l$ 的节点都在影响范围之内。在有向网络中，节点 v_i 的入度拓扑势 $\varphi_{\text{in}}\ (v_i)$ 代表该节点受其他节点影响的程度，出度拓扑势 $\varphi_{\text{out}}\ (v_i)$ 则反映了节点 v_i 对其他近邻节点的影响能力。

7.4.1.5　评价标准

基于网络鲁棒性与脆弱性分析，评估节点重要度排序算法。采用极大连通系数 G 与网络效率下降比例 μ 作为评估指标，计算移除特定用户前后网络结构的变化，进而评价相对应节点的结构重要性。根据节点重要度排序算法的结果，按顺序对所有节点排序，移除一部分重要节点，计算网络的极大连通系数 G，并判断移除节点后网络极大连通子集的变化。极大连通系数 G 为：

$$G = R/N \tag{7.28}$$

式中，N 为网络的节点总数，R 为移除一部分重要节点后极大连通子集的节点数。极大连通系数 $G \in [0,1]$；G 取值越大，表明网络的拓扑连接越强。随着节点的删除，极大连通子集的规模逐渐变小，极大连通系数 G 随之减小，网络的拓扑连接减弱。G 变小的趋势越明显，攻击网络的效果越好，当 $G=0$ 时，网络中将不存在极大连通子集。

网络效率 E 能有效度量网络的连通性，E 取值越大，表明网络的连通性越强。网络效率 E 定义为：

$$E = \frac{\sum_{i=1}^{N} \sum_{j=1,\ j \neq i}^{N} \varepsilon_{ij}}{N(N-1)} \tag{7.29}$$

式中，$\varepsilon_{ij} = 1/d_{ij}$，$d_{ij}$ 为节点 v_i 和节点 v_j 之间的最短路径，N 为网络的节点总

数。当移除特定节点时，网络中有些路径被中断，某些节点对之间的最短路径变大，导致网络的平均路径长度增大，网络的连通性变弱，E 下降的趋势越明显，表明模拟攻击的效果越好。网络效率 E 下降比例 μ 为：

$$\mu = 1 - E/E_0 \tag{7.30}$$

式中，E 为节点移除后的网络效率，E_0 为原始网络的网络效率。$\mu \in [0, 1]$，μ 取值越大，表明移除节点后的网络效率越差。本文通过删除网络中的特定重要节点，计算网络遭受攻击前后网络效率的下降比例，并以此衡量各节点的重要度。

7.4.2 关键用户识别

作为典型的复杂网络，社交网络是以各种连接或相互作用的模式而存在的一组社会成员网络，如朋友关系网络、社会化媒体信息传播网络等，可以抽象为一个由节点（代表社会成员）和连边（代表节点间关系）构成的网络图。在社会化媒体信息传播网络中，每位社会成员扮演着不同的社会角色，反映了该用户与其邻居甚至与整个网络中所有其他用户之间的行为关系。识别用户角色，尤其是关键节点，对于用户行为预测、组织网络分析、舆情监测、网络营销等具有重要的理论意义和实用价值。目前有许多复杂网络关键节点识别算法。

基于网络拓扑结构的经典算法包括度中心度、介数中心度、接近中心度、特征向量中心度等。最直观最基本的算法是度中心度算法，其计算简单有效，但仅反映复杂网络的局部信息，没有考虑节点的自身特性和节点之间的相互影响。Chen 等考虑了节点及其邻居节点的度，提出半局部中心性[1]。介数中心度描述了节点对网络传播信息流的控制能力，接近中心度描述了节点到达网络其他节点的快慢程度，二者考虑了网络的全局信息，但算法时间复杂度过高。特征向量中心度则以相邻节点的重要度作为衡量某节点重要度的指标。

基于随机游走思想的关键节点识别算法主要包括 PageRank 算法、LeaderRank 算法、HITS 等。PageRank 算法假设节点具有相同的跳转概率，将 PageRank 值平均分配给相邻节点，存在排序结果不唯一的缺陷。LeaderRank 算法很好地解决了上述问题，收敛性更好，鲁棒性更强，但标准的 LeaderRank 算法不能直接应用于加权网络。HITS 算法采用节点的权威值和枢纽值综合评价节点的重要性。

此外，还有基于节点移除的算法和基于 D-S 证据理论的算法等，但算法时间复杂

---

❶ Chen D, Lü L, Shang M S, et al. Identifying influential nodes in complex networks [J]. Physica A: Statistical Mechanical and its Applications，2012，391（4）：1777-1787.

度高，在非连通网络中的识别效果不理想。

上述算法大多从网络拓扑结构的角度衡量节点重要度，忽略了每个节点的自身特性和节点之间的相互影响。Fowler 和 Christakis 提出的三度影响力原则认为：节点不但对其直接相连的邻居节点产生直接影响，还对三度以内的邻居节点产生间接影响[1]。鉴于上述情况，本书采用节点的有向拓扑势，综合考虑节点的属性以及节点与其近邻节点之间的相互影响力，提出一个新的节点重要度指标——拓扑势距离（topological potential distribution，TPD），并将其应用于关键节点识别。节点 v_i 的拓扑势距离 T_i 定义为：

$$T_i = \sqrt{\left(\frac{\max\varphi_{\text{in}} - \varphi_{\text{in}}\ (v_i)}{\max\varphi_{\text{in}}}\right)^2 + \left(\frac{\max\varphi_{\text{out}} - \varphi_{\text{out}}\ (v_i)}{\max\varphi_{\text{out}}}\right)^2} \tag{7.31}$$

节点 v_i 的拓扑势距离越小，其重要度越高；反之，节点的重要度越低。

7.4.2.1 基于有向拓扑势的关键节点识别算法

在有向加权网络中，基于有向拓扑势分析节点重要度并识别关键用户，循环计算拓扑势和势熵，以获取该网络的最优影响因子，计算每个节点的入度拓扑势和出度拓扑势，按照入度拓扑势和出度拓扑势从高到低的顺序对节点排序。在计算节点的拓扑势时必须求取任意两个节点之间的边权距。

在有向加权网络中，基于有向拓扑势分析节点重要度并识别关键用户的主要步骤为：

①循环计算拓扑势和势熵以获取网络的最优影响因子 σ'；

②基于最优影响因子 σ' 计算每个节点的入度拓扑势和出度拓扑势；

③计算所有节点的拓扑势距离并对节点排序。

在计算节点拓扑势时，必须求取网络中任意两个节点之间的最短距离 dw_{ji}，采用 Floyd 算法求任意节点对之间的最短路径。根据高斯势函数 3σ 规则，在节点的影响范围 $[0, 3\sigma/\sqrt{2}$）内，随着影响因子 σ 单调递增，势熵 H 呈现先"由高到低"再"由低到高"的变化，当 H 取最小值时，确定最优影响因子 σ'，进而换算获得影响范围 l 的变化区间。基于有向拓扑势的关键节点识别算法描述见表 7-8，其中第 1～10 步是预估 l，确保在区间（$l-\Delta l$，l）内存在势熵 H 的转折点；第 11～12 步采用黄金分割法快速挑选出最小势熵对应的最优 σ' 和 l'；第 13～15 步根据最优化参数得到网络中所有节点的入度拓扑势和出度拓扑势；第 16～19 步计算网络中所有节点的拓扑势距

---

[1] 韩忠明，陈炎，李梦琪，等．一种有效的基于三角结构的复杂网络节点影响力度量模型 [J]．物理学报，2016，65（16）：289-300.

离，并按照从小到大的顺序排列。

表 7-8　基于有向拓扑势的关键节点识别算法描述

输入	网络 $G=(V,E,W)$，影响范围的增量 Δl
输出	所有节点的拓扑势距离 T 及排名
算法描述	1　初始化, $l=0$； 2　计算网络中所有节点对之间的最短距离,得到矩阵 Q； 3　$H=\min H=\log(N)$； 4　while $H \leq \min H$ do 5　　$\min H=H$； 6　　$l=l+\Delta l$； 7　　$\sigma=\sqrt{2}\,l/3$； 8　　根据 l、σ 分别计算所有节点的入度拓扑势和出度拓扑势； 9　　计算 H，并保存 l、σ 和 H； 10　end while 11　在区间 $(l-\Delta l, l)$ 内用黄金分割法多次选择 $\hat{l}$，求对应的 $\hat{\sigma}$ 和 $\hat{H}$，并保存； 12　选择记录中 $\hat{H}$ 取最小值时对应的 $\hat{\sigma}$ 和 $\hat{l}$，此时 $\sigma'=\hat{\sigma}$，$l'=\hat{l}$； 13　for $v_i \in V$ do 14　计算节点 v_i 的入度拓扑势 $\varphi_{in}(v_i)$ 和出度拓扑势 $\varphi_{out}(v_i)$； 15　end for 16　for $v_i \in V$ do 17　计算节点 v_i 的拓扑势距离 T_i； 18　end for 19　根据拓扑势距离,对所有节点进行排序； 20　Return T、节点排名

7.4.2.2　实证研究

1. 节点重要度指标的对比分析

表 7-9 列出了在豆瓣话题回复网络上用不同方法得到的前 15 个重要节点在 8 项指标上的节点重要度排序结果，表中括号前数值为节点编号，括号内数值为对应方法计算所得的数值（即节点排序的依据）。

表 7-9　豆瓣话题回复网络中节点重要度排序结果

排序	拓扑势距离	点权	介数中心度	接近中心度	特征向量中心度	PageRank	HITS-Authority	HITS-Hub
1	3(0.3666)	3(2449)	3(0.04445)	3(0.5224)	3(1)	3(0.0347)	3(0.6815)	3(0.2260)
2	523(0.4655)	925(788)	323(0.0089)	266(0.4092)	925(0.8948)	925(0.0308)	925(0.4728)	568(0.0904)

续表

排序	拓扑势 距离	点权	介数 中心度	接近 中心度	特征向量 中心度	PageRank	HITS- Authority	HITS- Hub
3	1784(0.5347)	266(635)	266(0.0076)	323(0.4071)	266(0.7617)	266(0.0248)	266(0.3198)	323(0.0701)
4	323(0.6569)	323(568)	523(0.0056)	568(0.3998)	323(0.6303)	323(0.0189)	323(0.2205)	399(0.0631)
5	5085(0.8853)	2(389)	1067(0.0031)	925(0.3970)	4225(0.5202)	2(0.0134)	4225(0.1220)	265(0.0609)
6	1783(0.9355)	1828(301)	4225(0.0029)	1067(0.3818)	1828(0.4039)	4225(0.0127)	1828(0.1201)	341(0.0599)
7	266(0.9390)	4225(295)	1784(0.0026)	4225(0.3814)	4713(0.3834)	5373(0.0124)	2046(0.0868)	92(0.0597)
8	1640(0.9502)	565(291)	565(0.00238)	1096(0.3804)	2(0.3750)	3228(0.0117)	2(0.0826)	284(0.0591)
9	1883(0.9589)	3026(276)	1939(0.0022)	523(0.3802)	3026(0.3620)	5555(0.0099)	565(0.0739)	1498(0.0589)
10	2954(0.9923)	4713(234)	4713(0.0020)	364(0.3750)	523(0.3235)	3026(0.0097)	3026(0.0688)	523(0.0586)
11	925(0.9953)	523(228)	5776(0.0019)	565(0.3743)	565(0.3056)	1828(0.0092)	4713(0.0671)	371(0.0571)
12	4225(0.9995)	2046(183)	3787(0.0019)	399(0.3729)	1996(0.2819)	523(0.0092)	523(0.0598)	928(0.0559)
13	4854(1.0131)	157(159)	1828(0.0018)	92(0.3728)	1067(0.2612)	2221(0.0087)	5388(0.0553)	933(0.0558)
14	1698(1.0164)	1996(136)	5072(0.0017)	4713(0.3727)	2046(0.2561)	4713(0.0086)	1996(0.0512)	969(0.0547)
15	3037(1.0181)	5388(136)	701(0.0017)	341(0.3720)	5154(0.2442)	1067(0.0085)	4169(0.0448)	177(0.0547)

可以看出，拓扑势距离排名前5的节点被其他重要度指标认可，例如拓扑势距离排名第1的节点3，被其余7项指标均列为第1名。与点权、介数中心度、PageRank、HITS-Hub相比，拓扑势距离的精度更高，具有较高区分度。对比分析各节点重要度的指标，得出以下结论：

① 点权是刻画节点重要度的简单指标，复杂度低，能找出局部的重要节点；但是点权不是一个全局变量，仅考虑节点自身的属性，区分度低；若某节点的相邻节点都是普通节点，则该节点重要度将会降低。介数中心度只跟网络中所有最短路径经过某点的路径条数有关，它表明了节点对信息流动的控制，负载最大的节点是重要节点；若节点不在最短路径上，介数中心度为0，该指标无法用于参考，且其计算复杂度较高。接近中心度考虑了节点度值和节点在网络中所处的位置，中心化程度高的节点重要度较大，它比点权更能反映网络全局的结构，但是仅适合在中心明显的网络中使用，不适合大规模的复杂网络。特征向量中心度比较准确地反映节点之间重要度的差异，不足之处在于仅对不同的节点进行线性叠加，并不能反映网络的真实情况，具有一定的局限性。PageRank算法可把链接价值应用于节点重要度排序，但是对网页的平均分配不合理，对于复杂网络不能得到准确的结果。HITS算法赋予每个节点两个值——Hub值与Authority值，可以更好地度量网络中的节点，找出重要节点，但是该算法有一定的局限性，其重要度排名倾向于社团内部排名靠前，使重要度排名偏

离主题，导致后继节点排名相对其他算法准确度不高。同样 PageRank 算法也有此类缺点。

② 拓扑势距离具有较高区分度，可以较好地反映网络中节点的重要度，迅速找出网络的重要节点（关键用户）；改进的有向拓扑势算法不仅考虑了节点的边权值，还考虑了节点的邻近节点，能很好地体现出节点间的相互影响。拓扑势距离在节点重要度评估上的区分度最好，在表 7-9 中，仅有拓扑势距离指标没有出现并列排名的情况，其区分度明显优于其他 7 项指标。从计算复杂度来看，拓扑势距离比点权高，比介数中心度低，与其他 5 项指标基本相当。

2. 拓扑势距离与其他节点重要度指标间的关系

采用拓扑势距离能实现对有向加权社交网络的所有用户进行重要性评价，拓扑势距离值越小的用户越重要、排名越靠前。为验证采用拓扑势距离识别有向加权社交网络中关键节点的合理性，对豆瓣话题回复网络中节点的点权、介数中心度、接近中心度、特征向量中心度、PageRank 值、HITS-Authority 值、HITS-Hub 值 7 项指标和拓扑势距离进行相关分析，关系图如图 7-25 所示。

在统计学中，常用 Kendall 等级相关系数 τ 度量两种排序结果相关性的强弱。τ 的取值范围为 $[-1, 1]$，$\tau=1$ 表明两种排序的等级相关性一致，$\tau=-1$ 表明两种排序的等级相关性完全相反，$\tau=0$ 表明两种排序相互独立。Kendall 等级相关系数 τ 有三种计算方式：τ_A、τ_B 和 τ_C。由于不同社交网络用户可能拥有相同的拓扑势距离值或中心性指标值（即等级相同），采用 τ_B 度量拓扑势距离与其他 7 项指标排序结果的相关性强弱，结果见表 7-10。

表 7-10 拓扑势距离与 7 项指标之间的 τ_B

网络	点权	介数中心度	接近中心度	特征向量中心度	PageRank	HITS-Authority	HITS-Hub
豆瓣话题回复网络	-0.704^{**}	-0.315^{**}	-0.515^{**}	-0.413^{**}	-0.408^{**}	-0.418^{**}	-0.282^{**}

注：＊＊表示 0.01 的显著性水平。

假设两个 n 维随机变量 X、Y 的第 i（$1 \leqslant i \leqslant n$）个元素分别表示为 X_i、Y_i，X 和 Y 对应元素组成的元素对集合为 XY。当 XY 中任意两个元素 (X_i, Y_i) 与 (X_j, Y_j) 的排名相同，即满足 $X_i > X_j$ 且 $Y_i > Y_j$ 或满足 $X_i < X_j$ 且 $Y_i < Y_j$ 时，认为二者一致。当满足 $X_i > X_j$ 且 $Y_i < Y_j$ 或满足 $X_i < X_j$ 且 $Y_i > Y_j$ 时，认为二者不一致。当出现 $X_i = X_j$ 或 $Y_i = Y_j$ 时，认为二者既非一致也非不一致。定义 τ_B 如下：

$$\tau_B = \frac{C - D}{\sqrt{(N_3 - N_1)(N_3 - N_2)}} \tag{7.32}$$

式中，C 为 XY 中一致性元素的数目，D 为 XY 中不一致性元素的数目，$N_1 = \sum_{i=1}^{s} t_i (t_i - 1)/2$，$N_2 = \sum_{j=1}^{t} u_j (u_j - 1)/2$，$N_3 = n(n-1)/2$。$N_1$、$N_2$ 分别针对 X、Y 计算，以 N_1 计算为例，将 X 中的相同元素组合成 s 个小集合，t_i 表示第 i 个小集合的元素数；同理，在 Y 上求得 N_2。

从图 7-25 可看出，拓扑势距离与 7 项指标均呈现明显的负相关性。使用 τ_B 度量拓扑势距离与 7 项指标排序结果的相关性，在豆瓣话题回复网络中，拓扑势距离与 7 项指标间具有显著性水平 0.01 的强负相关性，表明拓扑势距离在豆瓣话题回复网络中识别出的关键节点具有合理性。

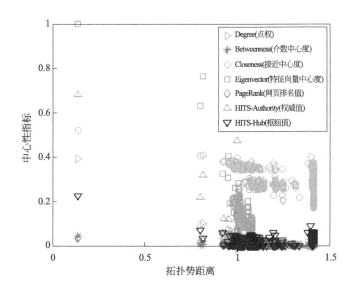

图 7-25　拓扑势距离与 7 项指标的关系图

3. 动态攻击结果

针对豆瓣话题回复网络，根据拓扑势距离、点权、介数中心度、接近中心度、特征向量中心度、PageRank、HITS-Authority、HITS-Hub 的排序结果，分别删除网络中一定比例排序靠前的节点，模拟网络遭受动态攻击时极大连通系数 G 与网络效率下降比例 μ 的变化，进而评价节点重要度指标的准确性。当网络遭受动态攻击时，由于移除节点后网络拓扑结构发生变化，因此必须重新计算各个节点的 8 项指标值并排序，然后按照节点的重要度依次删除节点。

如图 7-26 所示，动态删除豆瓣话题回复网络中排序靠前的节点时，拓扑势距离指标的动态攻击导致网络极大连通系数 G 变小的趋势最明显。拓扑势距离指标在动态攻击的初始阶段表现出比其他 7 项指标更好的攻击效果，在整个模拟动态攻击过程中对网络结构的破坏性最强；而 HITS-Hub 指标的动态攻击效果最差，曲线中出现网络

极大连通系数 G 不随节点移除而下降的情况。

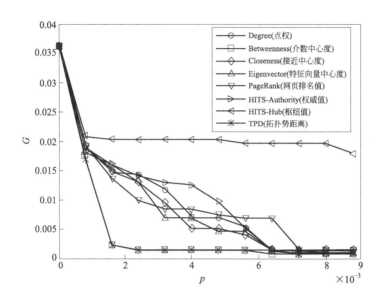

图 7-26　利用不同指标动态删除一定比例的节点后极大连通系数 G 的变化

由图 7-27 可知，采用 8 项指标动态攻击豆瓣话题回复网络时，拓扑势距离指标使网络效率下降比例 μ 最大，删除排序靠前的节点后导致网络的连通性最差；HITS-Hub 指标的动态攻击效果最差，曲线中出现了网络效率下降比例 μ 不随节点移除而上升的情况，表明这些 HITS-Hub 排名靠前的节点不是当前网络的核心节点，难以有效衡量豆瓣话题回复网络的节点重要性。

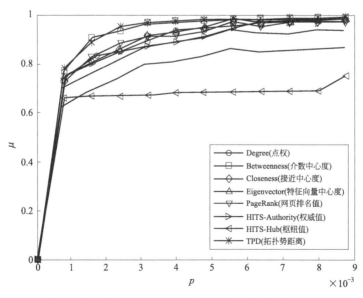

图 7-27　利用不同指标动态删除一定比例的节
点后网络效率下降比例 μ 的变化

综合来看，移除重要节点后网络的连通性越差，极大连通系数 G 变小的趋势越突出，网络效率 E 的下降趋势越明显，网络效率下降比例 μ 的上升趋势越显著。在豆瓣话题回复网络中，与其他 7 项指标相比，拓扑势距离度量节点重要度的效果最好、最稳定，没有出现随着节点删除比例的增加网络效率下降比例 μ 下降的现象。

7.4.3　用户角色划分

在社会化媒体网络中，用户角色是用户行为和关系的划分，即对用户位置、用户行为或虚拟身份的刻画。如在线社交网络中的不同用户拥有不同 ID，每位用户的参与方式、互动行为和语言风格等迥然不同，决定了该用户的角色。本书把入度拓扑势和出度拓扑势作为用户角色识别的关键特征，建立二维拓扑势图，横坐标轴为入度拓扑势，纵坐标轴为出度拓扑势，如图 7-28 所示。

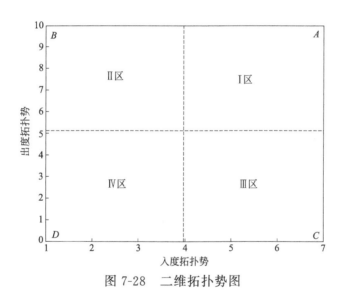

图 7-28　二维拓扑势图

定义 4 类用户角色：

① 桥接用户：具有较大的入度拓扑势和出度拓扑势，在网络中具有承上启下的关键作用，位于图 7-28 的 I 区；

② 贡献用户：具有较大的出度拓扑势，主动与其他用户交互，对其近邻用户产生较大影响，位于图 7-28 的 II 区；

③ 接收用户：具有较大的入度拓扑势，通常是网络中用户交互行为的被动接收者，易受其他用户的影响，位于图 7-28 的 III 区；

④ 普通用户：出度拓扑势和入度拓扑势均不显著，位于图 7-28 的 IV 区。

7.4.3.1 用户角色发现算法

给定有向加权网络 $G = (V, E, W)$，节点 v_i 从属于 4 类角色的概率定义为角色分布向量 $P_i = <p_{i1}, p_{i2}, p_{i3}, p_{i4}>$，其中分量 p_{ik} 为角色从属概率：

$$p_{ik} = \frac{\sum_{j=1}^{4} d_{ij} - d_{ik}}{3\sum_{j=1}^{4} d_{ij}}, \ k \in \{1, 2, 3, 4\} \tag{7.33}$$

式中，d_{ik} 是节点 v_i 到二维拓扑势图中顶点 A（$\max\varphi_{in}$, $\max\varphi_{out}$）、B（$\min\varphi_{in}$, $\max\varphi_{out}$）、C（$\max\varphi_{in}$, $\min\varphi_{out}$）和 D（$\min\varphi_{in}$, $\min\varphi_{out}$）的欧氏距离，$\min\varphi_{in}$, $\min\varphi_{out}$, $\max\varphi_{in}$, $\max\varphi_{out}$ 分别为网络中所有节点入度拓扑势和出度拓扑势的最小值和最大值。角色从属概率满足 $\sum_{k=1}^{4} p_{ik} = 1$。

在获得节点 v_i 的角色分布向量 $P_i = <p_{i1}, p_{i2}, p_{i3}, p_{i4}>$ 后，比较角色从属概率 p_{ik} 的大小，选择概率最大的角色作为节点 v_i 的角色。有向加权网络中，用户角色识别的基本思想为：计算节点 v_i 的角色分布向量 $P_i = <p_{i1}, p_{i2}, p_{i3}, p_{i4}>$，其最大分量对应的角色就是节点 v_i 的角色；根据各分量值的大小，判断节点 v_i 隶属于该角色的程度。具体过程见表 7-11。

表 7-11　用户角色发现算法描述

输入	节点的入度拓扑势 φ_{in} 和出度拓扑势 φ_{out}
输出	节点的角色分布向量 P 及角色
算法描述	1　根据 φ_{in} 和 φ_{out} 的最大值和最小值，得到二维拓扑势图的 4 个顶点； 2　for $v_i \in V$ do 3　　计算节点 v_i 到 4 个顶点的欧式距离 d_{ik}； 4　end for 5　for $v_i \in V$ do 6　　计算 v_i 的角色分布向量 $P_i = <p_{i1}, p_{i2}, p_{i3}, p_{i4}>$； 7　end for 8　获得所有节点的所属角色及其程度； 9　Return P、用户角色及程度

7.4.3.2 用户角色发现的实例

图 7-29 所示为豆瓣话题回复网络的二维拓扑势图。可以看出，网络中绝大多数节点的入度拓扑势和出度拓扑势均较小，约 98.43% 的用户属于"普通用户"。节点 3、节点 523 和节点 1784 是"桥接用户"，其中节点 3 是管理员，经常发表新话题和回

复别人的话题，共发表 1116 个新话题，回复 1775 个话题；节点 523 和节点 1784 各发表了 198 个、101 个新话题，经常回复其他用户的话题，在网络中活跃程度较高，与其他用户互动频繁，具有相对较大的入度拓扑势和出度拓扑势，虽然有向拓扑势排名不突出，但在网络中具有重要的桥接作用。35 个"贡献用户"的出度拓扑势较高，在网络中属于经常回复话题的用户，例如节点 1714 是管理员，回复的话题数较多，没有发表过新话题。60 个"接收用户"的入度拓扑势较高，其中节点 925 的入度拓扑势最高，发表 131 个新话题并被其他用户多次回复，但只回复过 2 个话题。

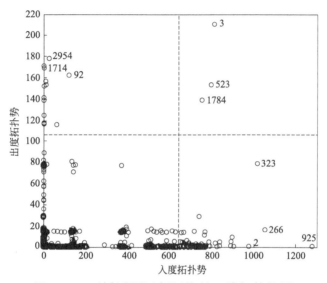

图 7-29　豆瓣话题回复网络的二维拓扑势图

结合实际数据背景进一步分析，本文提出的用户角色识别模型找出了豆瓣话题回复网络中 1.57% 的重要成员，包括 1 名组长和 8 名管理员。管理员在豆瓣话题小组中的作用很多，如管理服务、引导话题导向、贡献原创资源、调节纷争等。1.57% 的重要成员中有些是豆瓣话题小组中的普通成员，但却是领袖人物或某领域的专家，其发帖数、回复帖数、被回复帖数、参与话题数等均高于平均水平，体现了他们在论坛中的活跃程度，表明他们是论坛中的代表性用户。

综上所述，拓扑势距离越小的节点，与二维拓扑势图的顶点 A 距离越近，在网络中发挥的作用越大。入度拓扑势或出度拓扑势最小的节点，处于网络的边缘。